JN433098

예비교사와 현직교사를 위한

의사소통의 이해와 실천

박창균 · 김채은 · 박종호 지음

교우미디어

머리말 # PREFACE

'호모 커뮤니쿠스(Homo Communicus)', 의사소통하는 인간을 뜻하는 말이다. 인간이 소통하는 존재라는 것은 인간의 삶에서 의사소통은 빼놓을 수 없음을 의미한다. 인간은 의사소통을 통해 자신의 생각이나 감정을 표현하고 타인을 이해하고 관계를 맺으며, 공동체를 형성하고 사회문화를 발전시켜 나간다. 인간의 의사소통은 인류 역사 발전과 더불어 구어 의사소통에서 문자 중심 의사소통, 미디어를 매개로 한 의사소통으로까지 그 범위가 확장되고 소통의 방식도 진화하고 있다. 하지만 의사소통 매체가 진화하고 의사소통 방식이 달라지더라도 인간의 기본적인 욕구로서 말하고 듣고 대화를 나누며 타인과 관계를 형성하는 등 의사소통의 본질적인 측면은 크게 달라지지 않는다. 즉, 의사소통 능력은 소통의 도구나 방식이 변화하더라도 인간이 인간다운 삶을 영위하는 데 있어서 필요한 필수적인 역량이라 할 수 있다. 이에 미래교육에 관한 여러 담론에서 미래 사회에서 갖추어야 할 핵심 역량으로 의사소통 능력이 다루어지는 것은 지극히 당연한 일이다.

의사소통 역량은 미래교육을 담당하는 예비교사나 현직교사 입장에서는 자신이 갖춰야 할 능력이자, 학생들에게 가르쳐야 할 역량이기도 하다. 그런데 의사소통 역량은 다차원적이고 다층적이라는 점에서 가르치고 배우는 과정에 어려움이 따른다. 다양한 의사소통 맥락에 따라 필요한 능력은 달라지며 그러한 능력도 언어, 사고, 감정, 관계, 사회, 문화 등의 요소들이 복합적으로 연관되어 있기 때문에 의사소통 역량을 한마디로 정의하거나 규정하기가 쉽지 않다. 또한 의사소통 능력은 이해 차원에 그쳐서는 안 되고 실제 삶 속에 실현되는 실천의 영역까지 아우를 수 있어야 하기 때문에 더욱 그러하다.

시중에 의사소통에 관한 개론서는 매우 많다. 하지만 예비교사들에게 '의사소통의 이해'라는 강의를 하면서 학생들은 일상적인 의사소통의 문제만이 아니라 '교육(학교, 교사, 학생, 학부모)'과 관련된 보다 특화된 주제를 다루었으면 하는 바람이 있었다. 그래서 한 학기 강의 커리큘럼 속에 '학교 의사소통'이라는 주제로 다루었지만 여전히 아쉬움이 남았다. 그래서 다른 어느 직업보다 의사소통 능력이 중요한 교사들을 위한 의사소통 개론서를 써 보자는 것이 집필진의 생각이었고, 그간 강의 자료들을 책의 전반적인 콘셉트에 맞게 정리하고 새롭게 보완하여 글을 썼다. 이 책의 제목에 "예비교사와 현직교사를 위하여"라고 붙인 까닭도 이와 같은 이유에서다. 아울러 이 책에서는 예비교사와 현직교사만이 아니라 각종 교육 현장에서 교육적 의사소통을 하는 선생님들에게도 유익한 정보와 생각거리를 제공하고자 노력하였다.

이 책의 내용은 크게 2부로 구성되어 있다. 1부 <의사소통의 이론적 기초>에서는 의사소통의 주요 개념을 다루었고, 2부 <의사소통의 실천적 맥락>에서는 의사소통의 다양한 맥락을 중심으로 내용을 구성하였다. 그리고 각 장의 마지막 부분에는 주제와 관련하여 탐구하고 연습해 볼 수 있는 과제를 제시하였다. 이러한 탐구 및 실습 과제는 이론적인 공부를 실제적인 상황에 적용해 보는 것이다.

이 책은 무엇보다도 대구교육대학교 '학교 의사소통 연구소'의 첫 번째 연구 성과물이라는 점에 의의가 크다. 학교 의사소통 연구소는 학교에서 일어나는 의사소통 현상에 관심을 가지고 학생들의 의사소통 능력 신장을 위한 '의사소통 교육'과 좋은 교육(수업)을 위한 '교육 의사소통' 등을 주요 연구 관심 영역으로 삼고 있다. 이 책은 교육 의사소통 분야의 연구 성과로서 교사를 위한 의사소통 교재이다. 오래전부터 집필하려 했지만 실행에 옮기지 못했다. 두 분 선생님이 이 책의 취지에 동의하고 함께 집필에 참여해 주어 시작할 수 있었다. 두 분 선생님은 초등학교에서 학생들을 가르치며 연구 활동을 하고 있어 그 노고가 더욱 각별하며 원고가 이론에 치우치지 않고 현장성을 반영하여 실천성을 높이는 데 많은 도움을 주었다.

집필진들은 각각 맡은 주제에 대해 원고를 쓰고 함께 토의하고 다듬는 과정을 수차례 거쳤지만 여전히 필자들의 개성이 묻어나는 부분이 있다. 미흡한 부분은 추후에 수정하고 보완해 나갈 것을 약속드린다.

그리고 이 책이 출판될 수 있도록 애 써주신 교우사 오판근 사장님과 출판하는 과정에서 여러모로 고생하신 이소정 선생님께 감사드린다. 아울러 원고를 꼼꼼히 읽고 교정 작업을 도와준 박중명, 이세미 선생에게도 고마운 마음을 전한다.

저자를 대표하여

박창균 씀

차례 CONTENTS

제 1 부 의사소통의 이론적 기초

제 2 부 의사소통의 실천적 맥락

제 1 부

의사소통의 이론적 기초

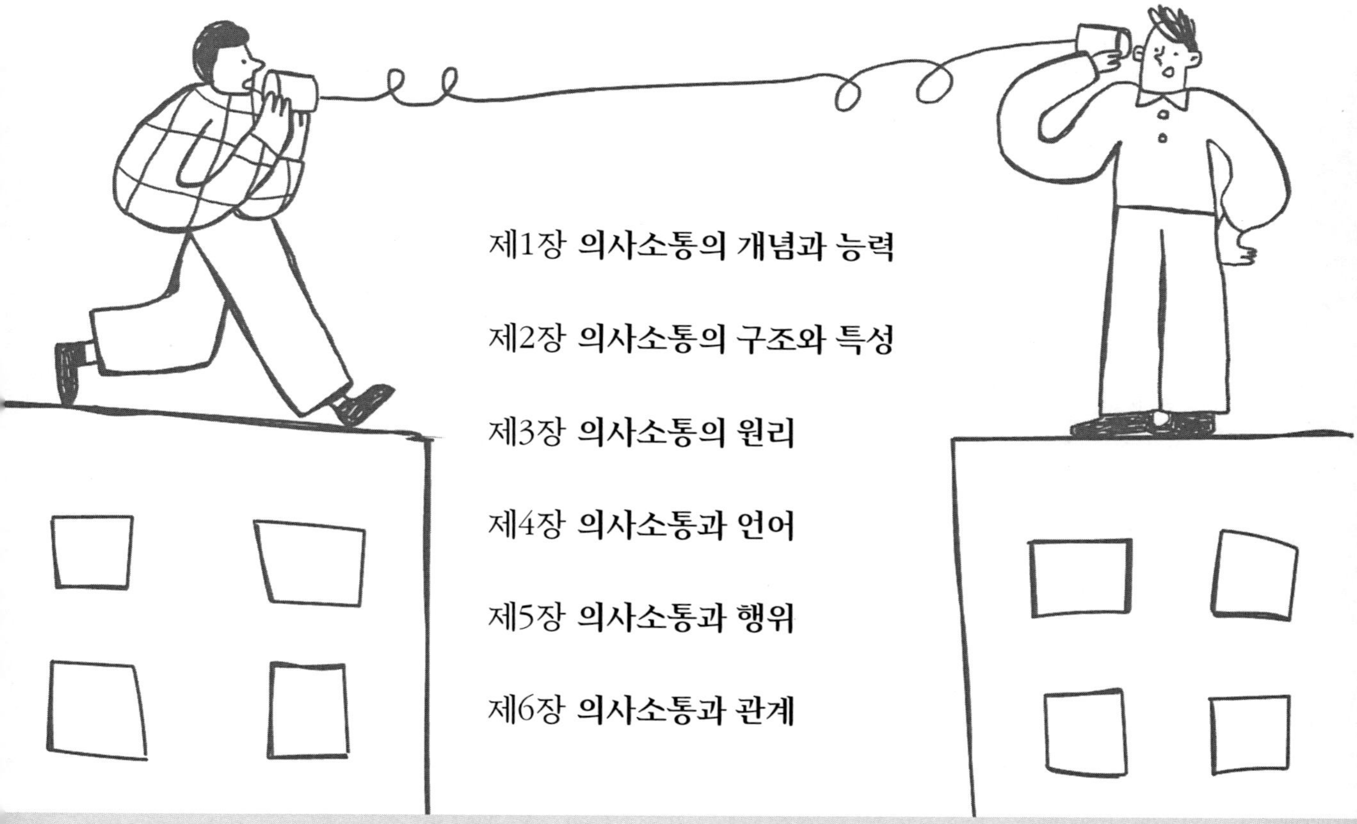

제 1 장

의사소통의 개념과 능력

우리는 늘 주변 사람들과 끊임없이 의사소통하며 살아갑니다. 주위 사람들과 나눈 대화를 떠올려 보세요. 어떤 사람과의 대화는 특별한 것이 없어도 편안하고 즐거운 반면에, 다른 누군가와의 대화는 기분이 상하거나 유쾌하지 않았던 적이 있었을 것입니다. 왜 그럴까요? 의사소통 능력의 차이 때문이겠죠. 여러분들은 주변 사람들에게 어떻게 소통하는 사람으로 생각될까요?

1. 의사소통의 정의

의사소통(意思疏通)의 사전적 의미는 '가지고 있는 생각이나 뜻이 서로 통함'이다. 의사소통의 한자를 살펴보면 '뜻 의(意), 생각 사(思), 트일 소(疏), 통할 통(通)'으로 뜻이나 생각이 막힘없이 통하는 것을 의미한다. 뜻이나 생각이 막힘없이 통한다? 타인과의 의사소통에서 이러한 결과를 이끌어 내는 것은 상당히 어렵다. 그렇기에 우리는 상대방과 뜻이나 생각을 막힘없이 통할 수 있도록 노력하는 과정에 더욱 주목해야 한다.

한편, 영어 커뮤니케이션(communication)은 '언어나 몸짓, 그림, 기호 따위의 수단을 통해서 서로의 의사나 감정, 생각을 주고받는 일'로 정의된다. 즉, '말이나 글'을 통한 언어적 소통뿐만 아니라, 몸짓, 그림, 기호 등 각종 수단을 통한 소통을 포괄하는 매우 포괄적인 개념인 것이다.

의사소통은 인간의 사회생활에 필수적인 것이다. 따라서 의사소통의 개념 확장은 인류 역사의 발달과 무관하지 않다. 인류가 문자를 발명하기 전에는 구어(oral language)를 통한 직접적인 의사소통에 의존한 삶이었다. 하지만 문자가 개발된 이후에는 문어(written language)를 매개로 간접적인 형태의 의사소통도 가능해졌으며, 최근에는 매체(media)를 매개로 이루어지는 의사소통도 인간의 삶 속에 깊숙이 침투해 있다. 이처럼 시공간을 초월한 의사소통의 양상뿐만 아니라 그림이나 기호 등과 같은 상징체계를 매개로 한 의미의 생산과 수용 현상 전반을 일컬어 의사소통이라고 한다. 특히, '소통'이라할 때는 아주 폭넓은 개념으로는 주고받음의 속성을 지니고 있으면 의사소통이라는 개념역에 포함시키기도 한다.

의사소통은 일반적으로 언어로 정보를 주고받는 언어적 의미 전달과 수용의 문제를 다루지만, 의사소통의 본질은 언어적 차원으로만 한정되는 것이 아니라 관계적 차원과 맥락적 차원에서 보다 폭넓고 다층적으로 조명되어야 한다. 의사소통 상황에서 일차적으로는 언어적 차원에서 언어와 비언어를 매개로 한 의미 구성의 문제를 살펴보고, 의미 구성 과정에서 참여자의 정체성이나 관계 등의 문제를 관계적 차원에서 검토하고, 나아가 자신의 삶과 사회문화적 맥락 차원에서 의사소통의 문제를 점검하고 대안을 모색해 보아야 한다. 결국 의사소통은 언어와 의미의 문제에서 관계의 문제로, 더 나아가서 삶의 문제로 귀결된다고 할 수 있다.

Quiz 의사소통의 의미 해석하기

의사소통의 정의와 관련하여 다음 수식의 의미가 무엇인지를 생각해 보자. 의사소통은 정보와 관계를 주고받는다는 정의와 '오해, 이해, 사랑'이라는 핵심어를 사용하여 수식의 의미를 해석해 보자.

① 5 - 3 = 2

② 2 + 2 = 4

2. 의사소통에 대한 관점

의사소통은 어떤 관점에서 바라보느냐에 따라 의사소통의 개념이나 의사소통 능력에 대한 정의가 달라진다. 이 절에서는 의사소통을 바라보는 세 가지 관점을 소개하며 각각의 관점이 갖는 특징을 알아보도록 한다.

가. 선조적 관점

의사소통을 바라보는 첫 번째 관점은 선조적 관점(linear model)이다. 이 관점은 화자가 다수의 청중들을 향해 설득이나 정보 전달을 위한 말하기에 초점을 두는 의사소통에 관한 가장 고전적이고 전통적인 관점이다. 이때 화자는 정보를 가지고 있어서 청중들을 계몽하거나 설득하는 위치에 있는 사람이고 청중들은 화자를 통해 그 정보를 듣는 수동적인 존재다. 이 관점에서는 말하는 화자에만 주목할 뿐 말을 듣는 청자나 청중은 거의 고려하지 않는다. 그래서 의사소통 능력은 주로 화자의 역할에 주목하여 말할 내용을 잘 준비하고 조직하여 정확하게 메시지를 전달하는 데 초점을 두는 관점이다. 마치 양궁 선수가 과녁판을 향해 활을 쏘는 것처럼 말이다. 양궁 선수가 화자라면 과녁판은 청중, 그리고 날아가는 화살은 말이 된다. 그래서 이러한 이론을 '과녁판 이론' 또는 과녁판이 황소의 눈처럼 보여서 '황소의 눈 이론(Bull's eye theory)'이라고도 한다. 이 관점은 다수의 청중들을 대상으로 한 공식적인 의사소통 현상은 설명할 수 있지만 일상에서 이루어지는 대화와 같은 의사소통 현상을 설명하기 어렵다는 한계가 있다.

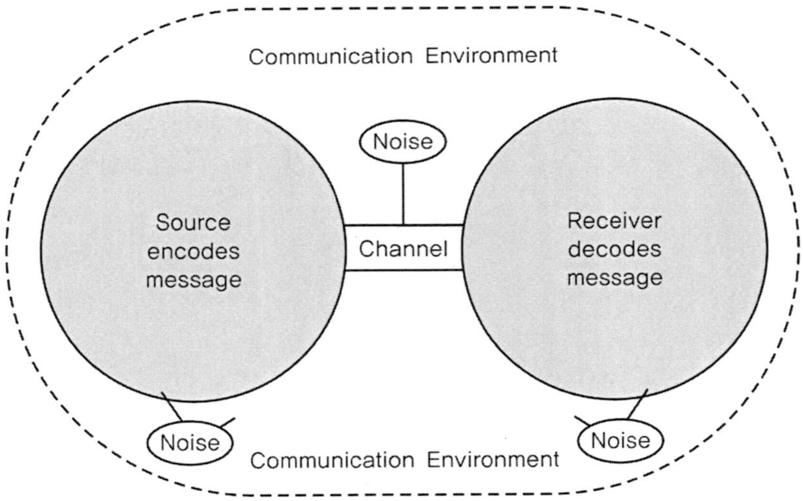

〈그림 1〉 의사소통의 선조적 모델(Berko et al., 1998)

위 그림은 의사소통의 선조적 모델을 도식화한 것이다. 이 모델에 의하면 화자가 소음(noise)을 잘 통제하면 효과적으로 메시지를 전달할 수 있다. 정말 그러한가? 화자가 아무리 자신이 말하고자 하는 내용을 효과적으로 조직하여 주변 소음을 통제하며 효과적으로 전달하더라도 수신자가 메시지에 대해 관심을 기울이지 않고 수용하지 않는다면 그것은 의미를 갖지 못한다. 의사소통은 화자 혼자만의 일이 아니라 청자와 함께 하는 것이기 때문이다.

나. 상호작용적 관점

의사소통을 바라보는 두 번째 관점은 상호작용적 관점(interactual model)이다. 선조적 관점은 전달자에서 수신자로의 일방향적 의사소통 모델이라면, 상호작용적 관점은 전달자와 수신자가 역할 교대를 하며 의미를 주고받는 양방향 의사소통 모델이다. 선조적 관점에서는 배제되었던 청자를 비로소 주목하게 되고 화자와 청자를 작용과 반작용의 주체로서 바라본다. 이러한 관점으로 볼 때 의사소통 능력은 규칙을 잘 지키며 상호작용하는 능력으로 규정된다. 이러한 상호작용 관점은 네트를 사이에 두고 공을 주고받는 탁구 경기에 빗대어 '핑퐁 이론(ping-pong theory)'이라고 한다. 이 이론은 선조적 관점에서 설명하지 못했던 화자와 청자가 말을 주고받는 일상의 대화 현상도 충분히 설명할 수 있기 때문에 보다 설득력 있어 보인다. 하지만 우리가 대화할 때 화자와 청자가 정해져 있는가? 또 탁구 경기의 규칙을 잘 지킨다고 탁구를 잘 칠 수 있는가? 이런 질문에 쉽게 답할 수 없는 것이 이 이론이 갖는 한계이기도 하다.

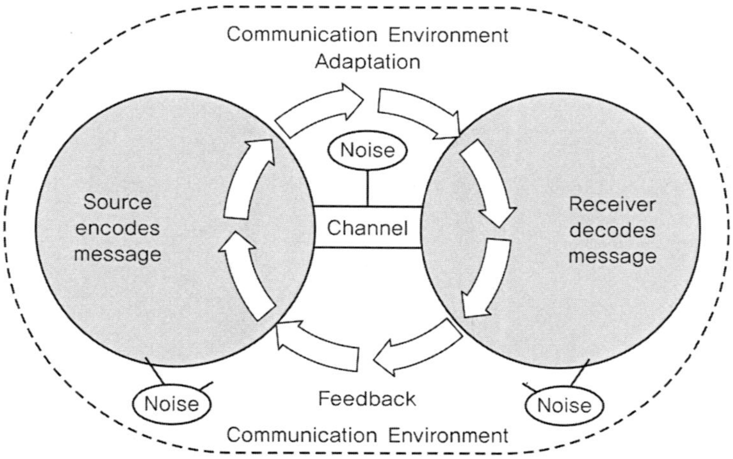

〈그림 2〉 의사소통의 상호작용적 모델(Berko et al., 1998)

위 그림은 의사소통의 상호작용적 관점을 도식화한 것이다. 화자는 청자에게 메시지를 전달하면 청자는 이 메시지에 대한 피드백을 제공하고 화자는 다시 피드백을 받아서 청자에게 전해주는 과정을 나타낸 것이다. 이는 의사소통의 역동적인 과정을 잘 보여주고 있다. 하지만 토의나 토론처럼 여러 사람이 의사소통에 참여할 경우에 화자와 청자의 역할 구분이 어렵고 물리적인 상호작용을 넘어서 상황맥락에 따라 달라지는 의미 구성 과정을 설명하기 어려운 한계가 있다.

다. 상호교섭적 관점

의사소통을 바라보는 세 번째 관점은 상호교섭적 관점(transactional model)이다. 전달자와 수신자가 서로 말을 주고받는다는 점은 상호작용적 관점과 같지만, 화자와 청자가 역할을 교대로 수행하는 것이 아니라 의사소통에 참여하는 사람은 화자와 청자의 역할을 동시에 수행한다는 점에서 차이가 있다. 즉, 화자와 청자는 상호교섭의 주체로서 의사소통에 참여하며 상호 이해와 의미를 공유하는 것, 나아가 삶을 공유하는 것을 의사소통의 목적으로 삼는다. 그리고 화자와 청자의 역할이 고정되어 있지 않기 때문에 의사소통 참여자라고 명명하며 참여자의 역할에 따라 주도적 참여자와 조력적 참여자로 구분하기도 한다. 이 관점에서 의사소통 능력은 참여자들이 상호의존적인 관계와 상황맥락을 고려하면서 의미를 구성하는 능력을 의미한다. 탁구 실력이 뛰어난 사람은 규칙을 잘 지킬 뿐만 아니라 상대의 실력에 맞춰 가며 즐겁게 탁구를 칠 수 있는 사람이다. 이 이론은 참여자들이 의사소통 목적을 향해 역동적으로 뒤엉켜 의미를 구성해 나가는 상호교섭의 과정에 주목하여 '나선형 이론(spiral theory)'이라고도 한다. 이 이론은 화자와 청자를 따로 구분하지 않고 역동적으로 의미를 구성해 나가는 토의와 토론이나 서로의 의미를 공유하고 교섭하는 관계적 의사소통 현상까지도 설명할 수 있어 가장 설득력 있는 의사소통 관점으로 통용된다.

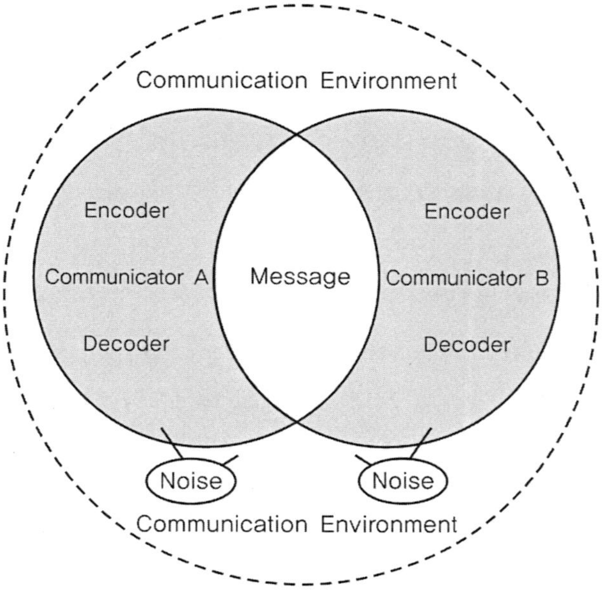

〈그림 3〉 의사소통의 상호교섭적 모델(Berko et al., 1998)

위 그림은 의사소통의 상호교섭적 관점을 도식화한 것이다. 앞서 살펴본 선조적 모델이나 상호작용적 모델과의 차이점은 무엇인가? 위 모델은 앞선 두 관점과 달리 화자와 청자는 완전히 분리되어 있는 것이 아니라 서로 공유하는 부분을 가진다. 의사소통에 참여하는 각각의 참여자들은 서로 다른 문화, 의사소통 기능, 물리적 감정적 상태, 경험, 태도, 기억, 경험들을 가지고 있다. 이러한 참여자들이 말을 주고받으며 의미를 구성하고 삶을 공유한다는 것이 바로 상호교섭적 모델이다.

3. 의사소통 능력의 구성

인간의 삶에서 의사소통은 빼놓을 수 없는 중요한 부분이다. 그만큼 여러 학문 분야에서 관심을 갖고 연구되어 왔으며 의사소통 능력에 대한 개념 정의도 다양하다. 따라서 이 절에서는 우리 삶에서 의사소통 능력이 중요한 까닭과 다차원적인 의사소통 능력의 개념을 살펴본다.

가. 핵심 역량으로서 의사소통 능력

인간은 의사소통을 통해 삶을 영위하고 삶은 의사소통의 과정이자 결과이기도 하다. 따라서 의사소통은 인간이 살아가는 데 있어서 필수적으로 갖춰야 하는 능력이다. 의사소통 능력은 미래사회에서 개인이 갖춰야 할 핵심 역량에 대한 논의에서 빠지지 않고 거론된다. 일찍이 OECD에서는 1997년부터 추진한 DeSeCo(Definition and Selection of Key Competences) 프로젝트[1])에서 '언어, 상징, 텍스트 등 소통 도구를 활용하는 능력'을 핵심 역량으로 제시하였다. ATC21S(Assessment and Teaching of 21st Century Skills)에서는 세계의 교육과정과 평가를 분석하고 이를 토대로 10개의 핵심 역량을 추출[2])하였는데 이 프로젝트에서도 의사소통이 핵심 역량으로 도출되었다(Binkley et al., 2012). 그리고 CCR(Center for Curriculum Redesign, Fadel et al., 2015)에서 21세기의 교육목표를 '지식(Knowledge), 기능(Skill), 인성(Character), 메타학습(Meta-learning)' 4개 차원에서 제시했는데[3]) 이 중 '기능' 목표의 범주에 의사소통이 포함되어 있다. 이처럼 미래 사회의 핵심 역량에서 의사소통 역량이 빠지지 않는 것은 인간의 삶에서 의사소통 능력이 얼마나 중요한지를 단적으로 보여준다.

이와 같은 세계적인 추세에 따라 우리나라 또한 미래 사회를 살아갈 인재를 키우기 위해 2015 교육과정에서 핵심 역량을 중심으로 교육과정을 개정하였다. 이에 교육과정 총론에서는 '자기관리 역량, 지식정보 처리 역량, 창의적 사고 역량, 심미적 감성 역량, 의사

---

1) 1997년부터 시작하여 2003년까지 수행된 DeSeCo 프로젝트는 미래 사회에서 개인이 반드시 갖춰야 하는 핵심 역량을 다음과 같이 3개 범주로 구분하여 제시하였다. ①상호작용을 위한 도구 활용 역량(Use tools interactively): 언어, 상징, 텍스트 등 다양한 소통 도구를 활용하는 능력, 지식과 정보를 상호작용적으로 활용하는 능력, 새로운 테크놀로지를 활용하는 능력, ②이질적인 집단과의 사회적 상호작용 역량(Interact in heterogeneous groups): 인간관계 능력, 협동 능력, 갈등관리 및 해결 능력, ③자율적 행동 역량(Act autonomously): 주변 환경을 고려하면서 행동하고 판단하는 능력, 자신의 인생계획 프로젝트를 구상하고 실현하는 능력, 자신의 권리와 필요 등을 옹호하고 주장하는 능력

2) 이 프로젝트에서는 4개 범주에서 10개의 핵심 역량을 제시하였다. ①사고 방식(Ways of thinking): 창의력 · 혁신 능력, 비판적 사고력 · 문제 해결력 · 의사 결정력, 자기주도학습 능력, ②직무 방식(Ways of working): 의사소통 능력, 협업 능력,③직무 수단(Tools for working): 정보 문해, ICI 문해, ④사회생활 방식(Ways of living in the world): 시민의식, 인생 및 진로 개척 능력, 책임의식

3) CCR에서는 '기능', '인성', '메타 학습' 3개 범주에서 12개의 역량을 제시하였다. ①기능: 창의성, 비판적 사고력, 의사소통 능력, 협업 능력 ②인성: 마음챙김, 호기심, 용기, 회복성, 도덕성, 리더십 ③메타 학습: 상위 인지, 성장 마인드.

소통 역량, 공동체 역량'을 핵심 역량으로 제시하고 있다. 2015 개정 교육과정 총론에서는 의사소통 역량을 '다양한 상황에서 자신의 생각과 감정을 효과적으로 표현하고 다른 사람의 의견을 경청하며 존중하는 역량'으로 규정하고 있다(교육부, 2015a: 2). 그리고 이에 대한 해설을 살펴보면 의사소통 역량이란 '다양한 상황에 적합한 언어, 상징, 텍스트, 매체를 활용하여 자신의 생각과 감정을 효과적으로 표현하는 능력, 타인의 말과 글에 나타난 생각과 감정을 올바르게 이해하는 능력, 다른 사람의 의견을 경청하고 존중하며 갈등을 효과적으로 조정하는 능력' 등을 의미한다. 여기에는 언어 및 비언어적 표현 능력(말하기, 듣기/경청, 쓰기, 읽기, 텍스트 이해 등), 타인 이해 및 존중 능력, 갈등 조정 능력 등이 하위 요소로 포함될 수 있다(한혜정 외, 2015: 91-92).

한편, 2015 개정 교육과정의 총론 차원의 핵심 역량은 각 교과의 핵심 역량과 연계되는데 특히, 국어과는 다른 어느 교과보다 의사소통 역량과 밀접한 관련을 맺는다. 국어과 교육과정에서는 교과역량 중 하나로 의사소통 역량을 설정하고, '음성언어, 문자 언어, 기호와 매체 등을 활용하여 생각과 느낌, 경험을 표현하거나 이해하면서 의미를 구성하고 자아와 타인, 세계의 관계를 점검 · 조정하는 능력'으로 그 의미를 규정하고 있다(교육부, 2015b: 3). 그리고 국어과에서는 의사소통 역량에 대한 구체적인 의미를 다음과 같이 설명한다(교육부, 2017: 361).

> "의사소통 역량은 말, 글, 기호 등을 사용해 생각이나 느낌을 상대와 교환하며 관계를 향상하는 능력이다. 의사소통 역량은 국어과의 본질과 일치하는 역량이다. 국어과에서 전통적으로 강조해 온 활동인 듣기 · 말하기, 읽기, 쓰기 활동은 의사소통 역량을 길러주기 위함이다. 의사소통 역량을 정의할 때, 최근에는 음성언어와 문자 언어를 사용하는 소통뿐만 아니라 매체 언어, 다양한 기호나 도상(圖上)을 사용하는 소통도 포함하고 있다.
>
> 의사소통 역량은 간단하게 의사를 표현하고 이해하는 수준을 갖추었다고 완성되는 것은 아니다. 의사소통에는 여러 변인이 관여한다. 필자와 독자, 화자와 청자, 맥락, 내용(주제), 담화 형태, 관계, 상황 등 참으로 많은 변인이 개입한다. 그리고 의사소통 유형도 개인 간의 의사소통, 집단 간의 의사소통, 공적 의사소통과 사적(개인적) 의사소통, 직접적 의사소통과 간접적 의사소통 등 다양하다. 따라서

> 의사소통 역량은 어느 하나의 기능을 적용하기만 하면 되는 것이 아니라 다양한 변인을 고려하면서 자신의 목적을 실현하고 상대와의 관계도 유지해야 한다. 의사소통 역량은 말과 글을 배우는 기초적 단계에서 시작해 살아가는 동안 계속 발전시켜야 할 역량이다."

위와 같이 국어과 교육과정에서 정의하고 있는 의사소통 역량은 말(음성언어), 글(문자 언어), 기호(매체 언어)를 매개로 이루어지는 모든 의사소통을 포함하는 상당히 포괄적인 개념이다.

나. 의사소통 능력의 구성 요소

의사소통 능력에 대한 연구 경향을 가리켜 '이상한 나라의 앨리스'라고 표현한다(McCroskey & McCroskey, 1988). 그만큼 다양한 분야에서 의사소통 능력에 대한 개념을 정의하기 때문에 혼란스럽다는 것이다. 여기에서는 의사소통 능력을 '말(음성언어)'를 매개로 한 구어 의사소통 능력으로 한정하여 개념을 정의하고 구성 요소를 살펴보도록 한다.

이창덕 외(2000: 14)에서는 의사소통 능력을 구체적인 의사소통 상황에서 적절하게 행동하면서 언어사용 과정을 통해서 언어 활동의 화행 목적과 관계 목적을 동시에 효율적으로 달성하는 능력으로 정의한다. 이러한 능력을 갖춘 사람은 상대방의 기대나 요구를 고려하여 적절하고 효과적인 메시지를 선택하여 말하고 다른 사람이 말하는 것에 민감하게 반응할 줄 알 뿐만 아니라 이러한 의사소통 능력의 중요성과 의미를 아는 사람이다. 그리고 Reardon(1987)의 논의를 바탕으로 하여 의사소통 능력이 뛰어난 사람들은 그렇지 못한 사람들에 비해서 다음과 같은 차별성을 지니고 있다고 하였다. '① 감정이입 능력, ② 객관적 관점 확보 능력, ③ 관계 규범에 대한 민감도, ④ 상황에 대한 지식 정도, ⑤ 상위인지 능력, ⑥ 상황 운영 전략, ⑦ 효과적 듣기 기술, ⑧ 말하기 불안 대처 기술'과 같은 것인데 이는 곧 의사소통 능력을 구성하는 핵심적인 능력이라 할 수 있다.

쪽지강의 의사소통에서 상위인지 능력(meta-cognition)

상위인지 능력은 의사소통을 할 때 상대방과의 관계를 고려하여 자신의 말하기를 인식하고 또 점검하고 조정할 수 있는 능력이다. 이를 위해서는 상대방에 대한 면밀한 관찰과 자신의 말을 객관화하여 말과 행동의 판단 근거로 삼아야 한다.

의사소통 능력 중에서 가장 중요한 인지적 능력은 바로 상위인지 능력이다. 왜냐하면 상위인지는 다른 능력을 조절하고 제어하는 능력이기 때문이다. 상위인지는 인지에 대해 인지하는 것으로 메타인지(meta-cognition)라고도 한다. 영어의 접두사 'meta'는 '뛰어넘다, 초월하다, 넘어서다' 등의 의미를 갖고 있는데 자신이 인지하는 것에 대해 인지하는 것이다. 일반적으로 학습 상황에서도 매우 중요한 능력으로 꼽히며 자신의 알고 있는 것과 모른 것을 판단하여 아는 것을 각인하고 모르는 것을 재인지하는 능력을 말한다. 의사소통 상황에서 상위인지는 자신의 의사소통 과정을 되돌아보며 문제를 점검하고 조정하고 해결해 나가는 능력이다. 이때 의사소통 참여자는 상위인지를 통해 소통의 문제가 언어의 문제인지, 관계의 문제인지, 맥락의 문제인지를 다각적으로 검토하고 그 해결 방안을 모색할 수 있다.

이창덕 외(2000)에서는 의사소통 목적 차원에서 의사소통 능력의 개념을 규정한다. 의사소통 목적 차원에서는 두 가지 목적을 효율적으로 달성해야 하는 데 그것은 화행 목적과 관계 목적이다. 이때 화행 목적은 말하는 사람의 의도와 관련되는 것으로 화자 입장에서는 자신의 의도를 잘 드러내고, 청자 입장에서는 상대방이 어떤 의도로 말했는지를 파악하는 것이 중요하다. 그리고 화행 목적을 고려할 뿐 아니라 화자와 청자 간에 서로 긍정적인 관계를 형성하고 유지할 수 있도록 말할 수 있는 관계 목적을 고려하는 능력도 의사소통 능력을 구성하는 중요한 부분이다. 그리고 이러한 의사소통 능력은 누구나 가지고 있는 보편적인 능력으로서 이를 어떻게 정의하든 간에 의사소통 능력은 '있다, 없다'의 유무가 아니라 '얼마나 지니고 있는가'에 관한 정도의 문제로 보아야 한다.

"네 말이 맞지만 난 니가 싫어." 혹시 이런 말을 해 본 적이 있는가? 이런 말은 언제 하는가? 상대방의 말이 논리적으로 합리적이기 때문에 반박의 여지는 없지만 뭔지 모르게 기분 나쁘고 속상할 때 마음속에서 조용히 하는 혼잣말이다. 이런 말은 상대방이 화행 목적은 충분히 달성했을지 모르지만, 관계 목적은 달성하지 못했을 때 하게 된다. 우리의 일상에서 누군가가 하는 말이 분명 바른 소리이긴 한데 말하는 태도나 방식이 마음에 들지 않아 정서적·심리적으로 거부감이 생기는 경우가 이에 해당된다.

반대의 경우도 한번 생각해 보자. '그 사람 말은 참 어눌한데 사람은 참 진국이야.'라는 말은 평소 화행 목적의 소통 능력은 부족하지만 관계 목적을 효율적으로 달성하는 경우라고 할 수 있다. 여러분은 어느 쪽에 해당하는가?

한국인의 의사소통 문화에서는 전통적으로 관계 목적을 중시해왔다. 그러나 최근에는 서구의 의사소통 문화의 영향으로 자신의 생각을 논리적으로 명확하게 전달하는 화행 목적을 중요시하는 경향을 보인다. 관계 목적을 중요시하면 의사소통의 효율성이 떨어지고, 화행 목적을 중시하면 대인관계가 소원해질 수 있다.[4] 그러면 어떻게 해야 할까? 두 가지 목적을 동시에 달성해야 한다. '의사소통이 쉽다'라는 것은 어느 한쪽 목적만을 생각하기 때문이고, '의사소통이 참 어렵다'라는 것은 두 가지 목적을 동시에 고려하기 때문이다.

한편, 오정숙(2010)은 국내 대학의 의사소통 능력에 대한 교수법 개발을 목적으로 교육학, 국어국문학, 신문방송학, 경영학, 심리학 분야의 전문가를 대상으로 의사소통 능력에 대한 설문조사를 실시하였다. 이 연구 결과에 따르면 대학생들이 졸업 후 사회에 나갔을 때 중요한 것으로 꼽은 의사소통 능력(중요도 순위)은 다음과 같다.

① 합의 도출 능력: 생각이나 이해관계가 다른 사람과 원만히 의사소통하여 입장을 조율하고, 협상을 성공적으로 이끌기 위한 능력
② 매체 활용 능력: 인터넷, 휴대전화 등 뉴미디어를 이용하여 다양한 정보를 활용하는 능력
③ 청취 능력: 상대방이 전달하려는 내용을 정확하게 이해하고 중요한 요점을 파악하는 능력

---

4) 미국의 TV 드라마 〈House of cards〉에서 나쁜일을 공모하는 정치인 Frank Underword의 의사소통은 효과성 측면에서는 아주 우수하지만(그는 언제나 자신의 목표를 달성하고 바라는 것을 얻는다), 적합성 측면에서는 저조하다(그는 늘 다른 사람들 그리고 그들과의 관계에 상처를 준다)(정태연, 2021: 27).

④ 내용 전달 능력: 화자가 메시지를 정확하게 전달하는 표현 능력
⑤ 상황에 맞는 의사소통 능력: 다양한 의사소통 수단을 상황에 맞게 활용하는 능력
⑥ 창조적 의사소통 능력: 개인이 창조적 능력을 발휘하여 메시지를 생산하거나 창의성을 발휘하여 새로운 아이디어를 제시하는 능력
⑦ 대상에 맞는 의사소통 능력: 대화 상대의 인구학적 특성, 지식 수준에 따라 화법을 달리할 수 있는 능력
⑧ 비언어적 표현 능력: 얼굴 표정을 비롯하여 몸짓과 같은 신체언어를 이용하여 자신의 생각과 느낌을 표현할 수 있는 능력
⑨ 공감 능력: 타인의 내면에 들어가 감정을 이해하고 지지하는 능력

그리고 강미선(2017)은 의사소통을 효과적으로 혹은 적절하게 구사하는 개인의 역량으로 의사소통 능력을 정의하였다. 그리고 다음과 같이 다차원적인 개념으로 의사소통 능력을 규정하였다.

① 기초능력: 개인이 주변 환경에 효과적으로 적응하는 능력
② 언어적 능력: 정확하고 적절한 용어의 선택과 사용, 문법적 능력, 풍부한 어휘력, 프리젠테이션 능력, 스피치 능력 등
③ 인지적 능력: 자신의 의사소통 행동에 대한 사고 능력
④ 정서적 능력: 상황과 대상에 따라 적절하게 자신의 감정을 처리하고 표현하고 변화시키는 능력
⑤ 사회적·대인적 능력: 적절하고 효과적인 의사소통을 전개하여 사회적 관계(대인관계)를 적절히 이끌어 가는 능력

의사소통 능력은 인간이 삶을 살아가는 데 있어서 필수적인 역량이다. 그런데 의사소통 능력은 단일한 것이 아니라 다층적이고 다차원적인 능력이므로 의사소통의 맥락에 따라 요구되는 능력이 상이하다. 따라서 상황맥락에 적절한 의사소통이 무엇인지를 이해하고, 의사소통에 참여하는 과정에서 자신의 소통 방식과 내용을 지속적으로 점검하고 성찰하며 조정해 나갈 필요가 있다.

탐구 및 실습

1. 의사소통의 개념 다음과 같이 의사소통의 개념을 비유적으로 표현하고, 그렇게 표현한 까닭을 써 봅시다.

(예) 의사소통은 미용실이다.	의사소통은 ______________________
(예) 왜냐하면 내 의도와 다르게 될 때가 많기 때문이다.	

2. 말 잘하는 사람의 특징 말 잘하는 사람과 말 못하는 사람의 특징에 대해 토의하여 봅시다.

가. 주변의 특정 사람을 떠올려 어떤 점에서 말을 잘한다고 또는 말을 잘 못한다고 생각했는지 간단하게 써 봅시다.

말 잘하는 사람	말 못하는 사람
(예) 자신 있게 말하는 사람	(예) 상대방의 말을 잘 듣지 않는 사람

나. 위의 '말 잘하는 사람'과 '말 못하는 사람'의 특징을 관련지어 비교해 보고, 의사소통 능력이 뛰어난 사람이 갖고 있는 변별적 자질을 우선순위에 따라 정리하여 봅시다.

제 2 장

의사소통의 구조와 특성

> 교실에서 처음 만나는 학생들에게 자신을 소개하는 상황을 가정해 봅시다. 짧은 시간이지만 소개의 시작, 전개, 마무리를 어떻게 구성하느냐에 따라 자신의 첫인상이 결정되기도 합니다. 효과적인 말하기를 위해 의사소통의 시작, 전개, 마무리 단계에서 어떤 전략들을 활용하는 것이 좋을까요?

1. 의사소통의 구조

우리는 흔히 문자로 글을 쓸 때 쓸 내용을 처음, 가운데, 끝으로 구분하여 한 편의 글을 완성한다. 말을 할 때도 마찬가지다. 우리는 누군가와 의사소통 할 때 일반적으로 시작, 전개, 종결의 단계를 거치며 의미를 주고받는다. 이 장에서는 의사소통의 시작, 전개, 종결 단계의 구조와 각 단계에서 활용할 수 있는 일반적인 전략들을 살펴보고자 한다.1)

가. 시작 단계

공식적, 비공식적 상황과 관계없이 어떻게 소통을 시작하느냐는 어려운 문제이다. 의사소통의 시작은 앞으로 대화의 전개 방향을 결정짓는 데 아주 중요한 역할을 한다. 시작 단계의 주요한 목적은 청중과의 우호적인 관계를 형성하고 관심을 유발하여 대화에 참여시키는 것이다. 시작 단계에서는 다음과 같은 전략들을 활용할 수 있다.

---

1) 이 장에서는 각 단계의 특징이 비교적 명확하게 드러나는 공식적 의사소통 상황을 중심으로 단계별 전략들을 살펴보고자 한다.

1) 일상적인 인사로 의사소통 분위기를 조성한다.

우리는 일상적으로 대화를 시작할 때 "식사하셨어요?", "오늘 햇살이 참 좋네요." 등과 같은 식사 여부를 묻는 말이나 날씨 이야기를 한다. 뻔하고 진부한 표현처럼 느껴질 수도 있지만 일상적인 인사로 어색한 분위기를 깨뜨릴 수 있다(ice breaking). 이를 통해 청중은 의사소통에 참여할 준비를 할 수 있고, 화자는 편안한 분위기에서 자신의 말을 이어나갈 수 있다.

2) 시각적 보조물을 활용한다.

시각적 자료를 활용한 방법은 수업대화에서 학생들의 흥미나 관심을 끌어들이기 위해 수업 도입부분의 동기유발 단계에서도 많이 사용한다. 주제와 적합한 보조물을 보여주면서 의사소통을 시작하면 청중이 자연스럽게 주제에 관심을 가지고 집중할 수 있게 된다. 이때, 시각적 보조물은 일기장, 상장, 책 등과 같은 구체물을 활용할 수도 있고 사진, 동영상과 같은 매체 자료를 활용할 수도 있다.

3) 전개 단계에서 말할 내용을 예고한다.

시작 단계의 마무리 부분에서 전개 단계에 다루게 될 내용을 예고하는 것은 청중이 주제에 대해 상기하고 전개 단계에 집중할 수 있게 하는 효과가 있다. 예를 들어 "지금부터는 맛있는 김밥을 만드는 방법에 대해 설명 드리고자 합니다."와 같이 전개 단계에서 말할 내용을 예고함으로써 그에 대한 청중의 배경지식을 활성화하고 소통에 참여할 준비를 도울 수 있다.

4) 청중이 관심을 가질만한 질문을 하면서 시작한다.

청중은 자신과 관련이 있다고 생각하는 것에 대해 흥미를 느끼며 이는 소통의 동기를 제공한다. "여러분 중에 과외를 해본 적 있는 분 계시나요?"처럼 화자는 주제와 관련 있는 내용 중 청중이 관심을 가질 만한 질문을 던짐으로써 자연스럽게 청중을 대화의 과정에 참여시키고, 청중을 의사소통에 적극적인 참여자로 유도하며 긍정적인 관계를 형성할 수 있다.

5) 주제와 관련된 일화나 사건을 소개한다.

이야기는 사람을 끌어들이는 힘이 있다. 전개 단계에서 다루게 될 주제와 관련된 일화나 사건, 또는 뉴스 기사 등을 소개하면 청중에게 주제에 대한 정보를 제공하고 배경지식 등을 활성화할 수 있게 도와준다. 예를 들어, 우리 지역 사회의 문제에 대한 수업을 할 때 도입 단계에서 지역의 문제 상황이 드러난 뉴스기사나 주차, 쓰레기 문제 등과 관련하여 교사가 겪은 일화를 소개할 수 있다.

나. 전개 단계

전개 단계는 대화에서 본론에 해당하는 부분이다. 본격적으로 주제를 다루고 목적에 따라 화자가 말하고자 하는 바를 전달하며, 청중과의 소통을 통해 의미를 구성해나가는 단계이다. 전개 단계의 대화 구성은 대화 상황, 목적, 참여자 간 관계, 주제 등에 따라 다양하고 복잡하게 나타날 수 있다. 전개 단계에서 사용할 수 있는 전략들은 다음과 같다.

1) 시간의 흐름에 따라 말한다.

우리는 일상생활 중에도 항상 시간의 흐름에 따라 일을 처리하고 전개해 나가므로 시간 순서 따라 설명하는 방법을 취하면 청중이 쉽게 이해할 수 있다. 사건의 전개 과정을 서술하거나 일의 방법, 여행 경험 등을 말할 때는 시간의 순서에 따라 서술하는 것이 좋다. 특히 역사적 사건이나 요리방법처럼 시간의 흐름에 따라 사건이나 상황에 변화가 생기는 경우 시간의 순서에 따라 전개하지 않으면 소통에 어려움이 생기기도 한다.

2) 공간의 이동에 따라 말한다.

특정 지역이나 장소 또는 공간에 대한 설명을 할 때는 시각 자료를 활용하는 것이 좋다. 시각 자료를 활용할 수 없는 상황에서는 공간이나 위치를 중심으로 말할 내용을 조직함으로써 청중이 쉽게 이해하도록 설명할 수 있다. 예를 들어 우리 학교의 구조에 대해 설명할 때 교무실, 교실, 운동장, 강당 등의 순으로 공간에 따라 이야기를 전개할 수 있다.

3) 근거를 드러내어 말한다.

주장하는 글쓰기를 할 때 근거를 들어 전개하면 주장에 논리성을 부여하고, 신뢰도를 높일 수 있다. 마찬가지로 상대방을 설득하는 말하기를 할 때도 '첫째, 둘째'와 같은 수사를 사용하여 근거를 들어 내용이 명확하게 드러나도록 구성하는 것이 효과적이다. 이때 여러 가지 원인 또는 근거를 먼저 나열한 다음 결론에 이르는 귀납적인 방법과, 결론을 먼저 제시한 뒤에 주장을 뒷받침하는 근거들을 제시하는 연역적인 방법을 사용할 수 있다.

4) 인과관계에 따라 논리적으로 말한다.

어떠한 사건이나 상황, 현상 등에 대해 원인을 분석하고 그에 따른 논리적 결과를 전개하여 발화의 타당성을 확보해야 하는 상황에서는 인과관계가 드러나게 구성하는 것이 좋다. 예를 들어 경찰에서 사건에 대해 조사한 결과를 발표하는 상황에서는 사건의 원인과 결과의 관계를 논리적으로 밝힘으로써 조사결과에 대한 청중의 신뢰를 얻을 수 있다.

5) 문제점과 그에 따른 해결 방안을 소개한다.

학급 규칙 세우기, 정책 수립과 같은 공동의 문제를 해결하기 위한 대화를 할 때는 문제점과 그에 따른 해결 방안을 제시하는 방법이 좋다. 먼저 문제 상황을 제시한 뒤, 문제 상황의 원인과 그로 인한 문제점들을 밝히고 이에 대한 해결책을 제시하는 과정으로 전개한다. 이때, 해결책은 한 가지를 제시할 수도 있지만 가능한 여러 가지 해결책을 제시하고 각 해결책의 장단점을 비교한 뒤, 향후 기대되는 효과 등을 함께 제시함으로써 더욱 설득력과 짜임새 있는 말하기를 할 수 있다.

6) 청중이 관심 있고 공감할 만한 예시를 제공한다.

청중과의 유대감을 형성하고 공감대를 형성하는 것은 의사소통 참여자 간에 심리적 결속을 가지게 하고 관계를 가까이할 수 있는 좋은 방법이다. 예를 들어 학생들에게 야외 운동 시설의 안전사고 예방법에 대해 설명할 때 현장체험학습에 다녀온 경험을 예시로 떠올리게 하면 청중의 흥미와 이해를 높일 수 있다. 하지만 이때 자칫 청중에게 민감할 수 있는 개인정보나 소재를 드러내는 경우 자신의 사적인 영역이 침범 당했다고 여겨 대화에 방어적인 자세로 참여할 수 있으므로 주의해야 한다.

7) 상대방의 말에 공감적 경청을 한다.

상호교섭적인 의사소통 과정에서 대화 참여자는 화자인 동시에 청자의 역할을 함께 수행한다. 공식적 의사소통 상황에서는 비공식적 의사소통 상황에 비해 화자와 청중의 역할이 비교적 고정적이긴 하지만, 상황에 적절하게 청중이 참여할 기회를 부여하고, 화자가 청중의 질문이나 대답에 맞장구치기, 눈 마주치기와 같은 공감적 경청을 한다면 보다 효과적인 소통을 할 수 있다.

8) 적절한 유머를 구사한다.

상황과 맥락에 어울리는 적절한 유머와 제스처는 대화의 분위기를 허용적이고 부드럽게 만드는 힘이 있다. 하지만 지나친 경우 화자에 대해 가벼운 인상을 주게 하고 분위기를 흐리게 할 수도 있으므로 말하는 상황이나 청중과의 관계, 화자의 평소 유머 구사 능력 등을 신중하게 고려하여 사용할 필요가 있다.

다. 종결 단계

종결 단계는 대화의 마지막 인상을 남기는 단계이다. 대화의 종결을 어떻게 하느냐에 따라 앞의 시작, 전개 단계에서의 대화를 물음표(?)로 남게 할 수도 느낌표(!)로 마무리하게 할 수도 있다. 따라서 종결 단계에서는 간결하면서도 화자가 청중에게 대화를 통해 전달하고자 하는 인상이나 내용이 잘 전달될 수 있도록 하는 것이 좋다. 종결 단계에서는 다음과 같은 의사소통 전략들을 활용할 수 있다.

1) 전개 단계에서 말한 내용을 요약하여 정리한다.

전개 단계에서 말한 내용을 종결 단계에서 요약 정리하여 제시하면 청중이 대화의 주제를 상기하고 정리하는 데 도움이 된다. 예를 들어 김밥에 대한 주제로 설명하는 말하기를 할 때 “제가 지금까지 맛있는 김밥을 만드는 방법에 대해 간단히 설명드렸습니다.”와 같이 전개 단계에서 말한 내용을 요약함으로써 말하기의 짜임새를 갖추고 청중들로 하여금 들은 내용을 한 번 더 떠올리고 정리할 수 있도록 한다.

2) 주장에 대한 지지를 호소한다.

만약 의사소통의 목적이 '설득하기'라면 전개 단계에서 화자는 주장에 대해 논리적인 근거를 들어 청중에게 설득하는 말하기를 했을 것이다. 그렇다면 종결 단계에서는 앞의 주장에 대해 다시 한번 간절한 호소를 통해 청중의 지지를 확보하려는 노력이 필요하다. 예를 들어 학급 반장 선거의 마무리 연설에서는 후보에 대한 지지와 믿음을 호소한다면 청중에게 더욱 인상깊은 연설로 기억될 것이다.

3) 상황에 어울리는 마무리 인사말을 한다.

시작 단계와 마찬가지로 의사소통의 종결 단계에서 또한 상황에 어울리는 인사말을 통해 화자에 대한 긍정적이고 간결한 이미지를 심어주며 대화를 마무리 할 수 있다. 예를 들어 "지금까지 저의 경험담을 경청해 주셔서 감사합니다"처럼 청중에 대한 감사의 말을 곁들여 마무리하는 것은 의사소통의 화행 목적과 관계 목적을 모두 달성하기에 적합할 수 있다.

4) 간결하고 인상적으로 마무리한다.

학교 수업이 끝나기 직전의 상황을 떠올려 보자. 곧 마칠 것이라는 기대와 배운 내용을 정리한다는 의미에서 마지막 집중을 할 때다. 그런데 만약 마무리의 내용이 끝날 듯 끝나지 않고 이어진다면 지루함과 더불어 앞의 수업에 대한 인상 또한 훼손되기 마련이다. 따라서 종결 단계에서는 대화 목적에 따라 핵심 내용을 간결하게 전달하여 인상적으로 마무리하는 것이 좋다.

2. 의사소통의 특성

1장에서 우리는 의사소통을 언어를 매개로 정보를 전달하고 수용하는 차원을 넘어서 의사소통 참여자들의 관계를 형성하고 나아가 사회·문화를 발전시키는 데 기여하는 것으로 정의하였다. 따라서 인간 사회가 발달하고 개인이 사회적 관계를 유지하며 현재의 관습과 문화가 계승되어 나가는 데 있어 의사소통은 필수적인 요소이다. 이러한 의사소통은 다음과 같은 특성을 지닌다.[2)]

가. 언어적, 비언어적 의사소통의 통합

의사소통은 크게 언어적 메시지를 전달하고 이를 수용하는 언어적 의사소통과 어조, 억양, 목소리 크기, 몸짓, 손짓, 표정과 같은 비언어적 의사소통으로 나눌 수 있다.

우리는 일반적으로 의사소통의 상황을 떠올릴 때 언어적 메시지 전달에 치우쳐 생각하는 경향이 있지만 실제 의사소통의 장면에서는 항상 비언어적 의사소통과 함께 전달되어진다. 또 더 나아가 같은 메시지라도 어떻게 전달하느냐에 따라 전혀 다른 의미로 전달되거나 해석되기도 한다. 이는 비언어적 의사소통이 말하는 이의 태도나 방식을 드러내어 메시지 이면에 숨겨진 진짜 메시지인 메타 메세지(meta-message)를 표현하기 때문이다. 아래의 예를 통해 언어적 의사소통과 비언어적 의사소통을 어떻게 하느냐에 따라 메시지의 의미가 어떻게 달라지는지 살펴보자.

①번처럼 화난 어조, 표정의 비언어적 표현과 함께 "화났어"라는 언어적 표현을 사용한다면 이는 정말 화가 난 상태임을 알 수 있다. 반면 ③번처럼 말로는 화가 났다고 이야기하지만 장난스러운 어조 또는 표정으로 "화났어~!"라고 이야기한다면 청자는 화자의

---

2) 이하 내용은 이창덕 외(2000: 8-14)를 참고하여 재구성한 것이다.

비언어적인 의사소통을 통해 화자가 실제로는 화가 나지 않았음을 짐작할 수 있을 것이다. 이처럼 의사소통은 언어적 요소와 비언어적 요소가 함께 의사소통 상황에서 유기적으로 통합되어 의미를 구성한다.

나. 화행 목적과 관계 목적 달성

화행(speech act)의 목적이란 화자가 발화 행위를 하는 의사소통 목적을 말하는 것으로 크게 정보전달, 설득, 요청, 제안, 소개 등으로 나눌 수 있다. 모든 화자는 특정한 화행의 목적을 가지고 발화를 수행한다. 발화 행위에서 관계(relationship)의 목적은 의사소통 참여자 사이의 신분, 나이, 친밀함 정도에 따라 상대방과 유대 관계를 형성하고 이를 유지하기 위한 목적을 의미한다. 그러나 화행을 목적을 달성했다고 해서 관계의 목적도 반드시 달성되는 것은 아니다. 예를 들어 교실에서 친구에게 추운 날씨에 문을 닫아달라고 요청하는 상황을 생각해 보자. 화자가 청자에게 "(짜증내는 목소리로) 야! 추운데 문 좀 닫고 다녀"라고 이야기해서 청자가 기분이 상한 채 문을 닫았다면 화행의 목적은 달성했지만 관계의 목적은 달성했다고 보기 힘들다. 따라서 이상적인 의사소통의 상황이란 화행의 목적과 관계의 목적을 동시에 달성했을 때를 의미한다.

다. 상황맥락 의존성

의사소통은 화자와 청자가 처한 의사소통의 상황과 맥락에서 서로 의미를 나누는 것이다. 이때 의사소통 능력이 뛰어난 사람이라면 상황맥락에 적절한 언어적, 비언어적 행동을 수행할 것이다. 상황맥락에 적절한 행동을 하기 위해서는 나이, 신분, 친분 관계 등과 같은 상대방과의 관계적인 요소와 집, 회사, 발표, 학교와 같은 발화 상황과 관련한 요소들을 고려하여 의미를 전달하고 수용해야 한다. 예를 들어, 회사에서 동료와 점심시간에 나누는 말과 상사에게 업무보고를 할 때, 학교에서 학생들과 대화할 때와 학부모와 상담할 때 각기 다른 방식으로 말을 한다.

라. 상호교섭적 과정

상호교섭(transaction)은 사전적으로 '상대가 되는 이쪽과 저쪽이 함께 어떤 일을 이루기 위하여, 서로 의논하고 절충한다' 라는 의미를 가지고 있다. 따라서 상호교섭적 관점에서 의사소통이란 한 사람의 언어적, 비언어적 행위가 다른 사람의 언어적, 비언어적 행위에 영향을 미쳐 피드백을 제공하고 함께 의미를 구성해나가는 과정이라 할 수 있다. 예를 들어 교실에서 교사가 발문을 제공하면 학생이 반응을 하고 여기에 대해 학생이나 교사가 다시 피드백을 하는 교실 대화의 상황을 떠올려 보면 쉽게 이해가 될 것이다. 상호교섭적 과정으로서 의사소통은 의사소통 참여자들이 협력을 통해 서로 의미를 창조해 나갈 때 가장 이상적이라고 할 수 있다. 이러한 맥락에서 일상생활에서 공동의 문제에 대해 가장 좋은 해결방안을 탐구해 가는 토의·토론은 상호교섭적 의미 구성의 과정을 잘 보여주는 예시이다. 따라서 상호교섭의 관점에서 의사소통의 방식은 고정적이고 정태적(情態的)인 과정이 아니라 상대방과의 관계와 참여자 간의 의미 구성 방향에 따라 변화하는 동태적(動態的)인 과정이다.

마. 다차원적인 행동

의사소통 행위가 언제나 이성적인 판단을 통해 이루어지는 것은 아니다. 인간의 의사소통 행위는 행동적 차원에서 볼 때 무의식적 행동, 의례적 행동, 의식적 행동으로 구분할 수 있다. 무의식적인 의사소통이라 하면 이성적 판단의 여과 없이 생각이나 느낌, 감정을 언어적, 비언어적으로 표현하는 행위를 말한다. 예를 들어 교사가 학생이 위험한 행동을 하는 상황을 발견했을 때 "안돼!!!"라고 이야기한다면 이는 의식적인 행위라기보다는 순간적으로 놀란 감정과 위험을 직감하여 무의식적으로 감정을 언어적으로 표현한 것이라고 할 수 있다. 의례적인 행동 또한 의식하지 않은 채로 이루어지는 행동을 말하는데 무의식적 행동과의 차이점은 의례적인 행동은 의사소통 참여자가 속한 문화에서 반복적으로 학습되고 훈련된 전형적인 행동을 뜻한다는 점이다. 예를 들어 한국 문화에서는 "식사하셨어요?"하고 의례 안부를 묻는 행위를 하는 것이나 누군가가 음식 등을 권했을 때 의례적으로 "괜찮습니다."라고 하는 거절 문화가 이에 해당한다. 반면 의식적인 행동은 교실 대화에서 이루어지는 발문과 대답처럼 이성적이고 합리적인 판단에 의해 의사소통의 상황에서 가장 적절한 언어적, 비언어적 행위를 선택하여 행동하는 것을 말한다.

바. 외재적, 내재적 규칙 의존

우리가 상대방과 의사소통을 할 때는 보이지 않는 외재적, 내재적 규칙이 존재한다. 외재적 규칙이란 사회·문화적인 요소에 의해 제약을 받는 것으로 사회적 관계나 외부적인 상황에 따라 규정된다. 예를 들어 교수와 학생 간의 대화에서는 사회적 관계에 따라 일상적인 주제나 학습과 관련된 대화를 주로 나누지만 개인 신상과 관련된 사적인 대화는 되도록 피한다. 이와 달리 의사소통에서 내재적 규칙은 의사소통 참여자 사이에서 관계 내적으로 가지고 있는 수용 가능하거나 불가능한 규칙을 의미한다. 예를 들어 친한 친구와는 어떤 종류의 화제든 대화할 수 있지만, 상대방이 최근 실연을 겪어 힘들어 하고 있는 경우라면 관련한 주제를 피하게 되는데 이는 둘 사이에 존재하는 내재적 규칙에 의한 것이다.

쪽지강의 의사소통의 역동성

Myers & Myers(1976)에서는 의사소통의 역동적 특성을 다음과 같이 설명한다.

1. 의사소통은 개인의 인격과 다름 사람과의 관계를 발전시키는 과정이다.
2. 의사소통은 원인과 결과, 자극과 반응, 발신자와 수신자, 메시지와 매체가 상호교섭하는 과정이다.
3. 의사소통은 어디서나 존재하기 때문에 의사소통을 하지 않을 수 없다.
4. 의사소통은 과거로 돌아갈 수 없고 명확한 끝이 보이지 않는 지속적인 과정이다.
5. 의사소통은 대상에 의미를 부여하며 메시지를 생성하여 의미를 공유하는 과정이다.
6. 의사소통은 내적인 자아 의사소통과 외적인 대인 의사소통이 다층적으로 일어난다.

우리 생활에서 의사소통의 대부분을 차지하는 비공식적 의사소통 상황에서 이러한 의사소통의 구조와 특성을 매 순간 염두에 두고 대화를 전개하는 것이란 쉽지 않다. 하지만 의사소통의 기본 구조와 특성에 대한 이해가 있다면 자신의 의사소통에 대해 메타 인지적으로 사고하고 반성할 수 있으며, 이는 곧 의사소통 능력의 향상으로 이어질 수 있다.

뿐만 아니라 담화에 대한 사전 계획이 가능한 강연, 스피치 등의 공식적 의사소통 상황에서 화자의 의사소통 구조와 특성에 대한 이해는 논리적이고 구조적인 담화를 구성하는 데 큰 도움이 될 것이다.

탐구 및 실습

1. **의사소통 구조에 따른 전략** 국어 시간에 <글을 고쳐 쓰면 좋은 점 알기> 수업을 하려고 합니다. 수업의 시작 단계에서 사용하면 효과적인 의사소통 전략을 떠올려 간단한 수업 시나리오를 써 봅시다.

2. **상호교섭적 의사소통 과정** 다음 과정에 따라 방향을 지시해 보고, 함께 이야기를 나누어 봅시다.

   가. 각자 눈을 감고 동쪽이라고 생각되는 곳을 가리킨 후 서로 확인해 봅시다.

   나. 자신이 생각한 동쪽은 어디인지 이유를 들어 말해 봅시다.

   다. 동료들과 의견을 주고받은 후 동쪽임을 판단할 수 있는 타당한 근거들을 정리해 봅시다.

제3장
의사소통의 원리

> 의사소통을 잘하는 것은 상대방과 적절하고 효율적인 방식으로 의미를 나눌 수 있는 것을 의미합니다. 하지만 일상 속에서 타인과 대화를 나눌 때 그들의 말이 적절하지 않거나 효율적이지 못하다고 생각하는 경우가 있을 것입니다. 반대로, 타인 또한 그들의 관점에서 나의 말에 대해 적절성이나 효율성에 의문을 가질 수도 있습니다. 그렇다면, 상대방과 적절하고도 효율적인 의사소통을 하기 위해서 우리는 의사소통의 어떤 원리들을 고려해야 할까요?

사람들은 상대방과의 의사소통에서 각자 중요하게 생각하는 원칙이 있다. 어떤 이는 의사소통에서 예의 바르거나 겸손한 태도 또는 상냥한 표정과 말투가 중요하다고 생각할 수 있고, 또 다른 이는 용건 위주의 합리적인 대화를 추구하거나 상대방에게 자신의 사적인 영역을 노출하지 않는 것을 의사소통의 원칙으로 둘 수도 있다.

인간은 오랜 시간 저마다의 경험을 통해 감정과 가치관을 형성하게 된 유기체이며 축적된 경험의 결과로서 사고하며 행동한다. 이는 개인의 의사소통 방식 또한 각자의 선지식과 경험, 맥락에 따라 상이할 수 있음을 짐작케 한다. 하지만 인간은 공동체 속의 존재로 성장하며, 화행 목적과 관계 목적을 달성하기 위한 의사소통의 과정에서 소통의 원리에 대한 상호주관성을 가지게 된다. 이는 개인의 의사소통 방식은 다를 수 있으나, 타인과 소통하는 행위의 기저에는 어떠한 일반적인 의사소통의 원리가 적용되고 있음을 의미한다.

이 장에서는 사회적 존재인 인간이 타인과 의사소통 할 때 전제가 되는 기본적인 원리와 의사소통에서 표현의 효과를 높이기 위해 적용할 수 있는 원리에 대해 살펴본다.

1. 의사소통의 기본 원리

의사소통은 언어적 표현과 비언어적 표현을 통해 개인 간에 정보 또는 감정이나 느낌, 생각 등을 교환하는 과정이다. 이 과정에서는 다음과 같은 의사소통의 기본 원리를 준수해야 한다.

가. 협력의 원리

의사소통은 단순히 서로의 의사를 교환하는 행위가 아니라 화행 목적과 관계 목적을 동시에 포함하는 참여자들의 상호교섭 과정이다. 서로에 대한 인정과 협력이 없다면 의사소통이라고 볼 수 없으며 의사소통의 목적 또한 실현되기 어렵다. 협력의 원리는 상호 협력적인 대화를 위해 지켜야 할 묵시적인 지침으로 대화의 격률(conversational maxim)이라고도 한다(한국화법학회 화법용어해설위원회, 2014). Grice(1975)는 협력의 원리에 대해 "대화가 진행되는 각 단계에서 대화의 방향이나 목적에 의해 요구되는 만큼 기여를 하라"고 요약하며, 다음과 같은 네 가지 대화의 격률을 제시하였다. 협력의 원리는 정보를 적절하게 전달하는 방식과 밀접한 관련이 있다.

1) 양의 격률

① 주고 받는 대화의 목적에 필요한 만큼만 정보를 제공하라.
② 필요 이상의 정보를 제공하지 말라.

양의 격률(maxim of quantity)은 상대방에게 전달하는 정보의 양과 관련된다. 한때 한국 최고의 투수였던 박찬호 선수는 한번 말을 시작하면 끝을 모를 정도로 많은 정보를 제공하여 양의 격률을 지키지 않는 것으로 정평이 나 있다. 이와 관련하여 TMT(Too Much Talker)와 TMI(Too Much Information)이라는 신조어가 생겨나기도 했는데, 이는 필요한 양 이상의 정보를 전달하는 사람을 일컫는 말이다. 이와 같은 문제는 교사와 학생의 대화에서도 찾아볼 수 있다.

다음 대화에서 동수는 교사가 한 질문에 대한 대답인 시리얼을 먹었다는 것 이외에도 다양한 정보를 교사에게 말하고 있다. 이와 반대로 상대방의 요구보다도 너무 적은 양의 정보를 제공하는 것 또한 의사소통 과정에 문제가 될 수 있다. 양의 격률을 준수하기 위해서는 상대방이 필요로 하는 적당한 양의 정보를 제공해야 한다.

> 교사 : 동수야, 오늘 아침에 뭐 먹었어?
> 동수 : 오늘 아침에 시리얼을 먹었어요. 근데 시리얼이 평소보다 맛이 없었어요. 우유가 미지근해서 그런 것 같기도 하고 어제 늦게 자서 더 피곤해서 그랬던 것 같기도 해요. 참, 저는 예전부터 아침에는 시리얼을 먹었어요. 너무 많이 먹어서 질릴 때도 있지만 아침에는 시리얼만큼 편하게 먹을 수 있는 음식이 없는 것 같아요.

2) 질의 격률

① 상위 격률: 진실한 정보만을 제공하도록 노력하라.

② 하위 격률: 증거가 불충분한 것은 말하지 말라.
거짓이라고 생각되는 말을 하지 말라.

질의 격률(maxim of quality)은 정보의 질에 관한 것으로 대화 참여자 간의 신뢰와 관련이 깊다. 사람들은 타인과의 대화에서 자신이 한 일에 대해 과장하여 말하거나 거짓말을 하거나, 확실히 알고 있지 않은 것을 알고 있는 정보인 것처럼 말하기도 하는데 이러한 경우가 지속되는 경우 상대방으로부터 신뢰를 잃을 수 있다. 다음은 질의 격률이 지켜지지 않은 학생 간의 대화이다.

> 선우 : 채웅아, 희수 혹시 어디 있는지 알아?
> 채웅 : (알지 못하면서) 저기 화장실에 있어!
> 선우 : 화장실에 없던데?
> 채웅 : 아, 그럼 운동장에 있을걸?

위의 대화에서 채웅이는 희수가 어디에 있는지 모르지만 마치 알고 있는 것처럼 선우에게 희수의 위치를 알려준다. 거짓 정보와 지레짐작한 정보들이 무분별하게 대화에 뒤섞인다면 서로의 대화는 혼돈에 빠지기 쉽다. 질의 격률을 준수하기 위해서는 대화에 참여하는 사람들이 서로에게 진실하고 확실한 정보를 제공해야 한다.

3) 관련성의 격률

① 관련성이 있는 말을 하라.

관련성의 격률(maxim of relevance)은 대화의 맥락에 맞게 말하는 것과 관련된다. 의사소통은 상대방과 함께 의미를 구성하는 목적이 있는 협력적 행위라는 전제하에서 의사소통에 참여하는 사람들은 각각 소통에 기여할 것으로 기대된다. 상황이나 목적, 화제와 무관하게 내뱉는 말들은 다음과 같은 소통의 문제를 발생시킨다.

> 교사 : (모둠 활동 시간에 참여하지 않고 있는 석호에게) 석호야 지금 무슨 시간이니?
> 석호 : 국어 시간이요.
> 교사 : 모둠 활동할 때는 네가 어떻게 해야 하니?
> 석호 : 아니, 근데 선생님 이것 보세요. 여기 개미가 있어요.
> 교사 : 석호야, 선생님이 지금 뭘 묻고 있지?

위의 대화에서 교사는 모둠 활동에 참여하지 않고 있는 석호의 행동을 교정하기 위해 석호가 해야 할 일이 무엇인지에 대해 묻는다. 하지만 석호는 교사가 말하는 의도가 무엇인지, 자신의 행동이 어떠했는지에 대한 고려 없이 질문의 의도와 전혀 관련 없는 말을 하고 있다. 관련성의 격률을 준수하기 위해서는 화제와 맥락을 고려하며 대화해야 한다.

4) 태도의 격률

① 상위 격률 : 명료하라.

② 하위 격률 : 모호한 표현을 피하라.
중의성을 피하라.
간결하라.
조리 있게 말하라.

태도의 격률(maxim of manner)은 말을 명확하게 하는 것과 관련된다. 이는 대화에 참여하는 태도(attitude)라기보다는 언어 표현의 방식(manner)을 의미한다. 즉, 듣는 이가 이해하기 쉽게 명확하고 간결하며 조리 있게 말을 하라는 것이다. 다음은 태도의 격률이 지켜지지 않은 예이다.

박교사 : 선생님, 오늘 업무 인수인계 좀 해주실 수 있나요?
김교사 : 어, 오늘 제가 할 일이 덜 끝나서… 학부모 상담도 해야 되고… 약속도 있습니다.

위의 대화에서 김교사는 박교사의 인수인계 요청에 대해 명확한 의사를 표현하지 않고 있다. 김교사는 박교사의 물음에 모호하고 장황하게 돌려 말함으로써 태도의 격률을 위반한다. 태도의 격률을 준수하기 위해서는 상대방에게 자신이 말하고자 하는 바를 명료한 표현을 사용하여 전달해야 한다.

이렇게 협력의 원리에 포함된 4가지 격률은 대화의 참여자들이 대화에서 상대방이 필요로 하는 만큼의 정보를 제공하고 거짓된 정보를 말하지 않으며 대화의 맥락에 어울리는 말을 명료히 하며 성실히 대화에 임해야 한다는 것을 말한다. 이러한 협력의 원리는 모든 대화에 일률적으로 적용될 것처럼 보이지만 각 격률에서 '어느 정도가 적절하다고 할 수 있는지'에 대해 명확한 대답을 주지 못한다는 한계가 있다. 따라서 Grice가 제시한 협력은 대화에서 반드시 각 격률을 공식과도 같이 지켜야 한다는 것보다는 대화 참여자들이 기본적으로 갖추어야 할 협력적인 마음가짐과 태도가 중요하다는 것이라 보는 것이 적절하다.

쪽지강의 2차 협력의 원리

앞서 살펴본 협력의 원리는 대화의 기본 원리로 1차적으로 고려되어야 하는 격률들이다. 하지만 의미 추론을 통한 2차적 협력을 염두에 두고 1차 협력의 원리를 의도적으로 위배함으로써 의도한 표현의 효과를 높이기도 한다. 이러한 의도적 위배의 사례는 예능 프로그램이나 유머 영상에서 쉽게 찾아볼 수 있다.

개그우먼 A : 사장님~ 저희 청국장 한 개랑요.
사장님 : 아유, 그걸 다 드셨어요?
개그맨 A : 밥도 다 먹었어요, 저희.
개그우먼 A : 저희 밥도 하나 더 주셔야 할 것 같은데…
사장님 : 밥도요?

개그맨 B : 누가 또 와요, 좀 있다가.

-TV 프로그램 <맛있는 녀석들> 중-

위의 예시에서 밥을 또 먹느냐는 사장님의 물음에 개그맨 B씨는 다른 사람이 또 와서 주문을 더 하는 것이라는 거짓말을 한다. 이 경우 1차 협력의 원리인 질의 격률은 위배되지만 상대를 웃기기 위한 의도는 효과적으로 달성된다. 이렇게 대화 참여자 간에 상호주관성이 확보된 경우 1차 협력의 원리에 대한 위배는 함축적 의미의 발생과 추론을 통한 이해의 가능성을 열어준다. 즉, 1차적으로 협력의 원리가 지켜지지 않은 것처럼 보이지만 함축적 의미에 대한 추론을 통해 2차적 협력이 이루어짐으로써 전달력을 높이는 효과를 얻을 수 있다.

나. 거리유지의 원리

인간은 공동체 속에서 여러 사람과 함께 살아가며 관계를 맺음으로써 안정을 느끼는 한편, 상대방과의 거리가 과도하게 가까워지는 경우에는 불편함을 느끼게 된다. 친밀감의 정도에 따라 서로에게 원하는 거리의 정도는 차이가 있을 수 있지만 아무리 가까운 사이일지라도 일정 수준의 거리를 유지해야 한다. 다음은 철학자 쇼펜하우어가 거리유지의 원리를 적절히 빗대어 표현한 '고슴도치의 가시' 일화이다.

> 추운 겨울, 고슴도치들은 추위를 피하기 위해 한 곳으로 모여 서로에게 다가간다. 그런데 너무 가까이 다가가다 보면 서로의 뾰족한 가시에 찔려 다시 멀어지게 된다. 그러나 다시 추위를 느낀 고슴도치들은 또다시 서로에게 다가간다. 이렇게 여러 차례를 반복하다 보면 가시에 찔리지 않을 만큼의 거리를 유지하면서도 추위를 적절히 피할 수 있을 만한 최적의 지점을 찾게 된다. 고슴도치의 가시는 서로 간의 가장 적절한 거리를 결정해 주는 근거가 된다(Deborah Tannen/신우인 역 1993: 34; 이창덕 외(2000: 99)에서 재인용).

의사소통의 참여자는 상대방과의 일정 거리를 두려고 하면서도 상대방을 고려하고 있다는 메타 메시지를 전달하고 싶어 한다. 상대와의 관계를 만들고 유지하거나 발전시키고자 하는 관계성과 연대성 그리고 자신의 주관을 명확히 하고자 하는 주체성과 독립성 사이의 변증법적 관계 속에서 의사소통의 역동성을 엿볼 수 있다. 다음은 미국의 인지언어학자 Robin Lakoff가 정리한 거리유지의 원리이다(이창덕 외, 2000: 100–102).

1) 상대방과의 거리를 유지하라.

첫 번째 원리는 의사소통에서 개인의 독립성을 강조하는 측면이다. 이는 자신과 상대방 사이에 의도적인 거리를 만들고 유지함으로써 불편함을 최소화하는 데 기여한다.

2) 항상 우호적인 태도를 견지하라.

두 번째 원리는 의사소통에서 상호간의 관계성을 강조하는 측면이다. 이는 상대방과의 관계를 훼손시키지 않음으로써 관계적 욕구 충족을 지향하는 태도와 관련된다.

3) 상대방에게 선택권을 주어라. 상대방으로 하여금 의견을 말하도록 유도하라.

세 번째는 의사소통에서 상대방의 자율성을 강조하는 측면이다. 이는 Rakoff가 제시한 원리의 핵심으로 간접적이고 우회적인 표현을 사용함으로써 실현된다. 거리유지의 원리와 관련된 교사와 학부모의 두 대화를 살펴보자.

> 교사 : 민수 어머니, 이번 주중에 학교에 잠시 와주세요.
> 학부모 : 네? 언제요? 무슨 일 있나요?
> 교사 : 민수가 요즘 학교에서 문제 행동을 자주 일으켜서 어머님께서 좀 아시는 게 좋을 것 같아서 말씀드려요.
> 학부모 : 민수가 무슨 문제 행동을 자주 일으켜요? 선생님이 신경을 제대로 못 써줘서 그런 것 아닌가요?

첫 번째 대화에서 교사는 거리유지의 원리를 위배하는 직접적인 대화 방식을 보인다. 교사는 민수 어머니가 학교에 올 것을 직접적으로 요청함으로써 민수 어머니에게 선택권을 주지 않고 있다. 또한 이어지는 대화에서 교사는 민수가 문제를 일으켰다는 사실을 분명히 전달하는 데만 발화의 초점을 두었고 민수 어머니의 입장을 고려하지 않았다. 이러한 교사의 직접적인 말하기 방식은 학부모를 방어적으로 만들거나 적대심을 불러일으킬 수 있으며 나아가 부모와 교사의 갈등을 유발할 수 있다.

교사 : 민수 어머니, 이번 주중에 혹시 시간 괜찮으세요?
학부모 : 네, 수요일에 괜찮은데 혹시 민수가 뭘 잘못했나요?
교사 : 아뇨, 요즘 민수가 학교 생활에 열심히 적응하고 있는 중이에요. 정기적으로 하는 상담 차 잠깐 오셔서 간단히 이야기 나누면 좋을 것 같아요.
학부모 : 네, 그럼 수요일에 잠깐 들르도록 할게요.

반면, 두 번째 대화에서 교사는 간접적이고 우회적인 표현을 사용함으로써 민수 어머니가 느낄 수 있는 부담을 최소화하고자 한다. 교사는 질문의 형식을 빌려 자신의 요청에 대한 선택의 가능성을 열어둠으로써 민수 어머니가 느낄 수 있는 부담감을 줄이고자 했다. 그럼에도 불구하고 학부모는 민수가 어떤 것을 잘못했으리라는 부담을 느끼게 되는데, 교사는 민수가 잘하고 있다는 것과 정기적으로 이루어지는 상담이라는 표현을 사용하여 말함으로써 부모가 느끼는 부담을 덜어주려 한다.

학교에서 이루어지는 많은 의사소통 상황에서 거리유지의 원리를 준수하는 것은 상대방과의 관계를 위한 좋은 전략이 될 수 있다. 특히 학부모와의 대화에서는 돌려 말하기와 같은 간접적인 표현을 사용하여 거리를 두고 자녀에 대한 우호적인 태도를 견지하는 것이 좋다. 또한 학부모가 자신의 행동과 입장을 선택할 수 있게 선택권을 열어주고 학부모와의 관계를 고려하여 대화를 이어나가야 한다.

2. 의사소통의 표현 원리

지금까지 살펴본 협력의 원리와 거리유지의 원리는 의사소통이 성립하기 위해 전제되어야 할 기본 원리에 해당한다. 반면, 다음 경제성의 원리와 공손성의 원리는 기본 원리에 의해 의사소통이 진행되는 과정에서 효율적인 의사소통을 위해 선택적으로 적용할 수 있는 표현 원리에 해당한다.

가. 경제성의 원리

화자는 머릿속으로 자신의 의도를 표현하기 위한 다양한 표현 양식을 떠올려 대화의 목적 달성에 가장 적합할 것으로 판단되는 표현을 선택한다. 앞서 살펴본 협력의 원리가 대화 상황에 '적절한' 내용을 생성하는 것과 밀접한 관련이 있다면, 경제성의 원리는 적은 노력의 투입에 대비한 많은 결과물의 산출을 추구하는 정보 전달의 '효율성'에 주목한다.[1)]

경제적 표현의 핵심 원리는 '가능한 한 직접 표현하지 말고 청자가 스스로 판단하게 하라는 것'이다. 사람들은 스스로의 판단이나 탐색에 의해 획득한 정보에 의해 쉽게 설득되는 경향이 있다. 그러므로 경제성의 원리를 적용한 말하기는 화자의 의사소통의 목적 달성에 효과적일 수 있다.

1) 새로운 정보만 말하기

청자가 알고 있는 것을 말할 때 청자 입장에서는 새롭게 산출되는 정보가 없고 인지적 주의만 기울이게 되므로 경제적이지 못하다. 이때 화자는 예비 질문을 활용하여 자신이 말할 내용에 대해 청자가 이미 알고 있는지 확인할 수 있다.

교사 : 동수야, 선생님이 어제 수업시간에 동수에게 무슨 얘기를 했는지 기억나니?
동수 : 네.
교사 : 그럼, 우리가 약속했던 것도 생각나니?
동수 : 네, 생각나요.
교사 : 다음 시간엔 동수가 어떤 노력을 하면 좋을까?

위의 대화에서 교사는 동수에게 예비 질문을 던짐으로써 지난 시간에 교사와 나눈 대화에 대해 기억하고 있음을 확인한다. 교사는 동수가 알고 있는 것에 대한 발화를 반복하지 않고 앞으로 변화할 행동에 대해 묻는다. 이는 동수에게 스스로 지난 대화를 떠올리고 앞으로 바람직한 행동을 판단할 기회를 줌으로써 교사의 대화 목적을 효과적으로 달성하게 한다.

1) 이하 내용은 이성영(1996: 315-326)을 참고하여 재구성한 것이다.

2) 하나의 표현으로 줄여 말하기

화자가 A에 대해 발화할 때, 청자가 A와 관련지을 수 있는 배경지식을 가지고 있다면 발화 내용 이상의 정보를 추론해 낼 수 있다. 화자는 경제적인 표현을 사용하여 자신의 발화 의도와 밀접한 연관이 있는 내용들을 직접 말하지 않고도 상대에게 전달할 수 있다.[2)]

> 학생들 : (급식실 앞에서 시끄럽게 떠든다.)
> 교사 : 얘들아, 여기 어디지?
> 학생들 : (소리를 줄인다.)

위의 대화에서 학생들은 교사의 물음에 자신들이 '급식실에 있음'을 깨닫는 동시에 '급식실에서는 소란스럽게 하면 안 된다'는 것을 떠올리게 된다. 교사는 '이곳은 급식실이기 때문에 너희는 조용히 해야 한다'라는 모든 정보를 제공하지 않고도 학생들에게 그와 같은 의미를 전달할 수 있다.

3) 단계를 줄여 말하기

대화는 화자와 청자가 순서를 교대하며 발화를 이어가는데, 이때 각 표현은 일반적으로 하나의 의미 기능을 담당한다. 하지만 화자의 발화 A로부터 명시적으로 요청되는 청자의 행위가 청자의 다음 차례의 행위와의 연속성을 가진다면 화자는 발화 A로 두 가지 의미 기능을 동시에 수행할 수 있다.

> 교사 : 얘들아, 수업 시작하면 가장 먼저 무엇을 해야 하지??
> 학생들 : 책 펴야 해요!
> (책을 펴고 바른 자세로 앉아서 교사를 바라본다.)

위의 대화에서 교사의 발화의도는 수업준비와 관련된 행위들을 수행하라는 메시지를

---

2) 이는 인지심리학 분야에서 기억의 활성화로 설명된다. 우리가 받아들이는 정보들은 그 유사성에 따라 인접한 곳에 기억으로 저장되며 하나가 활성화되었을 때 다른 하나 또한 동시에 활성화되기 쉽다.

전달하는 것이다. 교사의 발화는 '수업이 시작되면 가장 먼저 무엇을 해야 하니?'와 '수업이 시작 되었으니 책을 펴라'라는 두 가지 의미를 내포한다. 학생들은 교사의 발화 의미를 파악함에 따라 표면적으로 드러나는 교사의 요청과 함께 그 이후에 이어져야 할 행동들까지 떠올려 수행하는 모습을 보인다.

4) 간단한 표현으로 말하기

인간의 언어 생활은 시간적 제약을 받으므로 말과 글의 의미를 구체적으로 표현하기 위한 모든 정보를 제시하는 것은 효과적이지 않다. 따라서 가장 특징적이고 구체적인 것만 말하고 나머지는 청자의 판단에 넘겨 청자 스스로가 추론하고 의미를 구성하여 행위하게 하는 방식이 효과적일 수 있다. 이 원리가 적용되는 대표적인 사례로는 광고나 표어가 있다.

"학교 앞, 천천히"
"복도에서는 사뿐사뿐"

위의 예시는 경제성의 원리를 적용한 표어에 해당한다. 위의 예시 또한 학교 앞이나 복도와 같이 적절한 장소에 놓인 표어를 볼 때, 사람들은 짧은 표현에 담긴 여러 의미를 추론할 수 있다. 주지하듯 '학교 앞, 천천히'이라는 짧은 말에는 '학교 앞에선 학생들이 갑자기 나타날 수 있으니 천천히 운전해야 한다'라는 의미가 있고, '복도에서는 사뿐사뿐'이라는 말에는 '복도에서 뛰면 넘어지거나 다른 사람과 부딪쳐 크게 다칠 수 있으니 걸어 다녀야 한다'는 것을 의미한다.

나. 공손성의 원리

사람과 사람이 만들어가는 대화의 목적은 효율적인 정보의 교환뿐만 아니라 서로에 대한 배려와 존중을 통한 관계의 지향을 포함한다. 우리는 소통의 목적을 달성하기 위해 사용할 수 있는 많은 표현들 중에 상대방을 고려한 배려적 표현을 선택할 수 있다. 공손성의 원리는 화자가 청자를 고려하는 태도와 관련되며 핵심은 '가능한 청자 위주로 말하라'는 것이다. Leech(1983)는 정중하지 않은 표현은 최소화하고 정중한 표현을 최대로 사용하라는 정중어법을 다음과 같은 다섯 가지의 격률로 제시하였다.

1) 요령의 격률

요령의 격률(tact maxim)은 청자에게 부담이 되는 표현을 최소화하라는 것이다. 화자가 청자에게 어떤 행위의 수행을 요청하는 것은 청자에게 부담으로 작용할 수 있다. 이때 화자는 요령의 격률에 따라 직접적인 표현보다는 간접적인 표현을 사용하여 청자의 부담을 덜어줄 수 있다.

> 학생 A : 색연필 빌려줘.
> 학생 B : 혹시 색연필을 좀 빌릴 수 있을까?

위 예시에서 학생 A와 학생 B는 친구에게 색연필을 빌리기 위한 동일한 목적으로 발화한다. 같은 의도를 지닌 메시지일지라도 상대방에게 어떻게 표현하느냐에 따라 발화의 결과는 달라지기 쉽다. 화자가 요령의 격률을 적용하여 말하는 경우 청자는 화자가 공손하게 부탁한다는 인상을 받기 쉽다. 이는 청자가 화자의 요청을 단호히 거절하거나 부정하기 어렵게 만든다.

2) 관용의 격률

관용의 격률(generosity maxim)은 자신에게 이익이 되는 것은 최소화하고 부담이 되는 표현을 최대화하라는 것이다. 이는 대화 상황에서 상대방의 책임으로 돌릴 수 있는 문제를 자신의 책임으로 돌리어 상대에게 부담을 주지 않음으로써 공손성을 획득하는 방법이다.

> 김교사 : 네 목소리가 너무 작아서 안 들리는데 크게 말해줄래?
> 박교사 : 선생님이 잘 못 들어서 그런데 조금만 크게 말해줄래?

위 예시에서 두 교사는 학생의 목소리가 작아 잘 들리지 않는 상황에 놓여 있다. 김교사는 소리가 잘 들리지 않는 것에 대한 책임을 학생의 목소리가 작다는 것에 돌리고 수행의 변화를 직접적으로 요청한다. 반면, 박교사는 같은 문제를 자신의 책임으로 돌리며 조금 더 크게 말해줄 것을 완곡하게 표현한다. 요령의 격률과 마찬가지로 관용의 격률을 지키는 것은 청자의 기분을 배려함으로써 청자가 화자의 요청을 수락할 가능성을 높여주는 방법이 될 수 있다.

3) 찬동의 격률

찬동의 격률(approbation maxim)은 상대방에 대한 비난을 최소화하고 칭찬을 최대화하라는 것이다. 대화 상황에서 두 사람의 서로에 대한 감정은 소통에 중요한 영향을 미친다. 대부분의 상황에서 서로에 대한 칭찬은 개방적이고 친화적인 소통을 촉진하며 반대로 서로에 대한 비난은 방어적이고 적대적인 소통을 만들기 쉽다.

> 김교사 : 여러분 선생님이 살펴봤는데, 여러분이 우리가 정한 학급 규칙을 지키지 않는 부분이 많은 것 같아요. 약속을 지키지 않는 모습은 굉장히 실망스러워요. 어떤 부분을 지키지 못했는지 함께 살펴보아요.
>
> 박교사 : 요즘 여러분들이 우리가 함께 정한 학급 규칙을 지키려고 노력하는 모습이 보여서 너무 고맙고 기뻐요. 여러분들이 노력하고 있는 덕분에 우리 반이 함께 조금씩 변화하는 게 느껴져요. 우리가 어떤 것들을 잘 지켰고 어떤 것을 좀 더 노력해야 할지 함께 살펴보아요.

위의 예시에서 두 교사는 학급 규칙이 어떻게 지켜지고 있는지에 대해 학생들과 대화를 나누고자 한다. 김교사는 학생들이 학급 규칙을 지키지 못한 부분을 강조하는 반면 박교사는 학생들이 학급 규칙을 준수한 부분에 대해 강조하며 지키지 못한 부분에 대해서는 직접 언급을 피하고 있다. 찬동의 격률은 상대방과의 관계 유지에 중요한 기능을 하며 이는 내가 상대방에게 우호적인 감정을 가지고 있음을 인식하게 함으로써 나의 의견을 호의적으로 받아들이도록 할 수 있다. 한편, 상대방과 상반되는 입장에 대해서는 그것을 밝히기보다 오히려 침묵함으로써 찬동의 격률을 지킬 수 있다.

4) 겸양의 격률

겸양의 격률(modesty maxim)은 자신에 대한 칭찬을 최소화하라는 것이다. 이것은 나의 긍정적인 면은 축소하고 부정적인 면을 부각시키는 겸손의 미덕을 의미한다. 상대로부터의 칭찬을 그대로 받아들이는 것은 자칫 자만스럽거나 겸손하지 못한 사람으로 보일 수 있다. 반면에 너무 과하게 자신을 깎아내리거나 칭찬을 부정하는 표현을 사용하는 것 또한 부정적으로 비춰질 수 있으므로 적절한 수준을 유지할 필요가 있다.

> 교장 : 김선생님은 정말이지 학생들을 위해 물심양면 애쓰는 것 같아요. 수업도 생활지도도 빈틈이 없어 보여요.
> 김교사 A : 예, 요즘 정말 밤낮 없이 일하고 있습니다. 제가 생각해도 참 부지런한 것 같아요.
> 김교사 B : 아닙니다. 아직 부족한 부분이 너무 많은 걸요. 좋게 봐주셔서 감사합니다.

위의 예시에서 A는 교장의 평가를 있는 그대로 수용할 뿐만 아니라 자신의 칭찬을 덧붙이고 있다. 반면 B는 자신의 수행에 대한 교장의 긍정적인 평가에 대해 그대로 수용하지 않고 오히려 자신의 부족한 부분을 강조하고 있다. 상대방이 나를 칭찬하는 표현을 사용한 의도와 상황맥락을 고려하여 겸양을 격률을 적절히 지켜 말한다면 상대방에게 겸손하고 예의 바른 사람이라는 인식을 줄 수 있을 것이다.

5) 동의의 격률

동의의 격률(agreement maxim)은 나와 상대방의 의견이 다른 점을 최소화하고 의견이 일치하는 점을 극대화하라는 것이다. 이는 상대방의 의견에 적극적으로 동조하고 공동의 목적을 달성할 수 있는 의견을 제시하는 방법이다. 의사소통은 상대방과 의미를 교환하는 순환적인 과정이다. 상대방의 의견에 동의를 표하는 것은 상대방 역시 나의 의견에 주의를 기울여 판단하게 하며 동의할 가능성을 높여줄 것이다.

> 반장 : 선생님! 오늘 점심 먹고 피구해요! 친구들도 오랜만에 하고 싶어 해요!
> 교사 : 피구 좋지! 피구 안 한지도 좀 됐구나. 참, 근데 오늘 우리가 먼저 할 일이 있는데 피구는 내일 하는 게 어때?
> 학생들 : 네~그럼 내일은 꼭 피구 해요!

위의 대화에서 교사는 학생과의 대화에서 동의의 격률을 적용하여 자신의 발화 목적을 달성했다. 교사는 오늘 피구 경기를 하자는 학생의 제안에 대해 긍정적으로 반응하고 동의를 표함으로써 요청을 거절하기 위해 넘어야 할 심리적 장벽을 낮추었다. 이어서 학생들에게 내일은 피구 경기를 할 수 있을 것이라는 확신을 줌으로써 설득에 성공하였다. 동의의 격률을 지키는 것은 상대방과의 의견이 다른 상황에서 대립하지 않고 문제를 해결하기 위한 유용한 전략이 될 수 있다.

6) 공감의 격률

공감의 격률(symphathy maxim)은 상대방의 감정에 최대한 공감하고 반감을 최소화하라는 것이다. 이는 청자의 관심, 요구, 필요를 정서적으로 충족해 줄 수 있는 표현을 하는 것으로 적극적인 공손성에 해당한다. 대화에서 상대방의 말을 경청하며 상대방의 관점에서 그가 말하려는 바를 이해하며 함께 느끼는 것은 의사소통 목적을 달성하는 데 핵심적인 역할을 할 수 있다.

> 교사 : 동수 어머니, 안녕하세요? 오늘 동수가 수업 중 발목을 다쳐서 연락드렸어요.
> 학부모 : (흥분한 목소리로) 선생님, 동수 발목이 퉁퉁 부었어요! 깁스를 해야 한다는데 도대체 어쩌다 다친 거죠?
> 교사 : 어머니, 저도 동수가 다친 것을 보고 많이 놀라고 속상했는데 어머니 마음은 오죽하시겠어요. 체육 시간에 있었던 일이라 자초지종을 알아봤는데 말씀드려도 될까요?

위의 대화에서 교사는 먼저 흥분한 동수 엄마의 속상한 감정에 깊은 공감을 표한다. 사람은 자신의 고통과 기쁨을 함께 느끼는 사람에게 마음의 위안을 받으며 동질감을 느끼기도 한다. 자녀에 관한 문제로 격앙되어 있는 학부모와 바로 대화의 본론으로 넘어가는 것보다 학부모의 마음에 먼저 공감을 드러내는 것은 효과적인 의사소통 전략이 될 수 있다.

이 장에서는 의사소통의 전제가 되는 기본 원리와 의사소통의 효과를 높이기 위한 표현 원리에 대해 살펴보았다. 의사소통 참여자들이 정보를 주고받는 과정에서 서로 협력하지 않거나 적절한 거리를 유지하지 않으면 정상적인 의사소통이 이루어지지 않는다. 따라서 협력의 원리와 거리유지의 원리는 의사소통을 구성하는 기능을 수행한다. 그리고 참여자들이 자신의 의도를 언어적으로 표현하는 과정에서는 효율성을 높이기 위해 경제성의 원리를, 또 관계적 측면을 고려해서는 공손성의 원리를 적용한다. 이때 두 원리는 각각 정보적 기능과 사회적 기능을 수행한다.

탐구 및 실습

1. 의사소통의 원리 분석 다음 영화 대사에 드러나는 의사소통의 원리를 분석해 봅시다.

> 김우진 : 무슨 일을 하시는데 이런 장사치를 부러워하십니까?
> 이정출 : 경기도 경찰부 경부 이정출이오.
>
> 중략
>
> 거나하게 취한 김우진과 이정출. 어느새 친한 척 말을 놓고서 술잔을 기울인다.
>
> 김우진 : 야~ 이 형한테 그런 곡절이 있었구만. 상옥이 형이랑 저랑은 고향 선후배 사이고 이 형과 상옥 형은 임정 때 단짝이셨고. 그럼 우리도 아주 연이 없는 사이도 아닙니다. 아니 그런데 임정에서 통역 일을 하시다가 어쩌다 관운이 트여서 일본 순사가 됐을까나.
> 이정출 : (사연이 있는 눈빛으로) 사람 앞일은 모르는 거더라고… 사내는 자기를 알아봐 주는 자한테 충성을 다하는 동물인지라… 지금 히가시 청장이 불러서 완장도 차게 됐고… 상옥이와는 상해에서 참 좋았는데 그때는 우리가 닮은 게 많다고 생각했는데. 죽은 상옥이 발가락을 드는데… 참 가볍구나. 그런 생각만 들더라고. (진심으로) 그래도 상옥이가 이 못난 친구한테 마지막에 의리를 지키겠다고. 내 손으로 잡지 않게 해주었으니…
> 김우진 : 이 봐. 이럴 줄 알았어. 사람이 이래 감상적이야. 이 형은 독한 사람이 아니야. 처음부터 딱 알아봤어. 내가 사람이건 도자기건 보는 눈은 정확하다니까. 순사가 안 됐음 폐병쟁이 시인이 됐을 사람야.
> 이정출 : (딴청을 피우며) 처 드시오.
> 김우진 : 에이~ 안 되겠다. 마셔야겠다. (잔에 술을 따르며) 나 오늘부터 형으로 부르께.
> 이정출 : 뭐 그러시던지. 그러지 마시던지.
>
> – 영화 〈밀정〉 중 –

가. 위 대사에서 준수되거나 위배된 의사소통의 원리에 대해 설명해 봅시다.

나. 김우진의 대사에서 가장 부각되는 의사소통의 원리는 무엇인지 설명해 봅시다.

2. **대화의 격률 위반 사례 분석** 유튜브 영상 또는 TV 프로그램에서 대화의 격률을 의도적으로 위반함으로써 웃음이 발생하는 사례를 찾아 분석해 봅시다.

3. **표현 원리가 적용된 사례 찾기** 문자나 SNS 대화에서 표현의 효과를 높이기 위한 원리가 적용된 사례를 찾아봅시다.

가. 경제성의 원리

상황	
대화	
적용 원리	

나. 공손성의 원리

상황	
대화	
적용 원리	

제4장 의사소통과 언어

어린 시절 여러분이 실수를 저지른 다음 어머니께서 "잘~했다." 라고 말씀하신 상황을 떠올려 봅시다. 어머니는 잘했다는 말을 통해 어떤 의미를 전달했을까요? 분명 "잘했다"라는 말은 칭찬과 격려의 메시지이지만, 그것을 팔짱을 낀 채 눈썹을 치켜세우고 화가 난 어조로 말씀하셨다면 의미가 달라질 것입니다. 우리는 이렇게 언어적인 메시지 이외에도 다양한 방법을 통해 의미를 전달하고 소통합니다.

앞의 2장에서 의사소통의 특징 중 한 가지로 의사소통은 언어와 비언어의 통합이라는 점을 살펴보았다. 언어는 생각, 느낌 따위를 전달할 때 쓰는 음성, 문자 따위의 수단을 일컫는다. 반면, 비언어는 생각, 느낌 따위를 전달할 때 쓰는 몸짓, 손짓, 표정 따위의 수단을 의미한다. 생각, 느낌, 정보, 감정 등을 서로 나누는 의사소통의 과정에서 언어적 의사소통과 비언어적 의사소통은 상호 보완적으로 사용되기도 하고 서로 반대의 의미를 표현하기도 한다.

1. 언어적 의사소통

언어적 의사소통의 과정은 크게 언어를 의미화(이해)하는 과정과 의미를 언어화(표현)하는 과정으로 구분할 수 있다. 이해 과정으로서 언어적 의사소통이란 언어, 매체 등의 수단을 통해 전달된 음성 정보를 지각하고 이해 과정을 거치는 인지적 과정이라 할 수 있다. 표현 과정으로서 언어적 의사소통은 이미 알고 있는 지식이나 의미를 표현하기 위해 언어적 표현을 재인하고 선택하는 과정을 거쳐 말하는 것을 의미한다. 이렇게 언어를 의미화하거나 의미를 언어화하는 과정은 고등 사고 기능을 요구한다. 여기에서는 이러한 언어적 의사소통의 과정을 음성언어의 측면에서 크게 이해 과정으로서의 듣기와 표현 과정으로서의 말하기로 나누어 살펴보도록 한다.

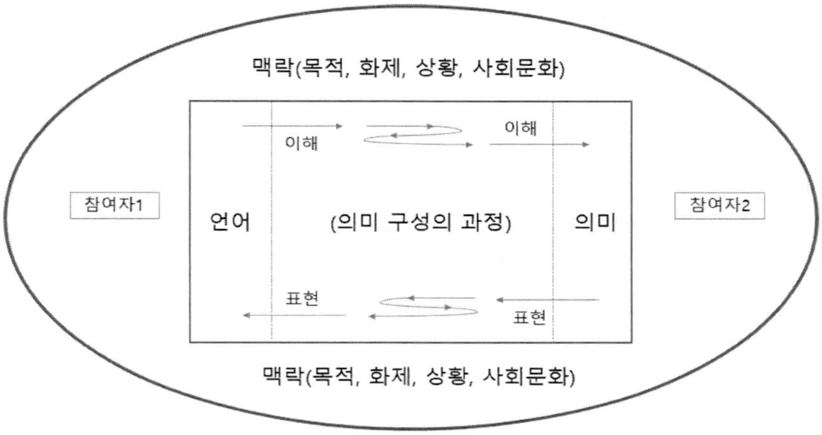

〈그림 1〉 언어적 의사소통의 과정

위 그림은 언어적 의사소통의 과정을 도식화하여 나타낸 것이다. 의사소통이 이루어지는 상황과 사회문화적 맥락 속에서 참여자들이 어떻게 의미를 표현하고 이해하는지에 대한 과정이 나타나 있다. 그림에서도 살펴볼 수 있듯이 언어적 의사소통의 과정은 단순하게 단선적으로 메시지를 전달하고 이를 받아들이는 과정이 아니라 특정한 의사소통 환경 속에서 청자와 화자가 의미 교섭을 통해 이루어지는 복잡한 심리적인 사고 과정이다.

가. 이해 과정으로서 의사소통

Rankin(1926)에 따르면 사람들은 하루 동안의 언어생활 중 평균적으로 듣기에 45%, 말하기에 30%, 읽기에 16%, 쓰기에 9%의 시간을 보낸다고 한다. 듣기는 사람들의 언어생활에서 아주 많은 부분을 차지하는 중요한 과정이다. 그러나 언어적 이해 과정으로서의 듣기는 많은 사람들이 그 중요성에도 불구하고 쉽고 누구나 잘할 수 있는 과정으로 여기기 쉽다. 청각 손실이 없다면 누구나 잘 들을 수 있을 거라 생각하지만 이는 듣기를 청각적 자극으로만 바라본 경우이다. 그러나 우리는 일상생활에서도 '듣기는 들었는데 무슨 내용인지 모르겠다'라고 하는 경우나 듣기 수업에서 들은 바를 의미로 구성하지 못하는 학생들을 종종 만날 수 있다. 실제로도 듣기 능력은 사람마다 차이가 있으며 이는 어느 정도의 교육과 훈련을 통해 향상될 수 있다고 알려져 있다. 이에 따라 학교 교육에서도 듣기 능력의 신장을 목표로 한 다양한 학습 활동이 이루어진다.

1) 듣기의 과정

최근 듣기에 대한 중요성과 듣기 교육에 대한 관심이 높아짐에 따라 많은 학자들이 듣기의 과정에 대해 연구를 통해 설명해 왔다. 그 중 Brownell(2007)은 HURIER 듣기 모델을 고안하여 듣기가 이루어지는 과정을 다음과 같은 6가지 기능으로 설명하고 있다.

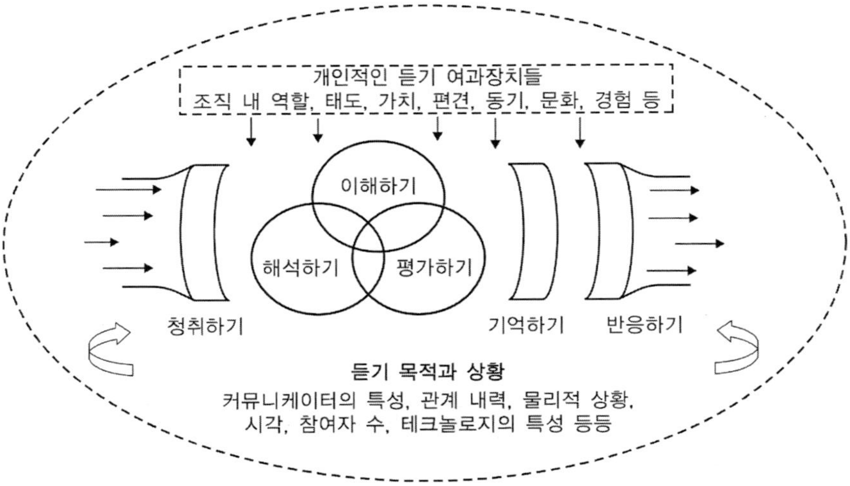

〈그림 2〉 HURIER 듣기 모델

먼저, 청취하기(Hearing)[1]는 청각적 자극에 집중하여 소리를 정확하게 감지하는 것을 말하는 것으로 소리를 구별하고 화자에게 주의 집중하는 듣기를 말한다. 이해하기(Understanding)는 들은 메시지의 내용을 확인하여 이해하는 능력으로 개인 안에서 여러 처리 과정을 거쳐 일어나며 연습을 통해 향상될 수 있다. 기억하기(Remembering)는 들은 내용을

1) 청취하기는 원문의 표기에 따라 Hearing으로 표시하였지만 실제로는 청각적 자극을 수동적으로 수용하는 Hearing의 의미 보다는 청자가 능동적으로 소리 자극에 집중하여 의식적으로 소리를 구별하는 Listening의 개념에 가깝다.

다음에 이용하기 위한 필수적인 과정으로 즉각기억, 단기기억, 장기기억 시스템으로 이루어져 있다. 해석하기(Interpreting)는 메시지의 내용을 종합적으로 인식하는 과정으로 사람들은 메시지를 보다 적절하게 해석하기 위해 전체적인 의사소통의 맥락을 파악하고 상대방의 비언어적 표현에 주목하기도 한다. 평가하기(Evaluating)는 청자의 관점, 경험, 태도 등과 같은 개인적 듣기 여과 장치들을 바탕으로 판단을 내리는 과정이다. 반응하기(Responding)은 메시지에 대해 청자가 최종적으로 언어적, 비언어적 표현을 하는 것으로 능숙한 청자는 의사소통의 목적과 맥락을 바탕으로 내릴 수 있는 여러 반응들 중 가장 최선의 반응을 선택하게 된다.

이러한 듣기의 과정에는 청취자 개인의 조직 내 역할, 태도, 가치 등의 개인적 듣기 여과 장치가 반영되며 이는 듣기의 목적과 상황에 따라 변할 수 있다. Brownell은 이러한 듣기의 6가지 기능이 서로 밀접하게 연결되어 있을 때 개인의 듣기 능력이 향상된다고 말한다.

2) 듣기의 유형

주변에서 화자의 말에 경청하여 대화 의도와 상황을 잘 파악한 뒤, 그에 어울리는 적절한 반응을 하여 감탄을 자아내는 사람들을 볼 수 있다. 이들은 앞서 제시한 HURIER 모델의 듣기의 기능들을 긴밀하게 작동시킬 수 있는 듣기 능력이 뛰어난 사람이라고 할 수 있을 것이다.

때로 친구와 대화중에 상대방이 물리적으로 내 말을 듣고 대화를 이어가지만 '내 이야기에 공감하고 있는가?' 하는 의문이 들 때가 있다. 임용시험을 앞둔 A 학생이 친구에게 "나 요즘 무엇을 해야 할지 잘 모르겠어. 열심히 해도 합격할 거라는 보장도 없고 말이야."라며 넋두리를 했다고 가정해 보자. 이때 이 이야기를 들은 친구 B가 "그래도 너는 그거 하나만 공부하면 되잖아. 많은 것을 준비해야 하는 다른 취업에 비하면 낫지"라는 반응을 했다면 어떨까? B는 분명 A의 이야기를 듣고 나름의 판단을 내린 다음 반응했지만 이들의 관계는 다소 소원해졌을 것이다.

이처럼 듣기의 과정도 듣는 목적과 상황에 따라 서로 다른 유형의 듣기 방법을 사용해야 할 필요가 있다. 여기에서는 듣기의 유형을 방법에 따라 정보적 듣기, 대화적 듣기,

공감적 듣기로 나누어 살펴보고자 한다(한국화법학회 화법용어해설위원회, 2014: 71-82).

정보적 듣기는 청취한 정보를 이해하고 분석하여 자신의 견해, 가치관 등에 따라 판단하여 비판적으로 수용하며 듣는 것을 이야기한다. 이는 뉴스, 라디오, 연설 등에서 전달되는 정보를 들을 때 필요한 듣기 방법이다. 이러한 정보적 듣기를 할 때는 요약하며 듣기, 메모하며 듣기와 같은 전략을 함께 활용하면 효과적이다.

대화적 듣기는 대화에 참여하는 참여자들 간의 언어적·비언어적 피드백을 통해 의미를 협력적으로 구성해 나가는 대화 상황에 적합한 듣기 방법이다. 이때 대화적 듣기의 능력을 높이기 위해서는 대화 상대와의 관계, 물리적 상황 등의 대화 상황을 고려하여 듣고 반응하는 것과 상대방의 감정이나 의도를 파악하여 적절한 피드백을 제공하는 것이 필요하다. 이를 위해서는 고개를 끄덕이거나 구체적인 질문을 하거나 칭찬, 격려 등의 반응을 하는 등 맞장구치기의 방법을 적절히 활용하는 것이 좋다.

마지막으로 공감적 듣기는 앞의 두 가지 듣기에 비해 상대방과의 관계 측면을 중요시 여기고 상대의 마음을 헤아려 가며 듣는 듣기 방법이다. 공감적 듣기는 상대방의 생각이나 느낌 마음을 마치 자신의 상황처럼 여기며 듣는 적극적 듣기의 한 종류이다. 이러한 공감적 듣기의 방법은 상담의 기술에서도 많이 사용되는데 공감적 듣기를 위한 방법으로 집중하기, 격려하기, 반영하기 등이 있다(Stewart & Logan, 1998). 상대방의 말에 마치 나의 이야기처럼 집중하여 듣고 상대방이 맘껏 이야기할 수 있도록 격려하며, 비슷한 경험을 한 자신의 사례를 제시하거나 상대방의 말을 재진술하기와 같이 말하기 방식을 사용하는 것이다.

쪽지강의 이상적인 듣기, 경청(傾聽)

남의 말을 귀 기울여 듣는다는 의미의 경청(傾聽)은 듣기의 이상적인 형태를 잘 나타내는 단어이다. 경청의 한자 뜻을 풀어서 살펴보면 먼저 경(傾)은 '기울다' 라는 뜻으로 다른 사람의 이야기에 주의, 자세, 마음 등을 기울여 듣는 것을 의미한다. 다음으로 '듣다' 라는 뜻을 지닌 청(聽)을 하나씩 살펴보면 먼저 귀(耳)로는 상대방의 이야기를 집중해서 잘 듣고, 눈(目)으로는 상대를 집중해서 바라보고 상대방이 말할 때 비언어적으로 전달하는 몸짓, 표정, 눈빛 등을 파악하면서 들어야 한다는 것을 의미한다. 또 들을 때에는 상대방의 마음(心)과 하나(一)가 되어 공감하며 들어야 함을 의미한다. 따라서 '경청하다'는 단순히 상대방의 말을 귀로 듣는 것뿐만 아니라 상대방이 언어적, 비언어적으로 전달하는 표현을 상대방과의 관계와 마음을 고려하여 적극적으로 듣는 것을 뜻한다.

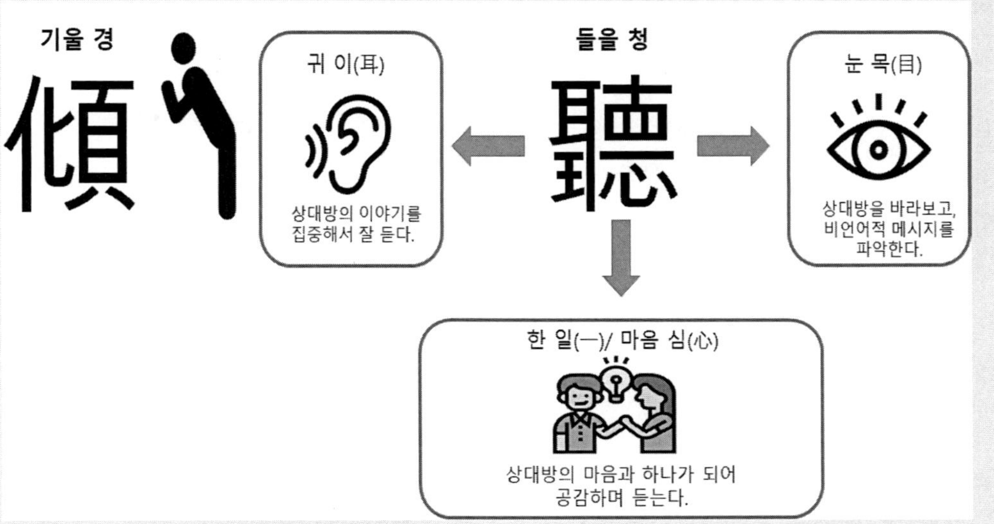

나. 표현 과정으로서 의사소통

듣기가 음성언어로 표현된 메세지를 의미 구성의 과정을 거쳐 지식으로 수용하는 이해의 과정이라면 말하기는 지식이나 정보, 감정 등의 메시지를 조직하여 음성언어로 표현하는 과정이라고 할 수 있다.

1) 말하기의 과정

글쓰기 과정과 단계와 마찬가지로 아이디어를 표현하는 과정으로서의 말하기도 크게 계획하기, 내용 생성하기, 내용 조직하기, 표현 및 전달하기, 점검 및 조정하기의 과정을 거친다.

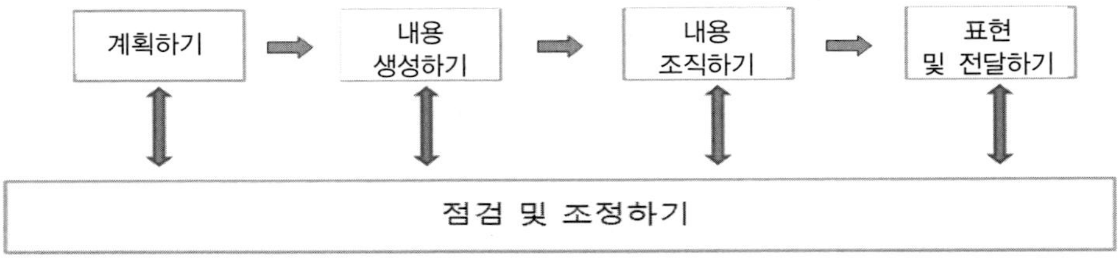

〈그림 3〉 말하기의 인지적 과정

계획하기 단계에서는 상황과 청중을 분석하여 말하기의 목적을 설정한다. 내용 생성 단계에서는 말할 내용에 필요한 자료 수집하고 선정하는 등의 기능을 수행한다. 학교에서 학급 회장 선거 연설의 과정을 예를 들어 살펴보면 계획하기 단계에서는 학급 회장이 되고자 하는 목표를 설정하고 연설의 장소와 학급 학생들인 청중의 수준을 분석한 다음, 내용 생성하기 단계에서는 연설에 필요한 자료를 수집하는 과정을 수행 할 것이다. 다음으로 내용 조직 단계에서는 처음, 중간, 끝에 해당하는 개요나 원고 등을 작성하여 말할 내용을 조직하고 연습하는 과정이 필요하다. 이때는 담화 수준부터 문장 구성 요소 수준까지 내용을 구성한다. 표현 및 전달하기 과정에서는 적절한 어조, 말투, 목소리 크기 등을 활용하여 목적에 맞는 말하기 행위를 수행한다. 또한 의사소통의 전 과정에 걸쳐 화자는 스스로 또는 상대방의 반응으로부터 자신의 말하기 내용과 방식을 점검하고 조정한다. 이처럼 말하기 과정은 화자의 발화 수행과 그에 대한 상위인지 행위를 통해 회귀적으로 진행된다.

2) 말하기의 유형

말하기의 유형은 말하는 상황이 공식성(fomality)을 띠는지에 따라 공식적 말하기와 비공식적 말하기로 구분하고, 말할 내용의 준비 여하에 따라 준비된 말하기와 즉흥적 말하기로 구분하기도 한다. 그런데 주로 공식적인 말하기는 준비된 상황에서, 비공식적 말하기는 상대적으로 즉흥적으로 이루어진다는 점에서 서로 밀접한 관계가 있다.

전은주(1999)는 격식성 유무에 따라 공식적 말하기와 비공식적 말하기로 구분한다. 그리고 김윤옥(2006)에서는 공식적 말하기를 미리 준비한 내용을 정해진 규칙이나 형식에 따라 청중을 대상으로 하는 말하기로 정의하고 있다. 이러한 내용을 토대로 살펴보면 공식적 말하기는 강연, 스피치, 토론 등과 같이 미리 준비한 내용을 청중이 있는 상황에서 규칙을 지켜 진행하는 말하기라 할 수 있다. 이러한 공식적 말하기의 상황에서는 말하기의 주도권을 주로 화자가 가지게 된다.

이에 반해 비공식적 말하기는 친구, 동료, 가족들과 하는 다소 비격식적인 말하기로 공식적 말하기와 달리 형식과 절차에 얽매이기 보다는 의사소통의 과정에서 청자와 화자가 역할 교대하며 상호교섭적으로 이루어지는 말하기를 의미한다.

또 말하기는 화자의 준비도에 따라 준비된 말하기와 즉흥적 말하기로 구분할 수 있다. 준비된 말하기는 화자가 사전에 청중을 분석하여 주제와 내용을 선정하고 말할 내용의 구조에 따라 연습하여 청자에게 전달하는 말하기를 말한다. 위의 <그림 3>의 말하기 과정은 공식적 말하기 상황에서의 준비된 말하기 과정을 잘 보여준다.

반면 즉흥적 말하기는 화자가 사전에 말하기에 대한 준비 없이 화제와 목적, 상대방과의 관계와 같은 상황맥락에 따라 즉각적으로 이루어지는 말하기를 말한다. 즉흥적 말하기에서는 화자와 청자 모두 의사소통 과정에 대한 준비와 협의가 이루어져 있지 않으므로 화자의 말하기에 대한 청자의 반응에 따라 의사소통 상황과 메시지의 내용들이 계속 변화할 수 있다. 이러한 즉흥적 말하기는 대부분 비공식적인 친교 및 정서표현을 목적으로 한 말하기 상황에서 이루어진다.

의사소통 상황에 따라 참여자들은 이해 과정으로서 청자의 역할만을 수행하는 경우도 있고, 표현 과정으로서 화자의 역할만을 수행하는 경우도 있다. 이러한 의사소통 상황에서는 듣기와 말하기의 인지적 기능이 독립적으로 활용된다. 하지만 많은 의사소통의 상황에서 의사소통 참여자들은 청자와 화자의 역할을 동시에 수행한다. 즉, 듣기와 말하기 과정이 연쇄적이고 통합적으로 일어난다는 것이다.

Quiz 화술 1, 2, 3 법칙

데일 카네기의 '화술 1, 2, 3의 법칙'이라는 책이 있다. 이 책에서 카네기가 말하는 사람과 효과적으로 의사소통하기 위해 필요한 세 가지 법칙에서 '1, 2, 3'은 무엇을 의미할까?

2. 비언어적 의사소통

우리는 종종 상대방과 대화 없이도 상대의 표정, 눈빛, 몸짓, 시선을 통해 상대방의 감정이나 생각을 읽어낸다. 우리가 하는 의사소통은 무엇을 수단으로 삼느냐에 따라 언어적 의사소통과 비언어적 의사소통으로 나뉜다. 언어적 의사소통이 말로써 메시지를 전달한다면 비언어적인 의사소통은 어조, 억양, 표정, 시선 등과 같은 자세나 태도를 통해 메시지를 전달한다.

가. 비언어적 의사소통의 특징

혹시 6초의 법칙에 대해 들어 본 적이 있는가? EBS(2009, 인간의 두 얼굴2)에서 한 실험에 따르면 사람의 첫인상을 결정짓는 데 걸리는 시간은 단 3초에서 6초면 충분하다고 한다. 그만큼 표정, 자세, 복장, 목소리 톤 등의 비언어적인 의사소통의 요소가 한 사람을 드러내는 데 많은 부분을 차지한다는 뜻이다. 우리는 매 순간 말과 함께 비언어적 표현을 전달한다. Albert Mehrabian(1971)의 <Silent Messages>에 따르면 메시지 전달에 있어 말의 내용이 차지하는 비중은 7%에 지나지 않는다. 그 외에 어조, 억양과 같이 청각적 요소에 의존한 준언어적 요소(para language)가 38%, 용모, 복장, 제스처와 같은 비언어적인 요소(non-verbal language)가 55%나 차지한다고 한다.[2] 이는 우리가 언어적 메시지가 전달하는 의사소통의 내용(what)의 측면에 신경을 몰두하느라 의사소통의 방법(how)적인 측면을 간과하고 있지는 않았는지 생각해 보게 한다.

동물학자 Desmond Morris(1994)는 <피플워칭: 보디 랭귀지 연구>를 통해 인간의 몸짓언어를 관찰하고 이를 동물성으로부터 배경을 추적하여 분석해 인간 행동에 관한 연구와 더불어 인간의 비언어적인 태도가 자아를 얼마나 나타내는가에 대해 살펴보았다. 사람들의 비언어적인 태도를 모든 사람들의 심리에 일반화하여 적용하는 것은 위험한 판단이겠지만, 비언어적 의사소통에 대한 이해를 통해 의사소통하는 상대방에 대한 심층적인

---

2) 이 이론에 근거하여 의사소통에서 비언어적인 요소의 중요성을 이야기할 때 자주 언급되는 것이 바로 '메라비언의 법칙'이다.

이해를 하는 데 도움을 줄 수 있다. 이렇게 언어적 의사소통만큼이나 중요한 비언어적 의사소통은 다음과 같은 특징이 있다(Ronald & Proctor II, 2014; 정태연, 2015).

첫째, 비언어적 의사소통 기능은 필수적이다. 비언어적 표현을 효과적으로 할 수 있는 능력과 다른 사람의 비언어적 행동을 읽고 반응하는 능력은 매우 중요하다. 비언어적 표현과 이해 기능은 인기, 매력과 사회 정서적 관계 등을 예측하는 강력한 요인이다.

둘째, 모든 행동은 의사소통의 가치를 지니고 있으며, 비언어적 의사소통을 하지 않는 것은 불가능하다. 침묵과 같은 의도적인 행동을 통해 관계를 피하고 싶다는 메시지를 의도적으로 드러내기도 한다. 반면 특별한 의도는 없지만 얼굴을 찡그리거나 땀을 흘리기 등의 비언적인 표현들이 상대방으로부터 유의미하게 해석되어 의사소통에 영향을 미치는 것이다.

셋째, 비언어적 의사소통은 기본적으로 관계에 기초한다. 비언어적 의사소통은 웃음, 자세, 복장 등을 통해 자신의 정체성을 드러내고 그러한 요소를 통해 상대방에 대한 이미지를 형성한다. 또 비언어적 의사소통은 다른 사람과 맺고 있는 관계의 종류를 반영하고 형성한다. 누군가를 만나 다른 사람에게 인사할 때 취하는 다양한 방식에 따라 그 사람과의 관계를 알 수 있다.

넷째, 비언어적 의사소통은 많은 기능을 수행한다. 비언어적 의사소통은 언어적 의사소통과 관계 속에서 다양한 기능을 수행한다. 언어적 의미를 반복, 보완, 대치, 강조, 조절하기도 하며 때로는 언어적 의사소통과 모순되는 비언어적 메시지를 통해 혼합된 의미를 표현하기도 한다.

다섯째, 비언어적 의사소통은 속임에 대한 단서를 제공한다. 발신자가 거짓말을 할 때 그의 비언어적 행동은 그것을 누설한다.[3)] 속임에 대한 미세한 신호는 다양한 비언어적

---

3) Abertcrombie(1988)는 비언어적 의사소통의 이러한 특징을 '우리는 발성 기관으로 말하지만 온몸으로 회화한다'고 표현하였다. 예를 들어 우리는 특정한 상황에서 불안감을 감추고자 하지만 부자연스러운 목소리나 무릎을 펴는 등의 행위를 통해 불안의 메시지를 누설하기도 한다(Burton & Dimbleby, 1995/2005: 163에서 재인용).

경로를 통해서 나온다.

여섯째, 비언어적 의사소통은 모호하다. 언어적 메시지도 다양하게 해석할 수 있지만 비언어적 메시지는 훨씬 더 모호하다.

나. 준언어적 요소

준언어는 음성적 기능과 관련된 요소로 어조, 크기, 빠르기, 억양 등과 같이 주로 목소리와 관련된 요소들을 말하는데 '반언어' 또는 '유사언어'라고도 한다. 사람들은 목소리와 관련된 여러 요소들에 변화를 주어 메시지의 의미를 달리할 수 있다.

1) 어조

어조(vocal tone)는 말 그대로 표현하면 말의 가락으로 말을 할 때 음의 상대적인 높이 변화를 이야기한다. 우리는 어조의 변화를 주어 기쁨이나 두려움, 분노 등과 같은 감정을 전달하기도 하고 때로는 우울, 피곤함, 침착함 등의 심리 상태를 효과적으로 전달하기도 한다. 예를 들어 엄마가 가을이라는 이름을 가진 자녀를 어조를 달리하여 부를 때 대화 상대방이 전달받는 느낌의 차이를 살펴보자. 어머니가 "(부드러운 어조로) 가을아~ 이리 와 봐~" 라고 말씀하셨다면 가을이는 아마 '어머니께서 도움이 필요하신가?' 처럼 상냥한 느낌으로 받아들였을 것이다. 반면 어머니가 "(단호하고 강한 어조로) 가을아! 이리 와 봐!"라고 말씀하셨다면 '내가 뭐 잘못 한 것이 있나?', '어머니께서 화가 나셨나?' 처럼 딱딱하고 다소 차가운 느낌으로 받아들였을 것이다. 이러한 어조의 변화는 직접적 언어로 표현하지는 않았지만 화자가 전달하고자 하는 감정이나 상태를 효과적으로 전달하게 하는 효과가 있다.

2) 크기

말의 크기 즉, 성량(volume)을 달리하여 다른 이미지를 전달하는 의사소통의 방식이다. 사람들은 목소리를 크게 내어 특정 내용을 강조하거나 자신의 주장을 강하게 전달하고, 화가 난 감정 등을 전달하려고 한다. 또 더 나아가 큰 목소리는 열정적이고 확신에 찬 이미지 또는 공격성이나 과장된 자아를 나타내기도 한다. 반면 작은 목소리는 강조할 만한 점이 없거나 실망한 감정, 자신 없음이나 무기력한 이미지를 대변한다.

3) 빠르기

보통 사람들의 말 빠르기(tempo)는 1분에 120~180개 정도의 단어를 말하는 정도이다. 말을 빠르게 하면 흥분되거나 신나는 감정을 전달하고 대화의 긴장감이 높아진다. 하지만 말의 빠르기가 너무 빠른 경우 대화 참여자가 화자의 말을 정확하게 이해하지 못하거나 불안감을 조성하기도 한다. 반면 말의 빠르기가 느린 경우 차분하고 안정된 느낌을 전달하지만 너무 느린 경우 머뭇거린다는 느낌과 열정이 없다는 인상을 주게 한다. 따라서 의사소통 상황과 전달하는 내용에 따라 말의 빠르기를 적절하게 조절해야 할 필요가 있다. 또 말의 빠르기를 빠르게 하다가 강조할 부분에서 일부러 느리게 전달하여 청자의 집중을 유도하기도 한다.

4) 억양

억양(intonation)은 문장이나 문장의 단위에 나타나는 음의 상대적인 높이를 변하게 하는 것을 의미한다. 억양은 말의 높낮이를 이용하여 의미를 구별할 수 있도록 하는 것으로 평서문, 의문문, 감탄문처럼 문장의 기능을 나타내기도 하며 또 같은 의미를 지닌 문장도 지역과 연령에 따라 차이를 보인다. 억양의 변화를 주어 의사를 전달하면 감정이나 표현을 풍부하게 전달할 수 있다.

다. 비언어적 요소

의사소통의 비언어적 요소는 메시지 전달에 쓰이는 언어적 내용이나 목소리와 관련된 준언어적 요소를 제외한 신체, 공간, 시간 등을 말한다. 우리는 표정, 거리, 침묵, 복장 등과 같은 비언어적 요소들을 활용하여 메시지의 의미를 강화하거나 보완하기도 한다.

1) 신체언어

신체언어는 비언어적 의사소통의 한 종류로 '몸짓언어(body language)'라고도 한다. 이러한 신체언어는 서로 언어가 달라 말이 안 통할 때 대체적인 수단으로 사용되기도 하고, 언어적 메시지를 보충하고 강화하기 위한 보완적 수단으로 사용되기도 한다.

가) 제스처

제스처(gesture)는의미를 전달하거나 강조하기 위해 몸의 어떤 부분을 의도적으로 움직이는 것(조원환, 2002)으로 의사소통을 위해 손짓, 발짓, 몸짓 등 몸으로 전달하는 모든 종류의 시각적의 신호의 동작을 의미한다. 이러한 제스처는 언어적 메시지의 의미를 명확하게 하거나 보충하기도 하며 때로는 감정의 상태를 표현하기도 한다. 제스처가 가지는 의사소통의 기능을 조금 더 자세하게 살펴보면 다음과 같다.

먼저, 상징적인 의미를 나타낸다. 예를 들어 약속의 의미를 나타낼 때 하는 새끼손가락을 거는 손짓, 이해가 되지 않을 때 고개를 갸우뚱거리는 몸짓 등이 있다. 그리고 언어적 의미를 보충하는 기능을 한다. 길을 안내할 때 방향을 가리키는 손짓은 화자의 설명을 보충하여 돕는 역할을 한다. 또 제스처는 의사소통의 원활한 정도를 조절하게 해 주기도 하는데 예를 들면 고개를 끄덕이는 몸짓은 상대방의 말을 이해하고 있다는 것을 나타내어 상호작용하는 데 도움을 준다. 마지막으로 감정의 정도를 표현하는 기능이다. 불안할 때 다리를 떨거나 손톱을 물어 뜯는 등의 제스처는 불안하나 감정을 드러낸다.

하지만 어떤 제스처는 의사소통 참여자가 무의식적으로 하는 경우도 있는데 Paul Ekman(2009)은 사람들이 거짓말 할 때 나타나는 여러 가지 신체적 특징 중 한 가지로 손으로 얼굴을 자주 만지거나 주먹을 쥐락펴락하는 행동을 보인다고 한다. 이러한 제스처는 육체적, 심리적인 욕구를 충족하기 위해 일어나는 무의식적인 동작이라 할 수 있다.

나) 자세

의사소통의 상황에서 우리는 앉아 있는 자세, 서 있는 자세, 움직이는 자세 등 다양한 자세(Posture)를 취하게 된다. 바르고 안정된 자세는 상대방으로 하여금 편안하고 차분한 인상을 주고 대화에 집중할 수 있도록 도와준다. 그러나 삐딱하게 서 있거나 몸을 뒤로 젖혀 팔과 다리를 벌려 앉는다면 상대방에게 권위적인 태도를 나타내거나 다소 거만하고 성실하지 못한 인상을 주게 된다. 반대로 구부정한 자세로 모서리에 걸터앉아 있거나 팔을 오므리고 있는 자세는 자신감이 없어 보이게 한다.

그러나 바른 자세는 의사소통을 하는 상황이나 맥락, 대화의 내용이나 청자의 반응 등에 따라 적절하게 몸을 움직이고 그에 걸맞은 자세와 움직임을 취해야 효과적이라 할 수 있을 것이다.

다) 표정

표정(facial expression)은 화자나 청자의 감정이나 심리적 상태를 나타내는 중요한 비언어적 요소 중 하나이다. 우리는 얼굴에 있는 눈, 눈썹, 코, 이마, 볼, 입 등의 다양한 부위로 놀람, 기쁨, 슬픔, 공포 등과 같은 다양한 감정을 표현 할 수 있다. 의사소통 상황에서 청자는 화자의 얼굴을 바라보며 대화를 이어가는 경우가 대부분이므로 표정에서 화자의 심리 상태에 대한 즉각적인 정보를 얻는 경우가 많다.

Ekman & Friesen(1975)은 여섯 가지 감정에 따른 얼굴 표정을 정리했는데 놀란 경우 눈썹이 올라가고 눈을 크게 뜨며 입이 벌어진다. 두려운 경우 미간을 찌푸리고 눈꺼풀 아래가 긴장하며 입술이 뒤로 약간 잡아 당겨진다. 혐오감을 나타내는 경우 눈썹이 내려가고 코가 구겨지며 볼이 올라간다. 분노한 상황에서는 눈썹이 내려가 몰리고 눈이 튀어나오며 콧구멍이 넓어지는 경우가 있다. 기쁜 경우 볼이 올라가고 눈 주위에 주름이 형성되며 입 가장자리가 올라간다. 슬픈 경우 눈꺼풀 위가 아래로 내려가고 눈이 초점을 잃는 표정을 짓게 된다.

의사소통 상황에서 무표정한 얼굴은 청자로 하여금 지루하게 느끼게 하고 부정적인 인상을 준다. 반면에 온화한 표정은 상대로 하여금 호감을 느끼고 경계심을 허물 수 있게 도와준다.

라) 눈 맞춤

우리는 상대와의 눈 맞춤(eye contact)으로 상대의 마음을 읽어 낸다는 말을 종종 한다. 이처럼 상대방과의 눈 맞춤을 통해 긍정적, 부정적 감정의 정보를 주고 받을 수 있다. 이춘우(2014)에서는 눈 맞춤을 통해 소통의 흐름을 조절하고, 피드백의 정보를 얻으며 감정을 표현하고 상대방과의 관계의 성격을 나타낼 수 있다고 설명한다. 때로 어떤 사람들은 대화를 할 때 시선을 어디에 두어야 할지 모르겠다고 하는 경우가 많다. 대화 중 시선을 여러 곳에 분산하게 되면 상대방에게 대화에 집중하지 못하고 있다는 인상을 주게 되고, 반대로 눈을 너무 뚫어져라 보게 되면 부담감을 느끼게 할 수 있다. 이런 경우 청자의 눈과 비슷한 지점을 정해 두고 일정하게 시선을 주는 방법이 도움이 된다.

마) 접촉

촉각학(haptics)은 신체 접촉의 의사소통적 활용에 대한 연구를 하는 학문으로 사람들은 신체 접촉을 통해 긍정적이거나 부정적인 표현을 하며 소통한다. 이는 교수화법에서도 종종 이용되고는 하는데 학습 활동에 집중하지 못하고 비학습적 태도를 보이는 학생에게 교사는 뒤쪽에 가서 서있는 것과 같은 통제적 신체 접촉을 취하기도 한다. 또 연인 사이에 하는 신체적 접촉을 통한 애정 표현, 부모가 자녀에게 하는 머리를 쓰다듬는 행동 등 접촉을 통해 긍정적 정서를 표현하기도 한다. 하지만 이는 상대방에게도 장난스럽고 긍정적인 의미로 해석되고 받아들여질 때 긍정적이고 애정이 담긴 접촉이 될 수 있다.

2) 공간언어

'근접학(proxemics)' 또는 '공간학'이라고도 하는 공간언어는 의사소통을 하는 사람 사이의 공간과 상대와의 거리를 의미한다. Hall(1959) 박사는 사람들이 의사소통 할 때 상대방과의 관계에 따라 무의식적으로 거리를 달리 사용한다고 보고 이를 친밀한 거리(intimate distance), 개인적 거리(personal distance), 사회적 거리(social distance), 공공적 거리(public distance)로 분류하고 이를 다음과 같이 설명한다(이창덕 외, 2000: 188–189).

친밀한 거리 (15cm–46cm)	개인적 거리 (46cm–1.2m)	사회적 거리 (1.2m–3.6m)	공공적 거리 (3.6m–)

- 친밀한 거리(intaimate distance)는 상대방과의 거리가 15~46cm의 상대의 숨결을 느낄 수 있을 정도의 아주 가까운 간격으로 보통 신체적 접촉을 동반하며 심리적, 정서적으로 친밀한 관계를 유지하는 연인, 배우자, 부모와 자녀와 같은 사이에서 소통할 때 이루어진다.

- 개인적 거리(personal distance)는 46cm~1.2m 정도의 손을 뻗으면 접촉할 수 있을 정도의 거리를 말한다. 이는 손을 잡을 수 있고 상대를 관찰하고 편안하게 이야기 할 수 있을 정도의 거리로 가까운 친척이나 친구, 사적인 모임 등에서 대화할 때 유지한다.

- 사회적 거리(social distance)는 1.2m~3.6m 정도의 보통의 목소리 크기로 말할 때 상대와 소통할 수 있는 거리로 사회의 공식적, 비공식적인 관계에서 유지되는 일반적인

거리이다. 이는 고객 상담이나 결재 등의 업무를 처리할 때나 면접을 볼 때 주로 사용된다.

- 공공적 거리(public distance)는 3.6m 이상의 거리로 큰 목소리나 몸짓을 사용하여 소통할 수 있는 거리다. 공공적인 거리는 강의나, 극장, 동물원, 연설과 같은 상황에서 편안함을 느끼는 거리를 말한다.

이러한 공간언어는 일반적인 개념으로 개개인 또는 개인이 속한 문화권마다 설정하는 공간의 경계와 개념이 달라질 수 있다.

3) 시간언어

의사소통의 측면에서 시간언어(chronemics)라 하면 침묵의 사용을 의미한다. 일반적인 의미에서 침묵은 아무런 말을 하지 않는 것으로 생각되지만 의사소통 상황에서 의도적 침묵은 상대방에게 중요한 비언어적인 메시지를 전달한다. 우리는 중요한 이야기를 경청하거나 화가 나는 감정을 자제하기 위해 또는 위로를 대신하기 위해서와 같은 다양한 상황에서 의도적으로 침묵을 사용하여 언어적 메시지를 보충, 강화하거나 대신하기도 한다.

최근에는 교실대화에서 침묵의 사용에 관한 연구들도 이루어지고 있는데 교사들은 교정의 피드백을 대신하거나 학생에게 사고의 시간을 주기 위해 또는 부정적 강화를 하는 등의 상황에서 침묵을 사용하기도 한다. 학생들도 수업에서 침묵을 사용하는데 이 경우 교사의 발문을 제대로 이해하지 못하거나 할 말이 없을 때, 화가 나거나 동의하지 못하는 상황 등에서 침묵을 사용한다.

4) 기타

이 외에 사용할 수 있는 비언어적 의사소통의 유형에는 대표적으로 사람들의 외모와 같은 외형적인 부분에 변화를 주어 의사소통에 암묵적으로 영향을 미치는 것들로 의복, 장신구, 냄새, 색깔 같은 것들이 있다. 예를 들어 의사 가운, 군인 제복, 회사원의 양복과 같은 의복은 사회적 지위를 나타내어 주거나 상대에 대한 분위기를 감지할 수 있다. 또 향수 냄새, 땀 냄새, 담배 냄새와 같은 냄새를 통해서 상대에 대한 인상을 결정하기도 하고 팔찌, 귀걸이, 반지, 문신 등의 장신구나 악세서리를 통해 개인의 이미지를 형성하거나 자기 정체성을 나타내기도 한다.

이 장에서는 이해와 표현 과정으로서의 언어적 의사소통과 비언어적 의사소통의 의미와 유형에 대해 살펴보았다. 상대방과 협력적으로 의미를 구성하는 의사소통의 과정에서는 말로써 드러내는 의미뿐만 아니라 그에 수반되는 준언어, 비언어적 요소 또한 주목해야 한다. 타인으로부터 전해진 의미를 이해할 때 그리고 타인에게 의미를 표현할 때 이 장에서 다룬 내용들을 떠올린다면, 의사소통의 화행 목적과 관계 목적의 달성에 한 발 더 다가갈 수 있을 것이다.

탐구 및 실습

1. 듣기 능력 점검 나의 듣기 행동을 떠올려 자신의 듣기 능력을 점검해 봅시다.[4)]

가. 다음 질문은 듣기 구성 요소(청취하기, 이해하기, 기억하기, 해석하기, 평가하기, 반응하기) 중에서 하나에 해당한다. 자신의 듣기 행동을 생각해 보고 가장 가까운 숫자를 표시하세요. (5=거의 항상 / 4=보통 / 3=때때로 / 2=거의 아닌 / 1=결코 아닌)

( ) 1. 나는 사람과 환경이 시간이 지나면 변화한다는 것을 항상 인식하고 있다.
( ) 2. 나는 이야기를 들을 때 화자의 개인적, 문화적인 면을 참작한다.
( ) 3. 나는 주위에서 벌어지는 것 중 가장 중요한 것에 주의를 집중한다.
( ) 4. 나는 나에게 하는 말을 정확하게 듣는다.
( ) 5. 나는 상대방의 어휘를 이해하며 상대방이 사용한 단어의 뜻과 약간 달리 이해할 수도 있다는 것을 알고 있다.
( ) 6. 나는 상황에 맞게 반응을 수정한다.
( ) 7. 나는 대화에 잘 참여하며 소그룹 토의에서 구성원들이 낸 아이디어를 정확하게 회상할 수 있다.
( ) 8. 나는 나에게 조언을 하는 사람이 있으면 그의 전문성을 참조한다.
( ) 9. 나는 감정 때문에 듣기나 의사결정에 방해를 받지 않는다.
( ) 10. 나는 강의시간에 교수가 말한 것(책에 나와 있지 않더라도)을 기억할 수 있다.
( ) 11. 나는 다른 '중요한 문제'가 있어도 듣기에 영향을 받지 않는다.
( ) 12. 나는 상대방의 동기, 기대, 요구를 참작하여 메시지의 의미를 이해한다.
( ) 13. 나는 상대방에게 명확하고 직접적인 피드백을 제공한다.
( ) 14. 나는 이해 여부를 화자에게 즉시 말해준다.
( ) 15. 나는 대화 시 다른 사람들의 대화나 주변 소음, 그리고 전화 같은 산만한 상황을 잘 극복한다.
( ) 16. 나는 긍정적인 태도로 의사소통에 참여한다.
( ) 17. 나는 의사소통 시 화자의 목소리 어조(tone)에 예민하다.
( ) 18. 나는 내 생각과 아주 달라도 상대방이 말한 것을 듣고 정확하게 기억한다.
( ) 19. 나는 신뢰와 찬성의 분위가 되면 이야기를 더 잘 나누게 된다.
( ) 20. 나는 이해하기 어려운 내용이라도 청자의 말에 집중한다.
( ) 21. 나는 청자의 얼굴 표정, 신체 표현, 그리고 다른 비언어적인 행동과 청자의 구어 메시지가 얼마나 관련 있는지를 참조한다.
( ) 22. 나는 결정을 내리기 전에 모든 증거들을 검토한다.
( ) 23. 나는 결론을 내리기 전에 상대방의 이유가 타당한지를 분석하는 데 시간이 걸린다.
( ) 24. 나는 중요한 의사소통 시 편안하게 집중을 잘 한다.
( ) 25. 나는 끼어들지 않고 끝까지 메시지를 듣는다.
( ) 26. 나는 물리적인 환경이 효율적인 듣기를 촉진 시킨다고 확신한다.
( ) 27. 나는 듣기 효율성에 영향을 줄 수 있는 시, 공간을 정할 때 개인적, 문화적 차이점을 인식하고 고려한다.

( ) 28. 나는 관련 질문을 하고, 청자의 말을 정확히 이해했는지 확인하는 재진술을 한다.
( ) 29. 나는 화자의 말이 사실과 증거에 의한 것인지 감정적 호소에 의지하는 것인지를 알기 위해 주의 깊게 듣는다.
( ) 30. 나는 의사소통 시 상대방의 감정에 민감하다.
( ) 31. 나는 폭넓게 관심이 있어 과업을 창의적으로 수행할 수 있다.
( ) 32. 나는 들을 때 주 아이디어와 그 증거를 구분한다.
( ) 33. 나는 발표자가 말하기 시작할 때 주의를 집중할 준비가 되어 있다.
( ) 34. 나는 새 증거들과 환경을 고려하여 이전의 나의 의견을 즉시 재평가한다.
( ) 35. 나는 스트레스를 느껴도 들은 것을 회상할 수 있다.
( ) 36. 나는 메모가 듣기 능력을 향상시킬 것이라 믿을 때 효과적으로 메모한다.

나. 모든 질문에 답한 후 점수를 확인하기 전에 어떻게 될지 추측해 보세요.
1) (　　　　)이(가) 가장 높은 점수를 얻을 것이다.
2) (　　　　)이(가) 가장 낮은 점수를 얻을 것이다.

다. 듣기 구성 요소에 따라 점수를 확인해 보고 순위를 매겨 보세요.

듣기 구성 요소	점수						합계	순위
청취하기	4	15	16	20	24	33		
이해하기	5	11	25	28	32	36		
기억하기	3	7	10	18	31	35		
해석하기	2	12	14	17	21	30		
평가하기	1	8	22	23	29	34		
반응하기	6	9	13	19	26	27		

라. 다음을 보고 각 기술 영역을 평가해 보세요.
(　) – (　)점: 자신을 매우 훌륭한 청자라고 생각한다.
(　) – (　)점: 자신을 훌륭한 청자라고 믿는다.
(　) – (　)점: 어느 정도 듣기 기능이 있다고 생각한다.
(　) – (　)점: 자신의 듣기 행동에 약간 문제가 있다고 생각한다.

마. 다음 사항을 스스로 점검해 보세요.
1) 어느 영역의 점수가 가장 높은가?
2) 잠재적인 문제라고 생각되는 부분은 어느 영역인가?
3) 처음에 추측했던 것에 비해 실제 순위는 어떠한가?
4) 의외의 점수(지나치게 높거나 낮은)가 나온 구성 요소는 무엇인가?
5) 다른 사람들은 여러분의 듣기를 어떻게 평가할까? 어떤 결과가 나올까?

2. 억양을 달리하여 의미 전달하기 다음과 같은 의미가 전달되도록 억양을 달리하여 말해 봅시다.

1. 가라!	1. 가!
2. 그 사람? 조금 전 그 사람?	2. 가?
3. 가씨 집안.	3. 가가
4. 갖고 가 버려!	4. 가가!
5. 그 사람인가? 아까 전 그 사람이었나?	5. 가가?
6. 성이 가씨냐?	6. 가가가?
7. 가져 가서...	7. 가 가가...
8. 그 사람이 바로 그 사람이었구나.	8. 가가 가가~
9. 그 사람이 아까 그 사람이었어?	9. 가가 가가?
10. 성이 가씨인 그 사람은 가거라!	10. 가가가 가!
11. 그 사람 성이 가씨냐?	11. 가가 가가가?
12. 그 사람이 성이 가씨라는 그 사람이냐?	12. 가가 가가 가가?
13. 성이 가씨인 사람이 가져가서...	13. 가가가 가 가가
14. 그 사람이 그 사람이고, 다른 사람은 그 사람이냐?	14. 가가가, 가가가가?
15. 성이 가씨인 바로 그 사람이 가져가서...	15. 가가가가 가가가...
16. 그 사람이 성이 가씨인 바로 그 사람이냐?	16. 가가 가가 가가가?

4) 이 점검지는 〈Judi Brownell(2007)/이시훈, 한주리 옮김(2007). 『듣기 : 태도, 원리 그리고 기술』. 커뮤니케이션북스.〉에서 가져온 것임. 이 진단 도구는 자신의 듣기 능력에 대한 자기평가의 방법으로 청자로서 자신의 듣기를 메타적으로 인지할 수 있다.

제5장 의사소통과 행위

우리는 말로써 무엇을 할 수 있을까요? 어떤 사실을 설명하기도 하고 친구와 만남을 약속하기도 하며 누군가에게 무엇을 해 달라고 부탁하기도 합니다. 이렇게 우리가 하는 말에는 의도가 담겨있고 그 말은 상대방에게 영향을 미칩니다. 그런데 말하는 사람은 자신이 말하고자 하는 의도를 직접적으로 드러내기도 하고 때로는 의도를 넌지시 감춘 채 돌려서 말하기도 합니다. 왜 그럴까요?

1. 화행과 의사소통

인간은 다양한 행동을 하면서 살아간다. '먹다, 자다, 걷다, 달리다, 요리하다' 등은 인간의 행동을 나타내는 단어이다. 이렇게 인간의 행동을 나타내는 말에는 '말하다'도 포함된다. 즉, 말하기도 의도나 목적을 가진 인간의 다양한 행동 중 하나다.

가. 화행의 개념

화행론(speech act)은 언어를 통해서 이루어지는 행위(言語行爲)에 대해 다루는 응용언어학 분야다. 화행론은 언어의 구조나 체계 중심의 연구에서 벗어나 말하는 사람이 언어로써 무엇을 하는가에 주목하는 사용자 중심의 언어 연구를 지향한다.[1] 화행론은 영국의 언어철학자 John Austin에 의해 시작되었으며, 그의 이론은 <How to Do Things with Words>(1962)라는 책에 잘 드러난다. 책의 제목 '말로써 무엇을 하는가'처럼 말하기를

---

1) 맥락 속에서 언어의 의미를 다루는 화용론(Pragmatics, 話用論)도 유사한 지향점을 갖는다.

인간의 다양한 행동 중에 하나로 본 것이다. 이렇게 말하기를 인간의 행동으로는 보는 것은 종래의 언어체계 중심의 연구에서 언어사용 중심으로 언어 연구의 패러다임이 변화하는 계기가 되었다.

언어사용 중심의 언어 연구를 지향하는 화행론이나 화용론에서 의사소통의 기본 단위는 기호, 낱말, 문장과 같은 언어적 수단이 아니라 기호, 낱말, 문장을 만들어 내거나 발화(utterance)하는 행위이다. 즉, 화행은 의도나 의지를 가진 인간의 언어적·비언어적 활동이나 행동을 뜻한다. 따라서 말하기에서 화행 목적을 달성한다는 것은 말하는 사람 입장에서는 의도를 효과적으로 전달하는 것이고 듣는 사람 입장에서는 그 의도를 헤아려 수용하는 것이다.

인간의 언어 행위, 즉 화행은 크게 3가지 차원으로 구분할 수 있다. 발화 행위, 발화수반 행위, 발화효과 행위가 그것이다(Austin, 1962). 첫째, 발화 행위(locutionary act)는 낱말과 문장 형태로 표현된 구체적인 음성적인 표현 행위를 의미한다. 이 발화 행위는 특정한 명제 내용이 음성적으로 실현되는 것으로 언표적(言表的) 행위라고도 한다. 둘째, 발화수반 행위(illocutionary act)는 말하는 사람이 의도하는 것(듣는 사람이 이해하는 것)으로 의사소통 기능을 가진 본질적인 의사소통 행위이다. 질문, 지시, 안내, 부탁, 약속 등과 같은 발화 기능을 말하며 이는 표면적으로 드러나기도 하고 언어 표현 이면에 숨겨지기도 하기 때문에 언표내적(言表內的) 행위라고도 한다. 셋째, 발화효과 행위(perlocutionary act)는 발화를 통해 화자의 의도가 청자의 행동에 영향을 미치는 것을 의미한다. 발화가 청자에게 미친 영향에 주목하여 언향적(言響的) 행위라고도 한다. 이때 어떤 발화 상황이든 발화 행위와 발화수반 행위는 필수적이지만, 발화효과 행위는 청자에 의한 것이므로 상황에 따라 일어나기도 하고 일어나지 않기도 하는 수의적인 것이다. 다음 예를 통해 화행의 3가지 차원을 구분해 보자.

> (다소 쌀쌀한 날씨인데도 불구하고 교실 창문이 열려 있다.)
> 교사: (창가에 앉아 있는 학생을 바라보며) 춥지 않니?
> 학생: (조용히 일어나서 창문을 닫는다.)

위의 상황에서 발화 행위는 교사가 추위를 느끼고 학생에게 '춥지 않니?'라고 말하는 것이다. 그리고 발화수반 행위는 이 발화에 담겨져 있는 교사의 의도로 창문을 닫아 달라고 요청하는 것이다. 그리고 이러한 교사의 발화 의도가 학생에게는 창문을 닫아 달라는 요청의 의미로 이해되어 학생이 창문을 닫는 행위가 발화효과 행위이다. 이때 학생이 교사의 발화 의도를 알아차리지 못하거나 무시하게 되면 교사와 학생 사이에 원활한 의사소통이 이루어지지 않게 된다.

발화가 의사소통의 힘을 갖는 것은 바로 발화수반 행위 때문이다. 발화수반 행위는 화행의 핵심이며, 말하는 사람의 의도에 따라 진술, 보고, 명령, 요청, 질문, 제안 등 다양하게 구분할 수 있다. 따라서 연구자들은 화행의 유형을 각기 다양하게 분류하는데 Searle(1975)은 Austin(1962)의 분류를 체계화하며 의사소통의 목적, 말과 대상 세계의 지향성, 표현된 심리 상태 등에 따라 크게 5가지로 유형으로 구분한다.

첫째, 확언(representative) 행위다. 말하는 사람이 무엇을 사실이라고 확인하는 말하기이다. 확언 행위는 언어가 실제 세계를 반영한다. 주장, 예측, 통보 등 명제 내용이 실제 세계에 일어난 일이나 일어날 일에 대해 사실이라는 믿음을 말로 표현하는 것이다. (예) "아직 수업시간 안 끝났습니다.", "이거 네가 그런 거 아니지?" 등

둘째, 지시(directive) 행위다. 말하는 사람이 듣는 사람에게 무엇을 하도록 시키는 말하기다. 지시 행위는 확언 행위와 달리 실제 세계를 언어에 맞춘다. 통제, 명령, 요청 등과 같이 말하는 사람의 바람을 말로 표현하는 것이다. (예) "모두 조용히 하세요.", "큰 소리로 한번 읽어 보세요." 등

셋째, 언약(commissive) 행위다. 말하는 사람이 무엇을 하겠다고 확정짓는 말하기이다. 지시 행위처럼 실제 세계를 언어를 맞추려 한다. 약속, 허용, 승낙, 제안 등과 같이 말의 내용이 말하는 사람이 미래에 일어날 일에 대해 약속하는 것이다. (예) "다음 시간에는 실습을 할 거예요.", "점심시간에는 운동장에 나가서 놀아도 됩니다." 등

넷째, 정표(expressive) 행위다. 말하는 사람의 다양한 심리 상태를 표현하는 것이다. 정표 행위는 언어와 실제 세계 사이에 특별한 방향성이 없다. 칭찬, 축하, 감사, 용서, 환영 등과 같이 말하는 사람의 광범위한 심리 상태를 나타낼 수 있다. (예) "참 잘했어요.",

"이번 한 번은 봐 줄게." 등

다섯째, 선언(declaration) 행위다. 특정 의사소통 상황에서 무엇이 되어야 한다고 말하는 것이다. 사회적으로 제도적으로 자격을 부여 받은 사람이 선언 행위를 함으로써 즉각적인 효력이 발생하는 말하기다. (예) "지금부터 신나는 국어공부를 시작하겠습니다.", "○○를 1학기 반장으로 임명합니다." 등

이와 같은 일반적인 화행 이외에도 무엇에 대한 정보 제공을 요청하는 '질문(questioning) 행위'나 상대방의 반응에 대한 가치 판단이나 정보를 제공하는 '평가(evaluative) 행위나 피드백(feedback) 행위'와 같은 화행은 학교 교실 의사소통 장면의 교사 발화에서 흔히 발견할 수 있다.2)

나. 직접 화행과 간접 화행

말하는 사람은 상황이나 목적에 따라 자신의 발화 의도를 직접 드러내기도 하고 숨기기도 한다. 이렇게 말하는 사람의 발화 의도를 직접 표현하는 것을 직접 화행, 그리고 언어 표현으로 직접 드러내지 않은 것을 간접 화행이라 한다.

1) 화행의 소통 과정

직접 화행은 말하는 사람의 발화 의도를 직접적으로 표현하는 것이다. 이때 발화 행위와 발화수반 행위는 일치한다. 반면에 간접 화행은 말하는 사람이 돌려 말함으로써 자신의 발화 의도를 간접적으로 표현하는 것이다. 이때 발화 행위와 발화수반 행위는 일치하지 않는다. 다음의 예를 통해 간접 화행과 직접 화행을 비교해 보자.

① (학교에 늦게 온 학생에게) 왜 늦었니?

② (수업시간에 학생에게) 알고 있는 것을 좀 자세하게 말해 줄래?

③ (친구와 다툰 후 핑계를 대는 학생에게) 네 잘못은 없단 말이니?

---

2) 이에 대한 구체적인 내용은 '9장 학교 의사소통'에서 참고할 수 있다.

④ (체육시간에 운동장에서) 줄 좀 똑바로 설 수 없니?

①은 학교에 지각한 학생에게 늦은 까닭이 궁금하여 질문을 하는 것으로 표면적인 발화 행위와 교사의 발화 의도 즉, 발화수반 행위는 동일하다. 질문 형태를 띠고 질문 기능을 수행하는 직접 화행이다. 반면에 ②~④는 발화 행위는 질문 형태이지만 발화수반 행위 즉, 교사의 발화 의도는 궁금한 것을 묻기 위함이 아니다. ②는 교사가 학생에게 자세히 말해 달라고 '요청'하는 것이고, ③은 그 학생에게도 잘못이 있다는 '주장'을 하고 있으며, ④는 학생에게 줄을 똑바로 서라고 '지시'하고 있다.

직접 화행과 간접 화행의 의사소통 과정을 비교해 보면 직접 화행에 비해 간접 화행이 훨씬 더 복잡한 과정을 거쳐서 발화되고 해석된다. 예를 들어 앞에서 예로 들었던 "좀 춥지 않니?"는 추우니까 창문을 닫아 달라는 요청을 질문 형태로 발화한 간접 화행이다. 이 상황에서 교사가 발화 의도를 직접 드러낸다면 "창문 닫아."라고 말할 수 있다. 이 두 발화 행위의 의사소통 과정은 다음과 같다.

〈표 1〉 직접 화행과 간접 화행의 의사소통 과정 비교

직접 화행 "창문 닫아."	간접 화행 "춥지 않니?"
– 발화 전 단계: 화자는 춥다고 생각한다. – 행동 1: 화자는 "창문 닫아."라고 요구한다.	– 발화 전 단계: 화자는 춥다고 생각한다. – 행동 1: 화자는 "춥지 않니?"라고 질문한다.
– 중간 단계: 청자는 화자의 의도를 '창문을 닫아 주기를 바라는 것'으로 받아들인다.	– 중간 단계 1: 청자는 화자가 청자에게 '추운지를 묻고 있다'고 받아들인다. – 중간 단계 2: 청자는 화자가 '춥기 때문에 이 질문을 했다'고 받아들인다. – 중간 단계 3: 청자는 화자의 의도를 '창문을 닫아 주기를 바라는 것'으로 받아들인다.
– 행동 2: 청자가 창문을 닫는다. – 발화 후 단계: 화자는 추위를 느끼지 않게 된다.	– 행동 2: 청자가 창문을 닫는다. – 발화 후 단계: 화자는 추위를 느끼지 않게 된다.

위의 의사소통 과정을 살펴보면 직접 화행은 하나의 중간 단계를 거치지만, 간접 화행은 세 개의 중간 단계가 있으며 훨씬 더 복잡한 해석의 과정을 거친다는 것을 알 수 있다. 따라서 간접 화행은 청자가 중간 단계의 해석 과정에서 화자의 의도를 알아차리지

못하면 정상적인 의사소통이 이루어지지 않을 수 있다.[3)]

2) 간접 화행의 동기

간접 화행은 청자의 오해를 불러일으킬 수 있으며 심지어 비경제적이다. 그럼에도 불구하고 굳이 간접 화행을 사용하는 까닭은 무엇일까?

Tannen(1986)은 간접 화행을 사용하는 이유를 다음과 같이 말한다. 첫째, 직접적으로 진실을 말하기 어려운 경우에 간접 화행을 사용한다. 직접적으로 말하려고 해도 무수히 많은 여러 측면의 진실을 모두 말할 수 없기 때문에 어떤 사실에 대해서는 간접적으로 말하게 된다. 둘째, 말하거나 듣는 내용에 무수한 가정이 깔려 있어서 직접적으로 말하는 것만으로는 충분하지 않기 때문이다. 가정된 사실이나 전제에 대해서는 정확하게 말한다는 것이 있을 수 없다. 셋째, 의도를 직접적으로 말하는 것은 종종 다른 사람에게 상처를 주기도 한다. 대화에서 과도하게 솔직한 표현을 일삼는 것은 다른 사람의 감정에 무감각한 것일 수 있다. 넷째, 대화 양식(style)이 다르면 무엇이 직접적인 것인지도 불투명해진다. 따라서 직접적인 방식으로 말하더라도 대화 양식이 다른 사람에게는 다른 의미로 전달될 수도 있다.

한편, 정재은(1994)은 간접 화행의 주요 기능을 ① 대화의 창조적 분위기 조성, ② 사교성 증진, ③ 원활한 의사소통, ④ 말하기 곤란한 인간적 갈등의 해소, ⑤ 사회적 거리(지위, 성별, 친밀감, 나이 따위)와 부담의 크기 완화, ⑥ 직접적으로 표현하기 힘든 복잡하고 추상적인 개념 및 격렬한 감정의 표현으로 제시하였다. 그리고 이준희(2000: 142)에서는 간접 화행의 기능을 보다 단순한 형태로 요약하였다. 그는 간접 화행을 대화 상대방과의 일이나 의사소통을 원활히 수행하기 위하여 직접 화행을 수행하기 어려운 상황이나 대상에 대하여 사용되는 것으로, 상대방의 화행이나 그 밖의 행위 및 일에 대한 부담을 완화시켜 주는

3) McKay et. al.(2018)는 효과적인 표현 조건 중 하나로 '표현은 직접적이어야 한다'를 꼽는다. 이때 '직접적'이란 어떠한 가정을 만들지 않는다는 의미다. 내가 무엇을 원하는지, 무엇을 생각하는지 상대가 알고 있다고 가정하지 말아야 한다. 반대로 '간접적' 표현은 둘러서 이야기하거나 힌트를 주거나 결국에는 알아차릴 것이라고 생각하면서 부분적으로만 이야기하는 방법이다. 이런 경우 청자는 화자의 말뜻을 잘못 이해하거나 힌트를 무시할 가능성이 커진다. 즉, 간접적인 표현으로 인해 정상적인 의사소통이 이루어지지 않을 가능성이 커진다.

기능과 상대방과의 정서적인 갈등을 최소화하는 기능이 본질적인 것이라고 보았다.

3) 간접 화행의 주요 요인

간접 화행을 구성하는 방식은 문화에 따라 다르지만 어떤 언어권에서나 발견되는 보편적인 특성이 있다. 구현정 외(2005: 184-190)에서는 '힘(권위)', '사회적인 거리', '부담의 크기', '권리와 의무' 등을 간접 화행의 주된 구성 요인으로 들었다. 이와 같은 요인으로 인해 간접 화행을 구사하게 되는 경우를 살펴보면 다음과 같다.

첫째, 상대방이 가지고 있는 힘[4]이나 권위 때문에 간접 화행을 한다. 약속한 사람이 늦게 온 경우를 생각해 보면, 친구가 늦었을 경우에는 "왜 이렇게 늦었어?"라고 직접적으로 늦은 이유를 따지고 들지만, 그 상대가 자기보다 지위가 높을 경우 "길이 많이 복잡하지요?"라며 관점을 바꿔 상대방을 변호하는 표현을 사용한다. 상대적으로 자기보다 힘이나 지위가 우월한 사람에게는 동생이나 친구와 같은 사람과 이야기할 때보다 훨씬 더 간접 화행을 사용하는 빈도가 잦아진다.

둘째, 사회적인 거리 때문에 간접 화행을 구사한다. 사회적인 거리는 지위나 나이, 성별, 친근감 등과 같은 심리적 요소들에 의해 결정되는 정중함의 정도다. 이러한 사회적 거리도 간접 화행을 사용하는 데 영향을 준다. 예를 들어 강의실에서 펜이 없는 경우에 학과 동기에게는 "펜 좀 빌려줘"라고 직접 화행을 구사하지만, 처음 보는 다른 과 학생에게는 "정말 미안하지만, 혹시 여분의 펜 있으면 잠깐 쓸 수 있을까요?"와 같이 간접적인 대화 행위를 하게 된다.

셋째, 부담의 크기는 말하는 사람의 요구가 어떤 것인가와 상관이 있다. 상대방이 요구를

---

4) 일반적으로 힘이란 긍정적으로는 자신에게 유리한 보상을 해줄 수 있으며 부정적으로는 자신에게 불리한 보복을 할 수 있는 상태를 말하는데, 군대나 법정, 또는 직장 등에서 흔히 이러한 상황을 접하게 된다. 우리가 어떤 사람에게서 힘을 느끼게 되는 경우는 첫째, 어떤 사람이 지위나 나이, 역할을 근거로 무엇을 요구할 수 있는 권리를 갖는 경우 그 사람에게 부여하는 것이다. 둘째, 어떤 사람을 존경하거나 어떤 면에서 그 사람처럼 되고 싶어 할 때 우리가 그 상대에게 부여하는 것이다. 셋째, 어떤 사람이 우리가 필요로 하는 전문적 지식이나 기술을 가지고 있을 때 그 사람에게 부여하는 것이다. 어떤 유형이건 힘을 가지고 있는 사람은 상대적으로 그렇지 않은 사람에게 말을 할 때 직접 화행을 더 많이 사용하지만, 힘을 가지고 있지 않은 사람은 상대적으로 힘을 가진 사람에게 말을 할 때 간접 화행을 더 많이 사용한다(구현정, 1991: 158).

받아들일 때 얼마나 부담을 느끼겠는가에 따라 간접성의 정도가 높아진다. 예를 들어서 100원을 빌려 달라는 부탁을 할 경우에 “100원만 빌려 주세요.”라고 직접 화행을 구사하지만, 그 돈이 100만원일 경우에는 “제가 갑자기 급한 사정이 생겨서 그러는데요, 돈 좀 빌려 줄 수 있으세요?”, “이런 말씀 드리기 죄송하지만 혹시 여유가 있으시면 돈 좀 빌려 주실 수 있으시겠습니까?” 와 같은 형태로 100원 빌릴 때보다 훨씬 더 간접적으로 표현하게 된다.

넷째, 권리나 의무와 관련된 것을 이야기할 때는 간접 화행을 사용하는 빈도가 낮아진다. 반대로 권리나 의무가 아닌 것에 대해 이야기할 때는 간접 화행을 사용하는 빈도가 상대적으로 높아진다. 예를 들어 교통경찰이 운전자에게 면허증을 보여 달라고 하는 경우 교통경찰은 그런 권리를 갖고 있고 운전자를 보여줄 의무가 있기 때문에 돌려서 얘기하지 않고 직접적으로 “면허증 보여주세요.”라고 말한다.

직접 화행은 간접 화행에 비해 자신의 의도를 분명히 드러내어 상대방에게 오해 없이 자신의 생각을 전달 수 있다는 장점이 있다. 반면에 간접 화행은 자신의 의도가 언어적으로 드러나지 않기 때문에 상황에 따라 의사소통이 제대로 이루어지지 않을 가능성도 있다. 그리고 간접 화행은 직접 화행에 비해 비경제적이면서도 오해의 가능성도 있다. 하지만 상대방과의 갈등을 피하며 관계를 고려할 때 흔히 사용한다. 간접 화행은 상대방을 위하고 배려하는 측면도 있지만 말하는 사람이 자신의 체면 손상을 방지하기 위한 방법이기도 하다. 앞서 예로 든 “춥지 않니?”라는 교사의 말에 “안 추운데요.”라고 학생이 대답한다면 “그렇다면 다행이고…”라며 자신의 의도를 감춘 채 거둬들임으로써 자신의 체면을 유지할 수 있다.

2. 의사소통 목적

화행이 의사소통의 기본 단위로서 발화 행위라면, 이러한 발화 행위들이 모여서 발화 연속체를 형성한다. 의사소통 참여자는 의사소통 목적을 달성하기 위해 발화를 하고 그러한 발화들이 모여서 발화 연속체를 이루게 되므로 화행과 발화 연속체의 기능과 성격은 의사소통 목적[5)]과 관련된다.

가. 정보 전달

정보 전달은 어떤 대상, 사건, 개념 등의 객관적 사실이나 정보를 제공하는 말하기와 그 말을 듣는 것이다. 정보 전달을 위한 의사소통 과정에서 화자와 청자(청중)는 의사소통 '메시지(message)'에 주목하게 된다.

정보 전달을 위한 의사소통에서 말하는 사람은 새로운 정보를 갖고 있거나 말하고자 하는 내용에 대해 잘 알고 있어야 한다. 또한 화자는 전달하고자 하는 내용을 정확히 이해하고 청자에게 설명, 묘사, 분석 등의 방법으로 명료하게 전달할 수 있어야 한다. 즉, 정보 전달을 위한 의사소통을 잘하기 위해서는 메시지에 대한 이해가 전제되어야 하고 효과적으로 전달하기 위한 표현력도 요구된다. 또한 청자의 상태나 수준에 따라 말할 내용을 조정할 수 있는 능력도 함께 수반되어야 한다. 화자는 사전에 청자에게 전달해야 할 중요한 내용을 놓치지 않기 위해 간략하게 메모하여 원고를 준비하기도 한다.

반면에 정보 전달의 말을 듣는 사람은 새로운 정보가 필요하거나 화자가 전달하는 메시지의 내용을 알아야 하거나 알고 싶어 한다. 화자가 전달하는 메시지가 완전히 새로운 내용일 경우 지적인 호기심은 높아질 수 있지만 이해의 어려움을 겪어 흥미를 잃게 될 수 있다. 또한 청자가 이미 어느 정도 알고 있는 내용인 경우에는 배경지식을 활용하여 쉽게 이해할 수도 있지만, 너무 잘 알고 있는 내용에 대한 정보 전달일 경우에는 청자는 쉽게 흥미를 잃을 수 있다. 그리고 청자가 메시지에 주목하여 정보적 듣기를 할 경우 중요한 내용은 '메모하기', '요약하기'와 같은 듣기 전략을 활용하기도 한다.

정보 전달적 의사소통 상황에서 정보를 보유한 사람이 화자의 역할을 수행함으로 주로 화자가 의사소통의 주도권을 가지고, 청자는 정보를 수용하는 입장에서 소극적으로 참여하는 경우가 많다. 하지만 정보를 전달하는 궁극적인 목적이 청자의 이해와 수용이라면 화자 중심의 일방적인 말하기가 아니라 청자와 함께 상호작용하며 의사소통할 필요가 있으며, 이를 위해서는 청자의 요구를 파악하고 메시지에 대한 흥미와 수용의 욕구를

---

5) 2015년 개정 국어과 교육과정에서는 의사소통 목적을 '정보 전달', '설득', '친교 및 정서표현'으로 구분하고 있다.

갖도록 하여 적극적으로 참여할 수 있도록 하는 것이 중요하다.

학교 수업에서 교사는 정보를 전달하는 사람의 입장에서 그리고 학생들은 정보를 수용하는 입장에서 수업에 참여하는 경우가 많다. 이런 상황에서 교사가 좋은 수업을 하기 위해서는 학생의 흥미와 수준을 파악하고 전달할 메시지에 대해 정확하게 이해하고 명료하게 전달해야 한다. 그리고 학생들은 교사가 전달하는 메시지에 관심을 갖고 그것을 이해하기 위해 스스로 노력하고 생각할 때 제대로 된 정보 전달, 곧 학습이 이루어진다.

나. 설득

설득은 상대방의 태도, 신념, 가치관 등을 변화시키는 것으로 화자가 청자(청중)에게 메시지를 전달하여 청자의 인지적, 정서적, 행동적 변화를 촉구하는 의사소통 기능이다. 정보 전달을 목적으로 한 의사소통에서는 메시지에 초점을 둔다면, 설득은 '청자'의 변화에 초점을 둔다. 그런데 상대방에게 말을 통해 변화를 이끌어내는 것은 쉬운 일이 아니기 때문에 정보 전달보다 훨씬 더 어려운 의사소통 방식이라 할 수 있다.

효과적인 설득을 위한 전통적인 방법은 아리스토텔레스의 <수사학>에서 강조한 청자에게 인격적(ethos), 감성적(pathos), 이성적(logos)으로 호소하는 것이다. '인격적'이라는 것은 메시지를 전달하는 화자에 대한 신뢰성과 관련되는 것으로 화자의 인격이나 신뢰감이 설득에 영향을 미친다는 것이다. 청자의 감정이나 욕구에 호소하여 마음을 움직이는 것은 '감성적' 설득 방법이다. '이성적'이라는 것은 논리적으로 이성적으로 자신의 주장을 내세우는 것으로 이성적 호소를 위해서는 주장이나 근거의 객관성 확보가 중요하다.

설득적 말하기의 핵심이 주장과 주장의 타당성을 뒷받침하는 근거를 제시하는 것이라고 할 때, 청자는 상대방의 설득적 말하기를 주장이나 근거의 타당성과 신뢰성을 점검하고 비판적으로 들어야 한다. 들은 내용을 비판적으로 분석하는 것은 화자가 전달한 메시지가 얼마나 진실하고 믿을 만한 것인가를 결정하는 평가의 과정이다. 들은 내용을 그대로 받아들이는 것이 아니라 들은 내용을 확인하고 그 내용을 깊이 살펴서 보다 깊이 있게 이해하고, 몇 가지 판단 기준에 비추어 내용의 신뢰성, 타당성, 공정성을 평가하면서 듣는 것이다(한국화법학회 화법용어해설위원회, 2014: 83).

학교에서는 교사가 주로 학생들의 태도 변화를 위해 설득하는 말을 하는 반면에 학생들은 설득의 대상이 되는 경우가 많다. 전통적으로는 교사가 권위적으로 설득의 메시지를 전달하더라도 학생들은 타당성을 따지지 않고 수용하기도 하였다. 하지만 지금은 교사의 권위에 의존하여 학생들을 설득하기는 어렵다. 학생들 나름대로 판단 기준을 갖고 '왜?'라고 따져 물을 수 있는 권리와 능력을 가진 주체이기 때문이다. 따라서 교사는 다양한 상황에서 학생들에게 효과적으로 설득적 메시지를 전달하기 위한 의사소통 전략이 필요하다.

쪽지강의 청자 설득 5단계

청자를 설득시킬 때는 일반적으로 다음과 같은 단계를 거친다(박경현, 2001: 178).

1. 주의 환기 단계: 청자의 관심을 끌고 주의 집중시키는 단계로 대담하고 기발한 표현을 하거나 유머를 사용할 수 있다. 또 놀라운 사실이나 뉴스 말하기, 청자의 반응을 알아보기 위한 질문 던지기, 개인적 경험담 이야기하기, 참고자료나 증거물 등의 실물을 활용하여 이야기하기 등의 방법을 사용하는 것이 효과적이다.
2. 필요 단계: 청자에게 해결해야 할 문제가 무엇이며 왜 해결해야 하는지 인식시키고 그 문제에 대하여 흥미를 가지도록 한다.
3. 만족 단계: 문제에 대한 해결책을 제시하여 청자를 만족시키고 앞으로 청자가 해야 할 행동의 방향을 제시한다.
4. 구체화 단계: 해결책을 구체적으로 제시하여 화자의 말을 들었을 때 어떤 이익이 있으며 거절했을 때 어떤 손해가 있는지를 알게 한다.
5. 행동 촉구 단계: 청자가 해야 할 행동의 방향을 분명히 깨닫게 하고 그것을 실행하고자 하는 의지를 촉구한다.

다. 친교 및 정서표현

화자와 청자(청중), 의사소통의 참여자들 사이의 '관계'에 주목하는 의사소통 방식이다. 즉, 의사소통 참여자들 사이의 관계 형성이나 발전을 위한 친교적 기능이나 참여자의 감정이나 정서표현을 의사소통의 주된 목적으로 삼는다.

친교 및 정서표현을 위한 의사소통에서 말하는 사람은 자신을 드러내는 데 초점을 둔다. 자신의 생각이나 느낌을 드러냄으로써 상대방이 자신을 이해하게 되고 이러한 과정을 통해 관계가 맺어지고 발전하게 된다. 또한 상대방에 대한 감정이나 정서를 직접적으로 드러내기도 한다. 칭찬이나 격려의 말처럼 상대방의 기분을 좋게 하거나 긍정적인 감정을 유발하는 말을 하기도 하고, 때로는 질책이나 비난과 같은 말로 부정적인 감정을 전달하고 그로 인해 상대방에 상처를 주기도 한다.

친교 및 정서표현을 위한 말을 들을 때는 말하는 사람의 진의를 이해하고 그 내면에 담겨져 있는 감정을 읽어내기 위해 노력해야 한다. 공감적 듣기는 상대방의 생각이나 감정을 깊이 있게 이해하기 위한 감정 이입 차원의 듣기이다. 공감적 듣기는 상대방의 말을 분석하거나 비판하기보다는 상대방의 관점에서 있는 그대로 들어주는 것이다(한국화법학회 화법용어해설위원회, 2014: 79).

친교 및 정서표현은 설명이나 설득 상황과 달리 화자와 청자의 역할이 구분되기보다는 화자와 청자의 역할을 동시에 수행하는 경우가 많다. 학교에서는 주로 쉬는 시간이나 급식 시간처럼 비교적 자유롭게 이야기를 나누는 대화 상황에서 이러한 기능이 수행된다. 한편 수업시간은 공적인 의사소통 상황임에도 교사는 말을 통해서 자신의 감정이나 정서를 드러내며, 친교나 정서표현의 기능을 수행하기도 한다. 이러한 말은 다른 많은 학생들이 지켜보는 공적인 의사소통 상황이기 때문에 부정적인 말은 보다 심각한 상처를 주기도 하고 칭찬의 말 한마디는 학생을 더욱 더 격려하는 힘이 되기도 한다.

의사소통은 화행 목적과 관계 목적으로 구분할 수 있는데, 이 장에서는 화행 목적에 초점을 두고 살펴보았다. 화행 목적은 말하는 사람이 자신이 말하고자하는 바를 상대방에게 언어적으로 표현하는 것이며, 듣는 사람은 그 의도를 이해하고 수용함으로써 의사소통이 이루어진다. 이때 말하는 사람이 자신의 발화 의도를 직접적 또는 간접적으로 드러내거나 의사소통 목적을 달성하기 위해 특별한 방법을 활용하는 과정이나 듣는 사람이 발화 의도를 파악하고 의사소통 목적에 따라 정보를 이해 수용하는 것은 모두 인지적이고 전략적인 과정이다. 따라서 의사소통 참여자가 화행 목적을 충실히 달성하기 위해서는 자신이 발화 의도를 효과적으로 표현하고 전달하였는지, 또 상대방이 전달하는 의도나 의미를 제대로 파악하고 이해했는지를 점검하는 과정이 따라야 한다.

탐구 및 실습

1. 간접 화행 다음 상황에서 학생과 교사의 대화를 살펴보고, 교사가 의도를 전달하기 위해 할 수 있는 다양한 발화의 예를 생각해 봅시다. 그리고 학생의 말을 간접 화행 측면에서 분석해 보고, 교사의 의도를 정확히 전달하기 위해 어떤 말을 할 수 있을지 이야기 해 봅시다.

> (선생님이 수업시간에 학생들에게 추가적인 과제를 제시하며)
> 교사: 문제 다 푼 사람은 다른 학습지를 줄게요.
> 학생: (시큰둥한 표정과 말투로) 선생님, 이거 꼭 해야 돼요?
> 교사: (단호하게) 선생님이 안 해도 되면 안 해도 된다고 했겠지?

가. 학생과 교사의 발화 의도를 알아봅시다.

나. 학생의 발화 의도가 교사에게 전달되기까지의 과정을 분석해 봅시다.

다. 학생 발화 분석 결과에 따라 교사의 두 번째 발화를 바꾸어 봅시다.

2. 정보 전달적 말하기와 듣기 다음과 같이 역할을 정하여 한 사람은 설명하는 말을 하고, 다른 사람들은 그 말을 듣고 그림으로 그려 봅시다.

> ① 설명하는 사람을 정한다.
> ② 설명하는 사람에게 그림을 보여주고 다른 사람들은 설명을 듣고 그림을 그린다.
> ③ 설명이 끝난 후에 원본 그림과 자신이 그린 그림을 비교해 본다.

가. 원본 그림과 그린 그림이 다른 까닭에 대하여 말해 봅시다.

나. 정보를 정확히 전달하고 이해하기 위한 조건에 대하여 말해 봅시다.

제 6 장

의사소통과 관계

사범대를 졸업하고 세일즈맨과 연극배우로서의 실패를 딛고, 인간관계에 기반한 처세술을 가르치던 스타강사이자 베스트셀러 작가로 활약한 데일 카네기는 『인간관계론』에서 다음과 같이 말합니다. '다른 이를 절대 조롱하고 비판하지 말라. 진심으로 상대를 칭찬하고 인정하며 격려하라. 상대방의 이름을 반드시 기억하라. 잘 듣는 사람이 되어라. 다른 사람의 관심사에 맞춰 이야기하라.' 상대방과의 관계를 발전시키기 위해 우리는 어떤 마음가짐과 전략을 사용할 수 있을까요?

인간이 타인과 관계 맺는 행위는 일생에 걸쳐 진행되는 과업이다. 인간은 외로움과 고통을 줄이기 위해, 즐거움과 안정감을 느끼기 위해 관계를 만들어가며 관계로부터 자신을 알아간다.

전통적인 관점에서 의사소통의 주된 목적은 정보의 전달이었다. 하지만 최근에는 의사소통을 상호교섭적이고 관계적인 의미 교환 행위로 규정한다. 의사소통은 서로의 생각이나 느낌 등을 교환하는 수단인 동시에 타인과의 관계를 내포하는 의미를 수반한다. 같은 맥락에서 의사소통 능력은 단순히 말하고 듣는 것을 넘어 상호 관계 속에서 화행 목적 과 관계 목적을 달성할 수 있는 능력을 의미한다. 의사소통 능력의 하위 요소에 공감과 경청, 갈등 해결 능력 등과 같은 관계적 요소들이 포함된다는 점에서도 의사소통이 참여자 간의 관계와 밀접한 연관이 있음을 알 수 있다. 관계는 의사소통을 통해 형성되고, 발전하며 쇠퇴하거나 종결되기도 한다. 요컨대, 의사소통은 그 자체로 관계성을 지니는 동시에 대인관계의 변화를 가져오는 주된 요인이다. 이 장에서는 의사소통이 지닌 관계적 특성과 의사소통을 통한 대인관계의 형성과 발전 과정을 여러 이론과 사례를 통해 살펴보도록 한다.

1. 관계의 소통적 자질

의사소통은 개인의 의도와 목적을 언어적·비언어적으로 표현하고 타인으로부터 전달받은 의미를 해석하여 자신의 반응을 조정하는 의미 교환의 연속이다. 이때 의사소통에서 참여자는 자신과 상대방의 역할을 규정하게 되는데 그에 따라 자신의 반응을 조정하고 상대방의 반응을 예상한다. 즉, 우리가 어떻게 상대방을 인식하고 그와의 관계를 규정하느냐에 따라 언어의 사용역이 달라지며 상대방으로부터의 메시지를 해석하는 내용과 방식 또한 달라진다.

가. 메시지 해석

우리는 문자 해독의 차원에서 두 사람이 주고받은 대화를 이해할 수 있다. 하지만 대화의 내용 자체만으로 서로가 어떤 의미를 전달하고 있는지에 대해 정확히 파악할 수 있는가? 메시지를 더욱 정확히 이해하기 위해 어떤 정보가 더 필요한가?

일반적으로 의사소통 내용은 언어적 표현을 통해 전달하지만 비언어적 표현에는 언어적 표현과는 다른 감정적 차원의 의미를 내포하며 이는 느낌을 함께 나누는 방식으로써 상대와의 관계적인 성격을 지닌다(Myers & Myers, 1996). 제스처와 표정, 말을 할 때 상대와의 거리, 상대가 선택하는 단어 등은 관계에 대한 인식을 기반으로 하며 언어적 표현을 보완하거나 지지함으로써 의미를 명료화하기도, 언어적 표현과는 상반되는 의미를 표출하기도 한다. Leo Van Lier(2017)는 대화의 의미를 분석할 때 언어적 차원뿐만 아니라 표정, 몸짓, 행동, 제스처와 같은 비언어적 차원에서의 표현을 함께 고려해야 함을 강조한 바 있고, 이주섭(2005) 또한 소통에 대한 인식이 개인의 인지와 정서에 영향을 미치며 언어적·비언어적 표현으로 드러난다고 설명했다.

앞서 언급한 바와 같이 인간은 서로에 대한 인식을 바탕으로 의사소통을 이어나가며 서로에 대한 인식은 반드시 관계에 대한 인식을 포함하게 된다. 따라서 대인 의사소통에서 참여자 간의 관계는 의사소통의 내용이나 함께 수반되는 정보를 어떻게 해석해야 하는가를 알려주는 정보를 담고 있다(Myers & Myers, 1996).

나. 소통의 방식

관계는 모든 의사소통과 대인관계의 발전 과정에서 서로에게 인식되며 모든 의사소통의 상호작용에 영향을 미친다(Myers & Myers, 1996). 그리고 관계는 의사소통을 하는 과정에서도 입장(position)에 따라 조정될 수 있다. 대인 의사소통에서 두 사람의 사회적 지위, 심리적 친밀감, 대화를 나누는 장소와 목적, 소통의 기간과 양과 질, 화제에 대한 입장 등은 서로의 관계에 대한 인식에 역동적으로 개입한다. 또한 이들에 대한 인식은 자연스레 소통의 방식에 변화를 가져온다. 이에 따라 대화 참여자들은 이어지는 의사소통에서 어떤 언어적 표현과 비언어적 표현을 활용할 것인지, 화행 목적과 관계 목적 중 어느 것을 부각시킬 것인지, 간접 표현이나 직접 표현 중 어떤 방식을 택할 것인지 등을 결정하게 된다.

요컨대, 우리는 의사소통을 할 때 상대방과의 관계에 대한 인식을 바탕으로 메시지를 생성하고 전달하며 또 의사소통을 통해 관계를 형성하고 확인하며 발전시켜 나간다.

쪽지강의 의사소통과 관계의 상호적 원리

William. W. Wilmot(1996: 295-301)에서는 의사소통과 관계가 상호 영향을 미치는 원리를 다음과 같이 4가지로 제시한다.

① 제1원리 "관계의 정의는 반복되는 일화(episode)에서 발생한다." 두 사람 사이에서 반복되는 일화는 암묵적으로 관계를 정의한다. 예를 들어 사무 처리와 관련된 두 사람의 반복적인 상호작용 경험은 두 사람의 관계를 사무적으로 정의하도록 한다.

② 제2원리 "관계의 정의는 의사소통 행위의 상황을 설정하거나 의사소통 행위를 '틀' 맞추게 한다." 예를 들어 상대방을 친근한 사이로 정의한 경우, 대화의 상황에 개방성을 부여하며 사적인 의사소통 행위를 하기 쉽다. 또한 이러한 정의에 비추어 상대방의 메시지를 해석한다.

③ 제3원리 "관계의 유형들은 반드시 상호배타적이지는 않다. 관계 정의 사이의 경계는 종종 불분명하다." 관계 간의 어떤 성질은 공유되며 어떤 성질은 뚜렷이 두드러지기도 한다. 예를 들어 친구와 연인 사이에는 친밀감과 유대감을 공유하지만 사랑의 감정은 연인 사이에만 드러나는 성질이다.

④ 제4원리 "관계의 정의와 의사소통 일화는 서로의 준거틀이 된다." 대인관계에서 서

로가 맺고 있는 관계의 정의와 다른 일화들이 발생할 때 관계는 변화된다. 예를 들어 상대방을 '신뢰할 수 있는 사람'으로 정의하여 친밀한 관계를 유지해 왔더라도 불신을 일으킬 수 있는 일화가 반복된다면 그에 대한 정의는 '믿을 수 없는 사람'으로 변화하며 관계가 악화될 수 있다.

2. 대인관계의 변화

대인관계는 일반적으로 역동적이고 가변적인 성격을 띠는 두 사람 사이의 관계를 의미한다. 인간은 대인관계를 통해 만족과 안정을 느끼기도 하지만 상처받거나 불안함을 느끼기도 한다. 또한 타인과의 관계는 개인의 정체성 형성과도 관련이 있는 만큼 대인관계는 인간의 삶에서 중요한 요인이다. 의사소통 참여자들이 서로를 인식하고 판단하며 상호작용하는 과정 속에서 대인관계는 형성되며 역동적으로 변화해간다.

가. 대인관계의 형성

우리는 매 순간 수많은 사람들을 만나며 서로 다른 목적과 의도를 가지고 정보와 생각이나 느낌, 감정 따위를 교환한다. 단골 식당 사장님, 미용실 원장님, 거래처 담당자, 교장 선생님, 군대 동기, 직장 상사, 고향 친구, 가족 등과 같이 우리가 자주 또는 때때로 마주하는 다양한 사람들과의 관계가 어떠한지 떠올려 보자. 관계는 의도적으로 생겨날 수도 있고 사회 활동을 통해 부수적으로 생겨날 수도 있으며 자신의 의지와 상관없이 형성되기도 한다. 타인과의 관계를 형성함에 있어서 개인의 사회·경제적 지위, 나이, 성별은 어떤 사람과 어떻게 관계를 맺느냐에 중요한 영향을 미치는 요인으로 작용한다(Reardon, 1997: 244-247). 유사한 맥락에서 Wilmot(1996)은 대인관계의 형성과 발전 요인을 물리적 근접성, 행동이나 사고의 유사성, 긍정적 의사소통의 상호교환으로 제시하기도 한다.

대인관계의 형성은 상대방과의 관계에 대한 인식과 이어진다. Kelly와 Watson(1989)은 친밀성과 평등성을 기준으로 대인관계에서의 상호 인식을 다음과 같이 유형화했다.

① 친밀하고 평등한 경우
② 친밀하나 평등하지 않은 경우
③ 친밀하지 않으나 평등한 경우
④ 친밀하지도 평등하지도 않은 경우

친밀성은 타인에 대해 느끼는 정서적 거리에 의해 규정된다. 예를 들어 처음 만난 사람과 고향이 같거나 외양적으로 호감이 느껴져 친해지고 싶은 생각이 드는 경우가 있다. 또는 공통의 관심사가 있는 경우, 오랜 시간 알거나 가까운 곳에 살아서 자주 일상을 공유하는 사이에서 서로를 가깝게 느끼는 마음을 예로 들 수 있다.

평등성은 상대방의 능력에 대한 판단이나 사회적 지위 등에 의해 규정된다. 평등한 관계는 동기, 연인, 친구 등을 예로 들 수 있으며, 사회적 지위는 같지 않지만 사적으로 친밀하여 평등하다고 느끼는 경우 또한 포함할 수 있다.

한편, 상호 간에 느끼는 서로에 대한 인식은 다를 수 있으므로 대인 간에 올바른 관계성을 형성하고 발전시키기 위해서는 서로에 대한 친밀성과 평등성에 대한 인식을 공유하면서 조정해 나갈 필요가 있다.

나. 대인관계의 발전

대인관계의 발전은 관계 형성의 연장선에 있다. 관계는 상대방에 대한 인식에 따라 변화한다. 이때 상대방에 대한 인식은 관계가 형성된 이후의 상호작용 내용과 그에 대한 지속적인 판단에 의해 결정된다. 대인관계의 형성과 발전에 관련된 몇 가지 이론은 대인관계를 이해하는 데 도움을 줄 수 있다.

1) 자기 노출 이론

상대방과의 관계를 발전시키기 위해 필요한 것은 무엇일까? 관계를 발전시키기 위해 당신이 타인에게 또는 타인이 당신에게 했던 말이나 행동을 떠올려 보자. 자기 노출(self-disclosure) 이론에 의하면 나에 대해 상대방에게 알리는 자기 노출은 대인관계의 발전에 가장 중요한 역할을 한다. 우리는 상대방과의 관계 발전 욕구를 느낄수록 상대방에게 나를 알리고 싶어 하며 동시에 상대방을 알고 싶어 한다. 자기 노출의 방식에는 여러 유형이 있다. 여러분은 상대방에게 방금 겪은 일을 이야기하는 것에서부터 좋아하는 영화, 재능, 가치관, 종교적 신념, 부모님에 관한 이야기에 이르기까지 다양한 차원에서 자신을 노출할 수 있다.

대인관계에서 자기 노출은 사람 간 상호작용과 밀접하게 관련된 행동으로 역동성을 띠며 의사소통의 참여자들은 상대방과의 관계에 따라 노출의 수준과 양을 조절할 필요가 있다(Myers & Myers, 1996). 조하리(Johari)의 창 이론은 관계 발전과 자기 노출의 상관관계를 이해하는 데 도움이 된다.

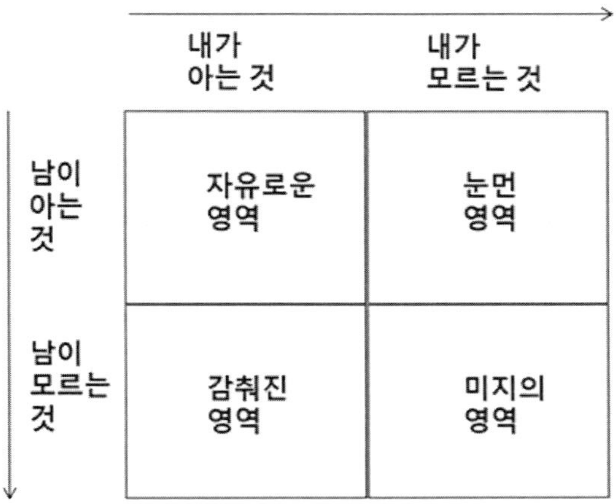

〈그림 1〉 Joseph Luft & Harrington Ingram의 조하리의 창

조하리의 창은 한 개인이 자신에 대해 인식하는 영역과 타인으로부터 인식되는 영역이 교차하여 이루는 네 영역을 설명하기 위한 모델이다. 이 모델에서는 네 가지 영역 중 한 가지의 크기가 변하면 다른 것의 크기도 변한다. 예를 들어 처음 보는 사람들과 관계를 형성하는 초기 단계에서는 서로에 대한 정보가 없고 신뢰와 유대감이 형성되어 있지 않기 때문에 자신에 대한 노출을 꺼리므로 서로 나눌 수 있는 '자유로운 영역'의 크기가 작으며 관계의 발전에 따라 '자유로운 영역'의 크기는 커지고 '감춰진 영역'은 줄어들게 된다. 이 모델에서 관계의 발전은 상대방과 나눌 수 있는 자유로운 영역을 넓혀가는 것을 의미한다.

〈표 1〉 조하리의 창에서 각 영역의 의미

영역	의미
자유로운 영역	자유로운 영역은 나도 알고 상대방도 아는 영역이다. 이 영역은 자아에게 일반적인 것으로 인식되며 노출에 불편함을 느끼지 않고 전달할 수 있는 이름, 신분, 소속 등과 같은 정보들을 포함한다.
눈먼 영역	눈먼 영역은 나는 모르는데 상대방은 아는 영역이다. 나의 목소리, 행동, 태도와 같이 내가 객관적으로 인식할 수 없는 노출로서 타인으로부터 인식되는 정보들을 포함한다.
감춰진 영역	감춰진 영역은 나는 아는데 남들은 모르는 영역이다. 여기선 감정, 동기, 상상, 콤플렉스 등과 같이 남들에게 자유롭게 개방하지 않는 개인적인 정보들을 포함한다.
미지의 영역	미지의 영역은 나도 모르고 남들도 모르는 영역이다. 개인의 행동이나 사고 속에 깊이 내재된 영역으로 무의식적인 욕망이나 두려움처럼 자아와 타인 모두가 특정하여 인식하지 못하는 정보를 포함한다.

사람들은 서로 친밀해지고자 하는 욕구에 의해 자신을 노출하고 상대방의 노출에 피드백을 제공하며 신뢰와 유대감을 구축한다. 이러한 상호 간의 노출과 피드백이 적절하고 만족스러운 것으로 인식될 경우 서로를 향한 '자유로운 영역'은 넓어지기 쉽다.

2) 귀인 이론

상대방이 화난 목소리로 "내가 왜 화난 지 아직도 모르겠어?" 라고 말할 때 우리에게 요구되는 인지 과정은 무엇일까? 물론 그것은 우리가 상대방에게 했던 지난 말과 행동을 되돌아보고 상대방이 화나게 된 원인을 추론하는 것이다.

귀인(attribution) 이론에서 초점을 두는 것은 상대방의 행위에 대한 원인을 규명하는 것이다. Hider(1958)는 사람들이 귀인 행위, 즉 상대방 또는 자신의 행위에 대한 원인을 추론함으로써 나 또는 상대방의 행위를 예견하고 상대방에게 어떻게 행동할 것인지를 결정한다고 보았다. 예를 들어 교사는 자신에게 꾸중을 듣고 눈물을 흘리는 아이를 보며 '혹시 억울한 점이 있진 않았을까'와 같은 추론과 판단을 통해 학생에게 어떤 후속 행위를 할 것인지를 결정할 수 있다는 것이다.

Kelly(1973)는 사람들이 이러한 추론을 위해 몇 가지 관점에서 상대를 관찰한다고 주장했다. 그는 관찰을 통해 합치성(consensus), 특이성(distintiveness), 일관성(consistency)에 대한 정보를 고려하여 추론한다는 공변 모형(covariance model)[1])을 제시하며 Hider의 이론을 발전시켰다. 그에 의하면 상대방이 보인 행위의 원인을 파악하기 위해서 다양한 정보를 관찰하고 가장 타당성 있는 정보를 선택하고 추론하는 과정을 통해 결론을 이끌어 낸다는 것이다. 귀인 이론은 상대방으로부터의 정보(노출)에 기반하여 상대방의 속성을 밝히는 것을 상대방과 관계를 만들어 가는 수단으로 본다는 점에서 자기 노출 이론과 맞닿아 있다. 다음의 그림을 살펴보자.

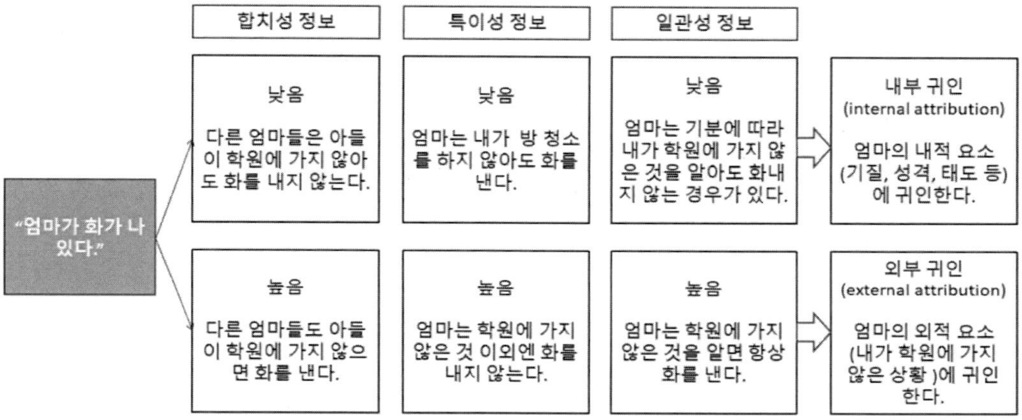

〈그림 2〉 Kelly의 공변 모형 예시

예를 들어 초등학생인 민철이는 학원에 가지 않고 친구와 pc방에 갔다. 게임을 끝내고 집에 들어가니 어머니가 화난 목소리로 민철이를 부른다. Kelly의 공변모형에 따르면 민철이는 어머니에 관한 합치성, 특이성, 일관성 정보들을 바탕으로 어머니가 화난 이유를 추론할 수 있다. 즉, 다른 어머니들도 자녀가 학원에 가지 않은 것을 알았을 때 화를 내는지(합치성), 학원에 가지 않은 것을 알았을 때만 화를 내는지(특이성), 학원에 가지 않은 것을 알게 될 때마다 화를 내는지(일관성)에 대한 판단에 따라 민철이는 어머니가 화가 난 이유를

1) 사람들이 자신과 타인이 왜 특정한 방식으로 행동했는지에 대해 인과적인 추론 과정을 설명하는 모형이다. 이를 공변 모형이라고 하는 이유는 행위자의 행동과 관련한 정보들(행위자, 자극, 상황)이 변화함에 따라 행동이 어떻게 변화하는지를 살펴봄으로써 행동의 원인을 추론한다고 보기 때문이다. 이 모형에서 합치성(consensus)은 다른 사람들도 같은 상황에서 유사한 행위를 하는지 여부를 말한다. 다음으로 특이성(distintiveness)은 해당 행위를 유발한 자극 이외에 다른 자극에 대해서도 상대방이 같은 행동을 하는지의 여부이다. 마지막으로 일관성(consistency)은 상대방이 해당 행위를 한 상황과 비슷한 상황에서 항상 같은 행동을 하는지의 여부를 뜻한다.
〈https://terms.naver.com/entry.naver?docId=2070186&cid=41991&categoryId=41991 2021. 9. 14. 검색.〉

추론하고 자신이 할 행위를 결정하게 된다.

여기서 주의해야 할 점은 우리는 언제나 왜곡된 추론을 할 수 있다는 것이다. 예를 들어 사무적이거나 소원한 관계인 경우 상대방의 진실된 호의를 나에게서 이익을 얻기 위한 행동으로 치부할 수 있다. 반면, 관계가 아주 친밀한 경우 상대방이 약속에 나오지 않는 것을 약속을 잊은 것이 아닌 피치 못한 사정이 있을 것이라고 생각할 수 있다.

3) 사회적 통찰 이론

앞서 자기 노출 이론에서는 자기 노출이 관계를 발전시키는 데 중요한 영향을 미치며 관계의 발전은 노출 가능한 범위를 확장시킨다는 점을 설명했다. Altman과 Taylor(1973)는 사회적 통찰(penetration)이라는 용어를 통해 관계의 발전 과정을 체계적으로 다루었다. 그들은 대인 상호작용에서 서로의 정보를 노출하고 관계를 심화시키는 과정을 양파 껍질에 비유하여 설명했다. 즉, 관계의 발전은 근본적인 인성의 특성으로 이루어진 중심층을 감싸고 있는 껍질을 벗겨나가는 과정을 의미한다. 이와 함께 노출되는 정보의 층위를 설명하기 위해 '넓이'와 '깊이'라는 용어를 사용했는데, 넓이는 상대방에게 접근을 허용할 수 있는 영역 또는 범주의 수를 의미하고 깊이는 정보가 핵심적인지, 피상적인지를 나타낸다. 그들의 관점에서 관계의 발전은 연속되는 하나의 과정이며 상호 간에 노출할 수 있는 정보는 피상적인 것에서 개인적이고 핵심적인 것으로 이동한다. 또한 관계의 발전은 정적인 상태가 아니라 계속적이며 변하는 동적인 상태에 있다.

한편, Altman과 Taylor(1973)의 이러한 견해에 Duck과 Sants(1983)는 다른 관점을 제시했다. 그들은 서로의 속성에 대해 아는 것은 행동의 선택에 있어서 영향을 미칠 수 있지만, 상호 관계의 국면은 서로의 속성에 대해 아는 것이 아니라 상대방의 행동에 대한 반응으로부터 규정되는 것으로 보았다. 즉, 상대방에 대한 모든 반응이 관계의 형성 과정인 것이다. 또한 Duck(1985)은 관계는 항상 순탄하거나 점진적으로 친밀한 방향을 추구하는 것이 아니며, 적극적으로 상대방의 양파 껍질을 벗기려 하지 않고도 우연하게 획득되는 정보도 존재함을 강조한다.

4) 사회적 교환 이론

사회적 교환(exchange) 이론에서는 타인과 자신의 관계는 상호작용의 결과적 측면에서 즉 상호 간에 인식하는 비용과 보상에 대한 만족감을 바탕으로 평가된다. 이러한 관점에서 대인관계의 발전은 의사소통에 참여하는 상호 간에 상대방이 정신적·물질적으로 또는 다른 이유로서의 가치를 지닌다고 판단될 때 이루어진다.

Thibaut과 Kelly(1978)는 대안들의 비교 우위(comparison level of alternatives)라는 개념을 제시하였는데, 이는 보상과 비용의 측면에서 선택 가능한 대안들 중에서 가장 큰 보상을 줄 만한 결과를 가져올 행위를 선택한다는 것이다(Readon, 1997: 254에서 재인용). 그러나 개인이 타인과의 관계에서 얻을 수 있는 결과로서의 보상과 비교 우위는 관계마다 다르며, 상대방을 대체할 수 있는 대안적인 관계를 형성할 수 없을 때는 상대방과의 관계를 끊으려 하지 않는다.

한편, 이 이론에 대해 Roloff(1981)는 사회적 교환이론이 관계를 맺는 두 사람이 항상 서로를 이용하려 한다는 것을 의미하기보다는 좀 더 나은 보상을 제공하는 환경을 선호한다는 것이며 서로가 만족할만한 경험을 제공할 수 있는 원천이 되는 것을 이상적인 관계로 설명한다.

5) 대인관계의 발전 단계

앞서 제시한 어떤 이론을 수용하든지와 상관없이 관계는 몇 가지 단계를 거쳐 발전한다. Knapp(1978)에 의하면 관계는 일반적으로 시작(initiating)-탐색(experimentin)-강화(intensifying)-통합(intergrating)-결속(bonding)의 다섯 국면을 거쳐 발전한다.

① 시작 : 인사를 나누거나 날씨나 시간과 같은 중요하지 않은 의례적인 이야기를 나눈다.

② 탐색 : 상대방에 대한 정보를 조금씩 알아가게 되며 이때 나눈 이야기들은 서로의 관심사 같은 다소 개인적인 정보들을 포함한다. 이를 바탕으로 두 사람은 서로의 만남이 어떻게 전개될 수 있을 것인지에 대해 생각한다.

③ 강화 : 탐색 단계에서보다 좀 더 깊고 넓은 사적인 정보들을 공유하고 서로를 알아가며 관계를 견고하게 만든다.

④ 통합 : 상대방에게 '짝' 또는 '우리 we-ness' 의식을 느끼게 되며 마치 한 덩어리처럼 행동하고 함께 결정한다.[2)]

⑤ 결속 : 두 사람이 서로의 관계가 오래 지속될 것을 당연하고 확고하게 믿는 상태이다.

관계를 맺고 있는 두 사람이 느끼는 관계의 국면은 서로 다를 수 있지만, 어느 한 사람이 상대방으로 하여금 두 사람의 관계에 더 큰 의미를 부여하도록 이끌 수 있다면 국면의 차이 또한 관계의 발전에 긍정적으로 기여할 수 있다.[3)]

쪽지강의 관계 발달의 나선형 모형(Stewart et. al., 2005: 400)

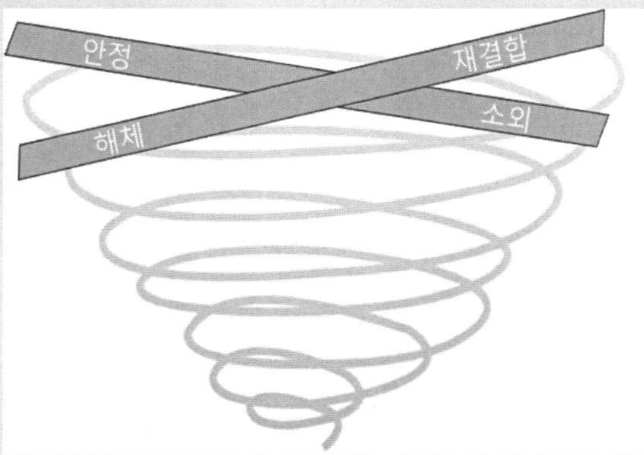

Richard Conville은 나선 모형에 주기(안정1 → 해체 → 소외 → 재결합 → 안정2)라고 명명한 것을 결합시키며 한 단계에서 다른 단계로 순환하는 나선형 모형으로 발전시켰다. 안정1은 두 사람 간 기존의 안정된 관계를, 해체는 특정 사건으로 인해 기존의 관계에 변화가 생기게 된 것을, 소외와 재결합은 관계의 발전 혹은 악화로 향하는 과도기 단계를, 안정2는 이전과 다른 새로운 관계가 형성되었음을 의미한다.

그는 관계의 발전을 생산적 나선으로 관계의 악화는 퇴행적 나선이라는 용어를 사용하여 설명한다. 여기에서 중요한 점은 사람들이 한 관계 안에서 추구하고 유지하길 원하는 안정은 반드시 변하게 된다는 것이다. 또한 소외의 단계에서 오랜 시간 머무를 때 그리고

---

2) 통합의 단계에서는 다음과 같은 특징이 있다. ①말투나 태도, 언어적 행동이 유사해짐 ②신체적 친밀감이 커짐 ③일상적인 일을 함께함 ④공감의 영역이 확장됨 ⑤제3의 인물이나 사물에 대해 두 사람이 함께 애정을 느낌.

3) 하지만 대인관계의 발전은 항상 5단계의 국면을 지나는 선조성을 띠지는 않는다. 관계의 국면은 단계를 오르내릴 수 있으며 결정적 계기 등에 의해서 특정 단계를 뛰어넘을 수도 있다. 예를 들어 첫눈에 인연임을 느낀 두 남녀는 시작과 동시에 통합 또는 결속의 단계로 발전할 수도 있다.

재결합이 불가능한 것이 명확해질 때, 관계는 종결될 수 있다.

친구에서 연인으로 발전하는 과정을 예로 들어보자. 친구인 두 사람(안정1) 중에서 한 사람이 고백을 하게 된다(해체). 이에 두 사람은 기존의 관계가 변화하는 것에 대한 고민을 하게 되고(소외), 그들은 연인이 되거나 친구로 남기로 결정한다(재결합). 그들의 관계는 새롭게 정의된다(안정2). 이처럼 퇴행적 나선 또는 생산적 나선을 그리며 관계가 변화하는 과정에서 두 사람은 새로운 사건을 경험하고 새로운 수준의 친밀감을 형성한다. 따라서 '안정2'의 상태와 관계는 이전의 그것과 같지 않고 되돌릴 수도 없다.

다. 대인관계의 악화와 종결

정서적, 물질적, 관계적 측면을 막론하고 의사소통이 상호 호혜성을 갖지 못하는 경우 대인관계는 유지되기 어렵다. 더불어 관계를 유지하기 위해 소모되는 비용이 관계를 유지함으로써 얻는 비용보다 크다고 지속적으로 판단되는 경우 관계는 악화되거나 종결을 맞이하게 된다. 대인관계의 악화와 종결은 다음과 같은 원인과 양상을 보이기도 한다.

1) 대인관계의 악화

의사소통 그리고 대인관계의 역동적인 특성은 형성 및 발전된 관계를 악화시키고 종결짓는 방향으로 이끌기도 한다. 수십년 함께한 친구 사이에도, 결혼을 약속한 사이에서도, 부모와 자식 사이에도 관계의 악화와 종결은 매우 드문 경우가 아니다. 이는 통합 또는 결속의 단계에 있던 두 사람일지라도 그들의 관계가 영원하지 않을 수 있음을 시사한다.

Baxter(1986)에서는 상대방에게 갖는 가치 요소 8가지를 제시한다. 다음과 같은 요소들의 손실 또는 부재는 관계의 악화를 예상할 수 있다.

① 개인이 느끼는 자유의 정도
② 관계를 형성시켜 주었던 관점, 흥미, 좋아함과 같은 유사성의 양
③ 상호지지
④ 서로에 대한 성실함과 믿음
⑤ 정직함

⑥ 개인적 또는 공적인 것을 포함하는 함께 보내는 시간
⑦ 노력과 자원(상품, 시간, 돈 등)에 대한 공정한 분배
⑧ 상호 간에 느끼는 특별함에 대한 감각

이들 가치 요소는 물리적 자원, 정서적인 부분과 밀접하게 관련되어 있다. 두 사람이 함께 보내는 시간이나 돈, 상대방에 대한 믿음과 지지 등은 서로의 관계와 유기적으로 연결되어 있다.

한편, 상대방에 대한 가치 요소의 부재는 관계의 악화를 의미하는 몇가지 특징을 수반한다. 다음은 관계 악화 단계에서 나타나는 특유의 톡특한 언어적 특징이다(구현정 외, 2005).

① 먼 거리를 유지한다.
② 시선을 공유하지 않고 접촉을 피한다.
③ 대화를 나누고 싶은 욕구가 줄어든다.
④ 자기 노출의 필요성을 느끼지 못한다.
⑤ 부정적 평가가 증가하고 긍정적 평가는 감소한다.
⑥ 논쟁에 휘말리지 않기 위해 거짓말을 하기 쉽다.

관계의 악화는 서로의 관계에서 찾았던 가치 요소에 대해 충분한 만족감을 갖지 못하거나 결핍됨에 따라 이루어진다. 이는 관계를 유지할 수 있을 만큼의 만남이나 대화의 빈도, 자기 노출, 상대에 대한 부정적 평가로 이어지기 쉬우며, 이에 따라 두 사람의 관계는 기존의 관계에서 퇴행하게 된다. 관계가 지속적으로 악화되어 서로의 관계에서 긍정적 가치보다 부정적 영향 더 크게 될 때 관계는 종결을 맞이한다.

2) 대인관계의 종결

경제적 부족, 보상과 비용의 불균형, 새로운 관계의 형성 등과 같이 기존 관계를 악화시킬 수 있는 요인의 지속은 상대방과의 갈등과 대인관계의 종결을 초래한다. 상대방과의 관계를 끝내는 행위에는 심리적이든 물질적이든 간에 어느 정도의 비용이 발생하게 된다. 이전까지 관계를 맺어온 시간, 관계의 깊이, 관계를 위해 들였던 비용, 관계를 유지하므로 얻을 수 있는 보상 등의 개입으로 인해 관계의 종결은 지연되기도 한다. Duck(1993)은 서로의 관계에 대한 불만족이 생겼을 때 대인관계가 종결되는 과정을 다음

4가지 국면으로 제시한다.

① 심리적 국면 : '상대방과 이 관계로는 더 이상 안 된다.'라고 생각하며 역할 수행의 타당성에 의심을 제시한다. 상대의 행위에 신경을 쓰고 관계의 부정적인 측면을 떠올리며 시들해진 관계 비용을 고려한다. 이 단계에서는 '표현과 억제' 딜레마에 처한다.

② 양분 국면 : '상대방과 관계가 소원해질 만한 이유가 있었다.'라고 생각하며 상대방과 대립 관계에 있으면서도 동시에 관계 개선이나 화해를 모색하기 위해 대화를 시도한다. 이전보다 관계 비용을 보다 적극적으로 검토한다. 이 단계에서는 '직면과 회피' 딜레마에 처한다.

③ 사회적 국면 : '상대방과 난 이런 관계가 싫다.'라고 생각하며 관계 청산에 대해 상대방과 협상한다. 그리고 다른 사람에게 문제를 이야기를 하는데 다른 관계에 미칠 악영향을 고려하여 체면 유지나 책임 전가를 위한 이야기를 꾸민다. 이 단계에서는 '관계 청산과 중재 요청' 딜레마에 처한다.

④ 봉합 국면 : '상대방과 헤어질 수밖에 다른 도리가 없다.'고 생각하며 관계를 해부하고 파헤쳐서 소급하거나 상대방을 탓하거나 욕을 하며 극복한다. 주위의 타인들이 자신의 입장을 지지해 주기를 바라며 서로의 관계를 끝맺는다.

Duck이 제시한 4가지 단계는 관계의 악화와 종결의 일반적인 단계를 보여준다. 1~3단계는 관계의 악화를 보여주며 4단계는 관계의 종결을 의미한다. 각각의 단계에서 관계를 형성하는 주체들은 관계의 개선을 위한 행위를 선택할 수도, 개선의 노력을 회피할 수도 있다. 물론 한 사람의 노력만으로 관계가 개선되기는 어렵다. 그러나 관계는 상호 협력적으로 구성되므로 한 사람의 노력은 다른 사람의 변화로 이어질 수 있다.

3) 관계 개선을 위한 전략

앞서 설명한 관계의 종결은 관계 악화 요소의 누적으로 인해 발생하는 경향이 있다. 따라서 적절한 단계에서 관계 개선을 위한 전략을 사용한다면 관계의 종결을 막을 수도 있을 것이다. 이는 모든 사람과의 관계를 반드시 유지하라는 것을 권장하는 것이기보다는 종결이 아닌 개선을 '선택'할 수 있으며 그 가능성을 높일 수 있는 방안을 제안하는 것이다.

① 소통과 관계는 협력적으로 구성된다는 것을 인식하고 나의 책임 요소를 파악하라.
② 관계 악화 요인을 명확히 하라.
③ 상대방과의 관계의 의미와 중요성을 상기하라.
④ 상대의 긍정적인 면을 부각하라.
⑤ 내가 먼저 변화하는 모습을 보여라.
⑥ 관계 악화의 문제를 공유하고 호혜적인 해결책을 모색하라.
⑦ 지속적으로 관계 개선을 위한 방안을 실천하라.
⑧ 상대의 문제 지적이 아닌 나의 감정을 표현하고 상대의 감정에도 민감성을 가져라.

여기에서 제안하는 방안의 핵심은 '내가 먼저'이다. 상대방과의 관계가 소중하다면 자존심보다, 아무것도 변하지 않을 것이라는 확신보다 함께 생산적 나선(generative spirals)을 그려갈 수 있는 방안을 모색하는 것이 두 사람의 관계에 있어서 좀 더 후회 없는 선택이 될지 모른다.

이 장에서는 의사소통의 관계적 특성과 의사소통과 대인관계의 상호 관련성을 여러 이론과 사례를 바탕으로 살펴보았다. 의사소통은 본질적으로 서로에 대한 관계의 인식을 포함하며 관계에 대한 인식은 의사소통 과정에서의 의미 구성과 표현방식에 영향을 미친다. 또한 사람들 간의 관계는 의사소통의 과정에서 형성 또는 발전되거나 종결을 맞기도 한다. 요컨대, 관계성은 의사소통의 핵심이자 본질이며 대인관계는 의사소통을 통해 역동적으로 변화해 나간다.

탐구 및 실습

1. **대인관계 유형** 다음 사람들과 어떻게 관계를 맺고 있는지 대인관계 유형을 검사해 봅시다.4)

가. 대인관계에서 자신의 특징을 떠올리고 적절한 숫자에 ○표 해봅시다.

전혀 그렇지 않다	약간 그렇다	상당히 그렇다	매우 그렇다
1	2	3	4

번호	문항	1	2	3	4	번호	문항	1	2	3	4
1	자신감이 있다					21	온순하다				
2	꾀가 많다					22	단순하다				
3	강인하다					23	관대하다				
4	쾌활하지 않다					24	열성적이다				
5	마음이 약하다					25	지배적이다				
6	다툼을 피한다					26	치밀하다				
7	인정이 많다					27	무뚝뚝하다				
8	명랑하다					28	고립되어 있다				
9	추진력이 있다					29	조심성이 많다				
10	자기 자랑을 잘한다					30	겸손하다				
11	냉철하다					31	부드럽다				
12	붙임성이 없다					32	사교적이다				
13	수줍음이 있다					33	자기 주장이 강하다				
14	고분고분하다					34	계산적이다				
15	다정다감하다					35	따뜻함이 부족하다				
16	붙임성이 있다					36	재치가 부족하다				

4) 도널드 키슬러(Donald J. Kiesler, 1996)의 대인관계 유형 검사는 홍경자(2007: 76-77)에서 재인용한 것이다. 대인관계 유형 검사 결과 팔각형의 모양이 중심으로부터 특정 방향으로 기울어진 형태일수록 그 방향의 대인관계 양식이 강하다고 볼 수 있다. 이 결과는 자신의 대인관계에 대하여 주관적으로 지각한 것일 뿐이므로 고정관념을 갖지 않도록 유의해야 한다.

17	고집이 세다					37	추진력이 부족하다				
18	자존심이 강하다					38	솔직하다				
19	독하다					39	친절하다				
20	비사교적이다					40	활달하다				

나. 각 유형별 문항에 대한 응답을 아래의 칸에 합산하여 자신의 대인관계 유형을 확인해 봅시다. 그리고 아래 그림에 자신의 점수를 표시하고, 점수들을 연결하여 팔각형을 그려 봅시다.

- 지배형(1, 9, 17, 25, 33):
- 실리형(2, 10, 18, 26, 34):
- 독립형(3, 11, 19, 27, 35):
- 고립형(4, 12, 20, 28, 36):
- 순종형(5, 13, 21, 29, 37):
- 순박형(6, 14, 22, 30, 38):
- 친화형(7, 15, 23, 31, 39):
- 사교형(8, 16, 24, 32, 40):

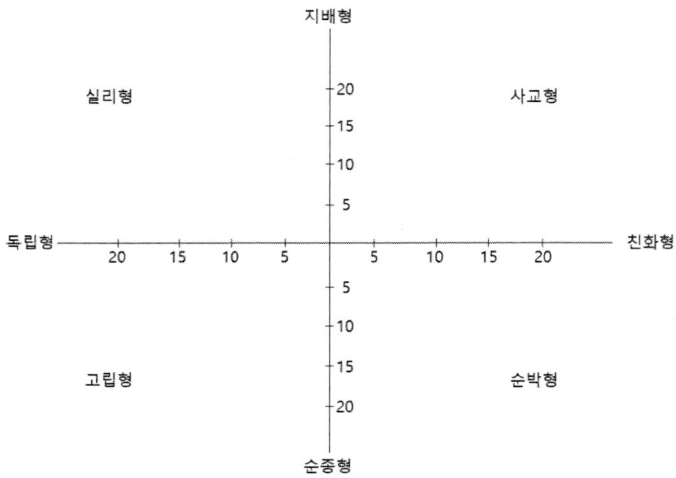

다. 자신의 대인관계 유형에 대해 토의해 봅시다. 나와 같은 유형의 사람과 내가 속한 유형의 장단점에 대해 토의해 보고, 단점을 극복할 수 있는 방안을 말해 봅시다.

제2부

의사소통의 실천적 맥락

제 7 장

미디어 의사소통

여러분은 하루에 스마트폰을 얼마나 사용하나요? 현대인의 삶에서 각종 미디어는 빼놓을 수 없는 존재라는 것은 부인할 수 없는 사실입니다. 미디어는 우리들 삶의 변화와 더불어 의사소통 방식에도 크게 영향을 미칩니다. 특히 최근 디지털 기반의 뉴미디어는 기존의 대중 미디어와는 소통 방식과 양상뿐만 아니라 소통의 질적 측면에서도 상당한 변화를 가져왔습니다. 그렇다면 디지털 미디어 기반의 의사소통 양상은 어떠하며 그 과정에서 우리는 어떤 점에 주의를 기울여야 할까요?

1. 미디어와 의사소통의 변화

미디어(media)의 등장은 우리 삶의 변화는 물론 언어 중심의 의사소통 방식에서도 변화를 초래하였다. 종래에는 말이나 글 중심의 단일한 매체가 의사소통 수단이었다면, 최근에는 말과 글 그리고 이미지가 결합된 멀티미디어(multimedia)를 매개로 한 인터넷 네트워크를 기반으로 하여 사람들 간에 정보를 주고받거나 관계 형성과 발전을 꾀하기도 한다. 이러한 미디어의 발전은 인간의 의사소통뿐만 아니라 우리 삶의 사회문화 전반에 걸쳐 지대한 영향을 미치고 있다.

가. 미디어의 발달과 의사소통

미디어는 정보를 저장하거나 전달하는 수단이나 매체를 뜻한다. 언어도 인간의 생각이나 느낌을 전달하는 상징적인 기호로 매체의 일종이다. 문자가 발명되기 이전에는 구어가 인간 의사소통의 주요한 매체였다. 문자가 발명되고 나서는 인쇄 매체를 통해 시간과 공간의 제약을 극복하고 보다 많은 양의 정보를 주고 받을 수 있게 되었으며, 이로 인해 인간의 의사소통은 물론 삶과 문화 전반에 질적인 도약이 이루어졌다. 인류 역사의 발전에서 인간이 언어라는 매체를 발명하고 사용한 것이 동물과의 변별을 가져온 소통의 1차 혁명이라면, 문자의 발명과 인쇄 매체를 기반으로 한 소통은 인간의 삶을 비약적으로 발전시킨 2차 혁명이라 할 수 있다. 그리고 영상매체나 최근의 디지털 매체를 기반으로 한 소통은 3차 혁명이라 할 만큼 정보의 양, 소통의 속도, 편리성과 같이 다양한 측면에서 혁신적인 변화를 가져옴으로써 우리 삶의 전반에 다양한 영향을 미치고 있다.

쪽지강의 인간과 언어

인간이 오늘날의 모습으로 진화하고 발달할 수 있었던 것은 인간이 언어를 사용하기 때문이다. 캐나다의 언어 심리학자 Olson(1977)은 인간의 '언어 사용'을 다음과 같이 묘사하였다.

"언어 사용으로 인간은 인간다워지고, 문자 사용으로 인간은 문명화되었다(Speech makes us human, and literacy makes us civilized)"

인간은 언어(음성언어)를 사용하여 사고함으로써 다른 동물과 달리 이성적인 존재가 되었으며, 또한 인간은 언어(문자언어)를 사용하여 지식을 축적함으로써 오늘날과 같은 문화를 발전시킬 수 있게 되었다. 그야말로 언어는 인간을 설명하는 개념의 핵심이다.

미디어는 생각을 전달하는 수단이나 매체의 의미로 넓게 보면 인간의 언어나 문자언어로 이루어진 책과 같은 인쇄 매체도 포함한다. 하지만 현대적 의미의 미디어는 일반적으로 음성언어, 문자언어와 대비되는 '매체언어(영상언어, 시각언어)'로 표상되는 텔레비전, 컴퓨터, 모바일 등과 같은 영상매체나 온라인 기반의 디지털 매체를 지칭한다. 미디어의 매체언어는 음성언어나 문자언어가 말과 글이라는 단일한 기호 양식(mode)으로 의미를 구성하는 것과 달리 음성, 문자, 이미지들이 결합하여 복합적인 기호 작용(multimodality)으로 의미를 구성한다는 점에 차이가 있다.

따라서 매체언어를 매개로 하여 이루어지는 미디어 의사소통은 음성언어나 문자언어 같은 언어 중심의 의사소통과 비교하면 소통의 수단이나 맥락의 차이뿐만 아니라 소통의 지향점이나 소통 방식 또한 다르다. 오늘날 미디어 의사소통 환경에서는 언어뿐만 아니라 복합적인 기호들의 상징적 의미를 수용하고 생산할 수 있는 능력이 요구된다. 하지만 미디어 의사소통은 종래의 면대면(face to face) 의사소통을 대체하는 것이라기보다는 시공간을 초월해 여러 사람들과 다양한 방식으로 상호작용하고 소통할 수 있는 가능성을 넓혀주는 의사소통 방식이다.

나. 미디어 의사소통의 양상

미디어를 매개로 한 의사소통(Media Mediated Communication)[1]은 얼굴이 보이는 곳에서만 가능했던 면대면 의사소통에서 물리적인 시공간을 넘어선 의사소통으로 범위를 확장하고 의사소통 방식의 변화를 초래하였다. 미디어 매개 의사소통은 어떤 종류의 매체를 기반으로 하느냐에 따라 확연한 차이를 보인다. 라디오, 텔레비전과 같은 매스(mass) 미디어와 페이스북, 트위터, 카카오스토리, 인스타그램과 같은 소셜(social) 미디어를 기반으로 한 의사소통의 매커니즘이 사뭇 다르기 때문이다. 라디오, 텔레비전과 같은 매스 미디어는 정보를 소유한 기관이나 사람이 다수의 청중에게 일방향적으로 정보를 전달하는 방식으로 의사소통이 이루어진다. 주요 언론사의 뉴스처럼 매스 미디어를 통해 전달되는 정보는 공적인 성격을 띠며 시청자들은 수동적인 위치에서 그 정보를 수용한다. 이처럼 매스 미디어를 매개로 한 의사소통은 대중 의사소통(Mass Communication)또는 공적인 의사소통(Public Communication)이라 한다.

반면에 페이스북이나 트위터와 같은 소셜 미디어는 웹을 기반으로 누구나 자유롭게 소통에 참여하고 양방향적으로 정보(콘텐츠)를 주고받으며 참여자들 간의 역동적인 의미 교환과 관계 변화를 꾀하는 새로운 의사소통 방식이다. 이러한 특성을 지닌 소셜 미디어의

---

1) 이하 '미디어 매개 의사소통(MMC)'라고 한다. 여기에서 미디어 매개 의사소통은 텔레비전과 매스 미디어를 매개로 한 의사소통과 컴퓨터를 매개로 한 의사소통(Computer Mediated Communication, CMC)을 포함하는 포괄적인 개념이다. CMC는 컴퓨터를 매개로 이루어지는 의사소통 과정이며(Walther, 1992), 대화 상대자가 직접 만나지 않고 가상공간을 통해 동시적 혹은 비동시적으로 메시지를 구성, 편집, 저장, 전송, 교환하는 의사소통 상황을 의미한다. 초기에는 주로 이메일, 채팅, 전자게시판처럼 문자 중심의 정보 교환을 통해 이루어졌으며, 최근에는 인터넷을 포함한 다양한 정보통신 네트워크의 속도와 대역폭이 폭발적으로 확장되어 페이스북, 인스타그램, 유튜브와 같은 다양한 소셜 미디어 플랫폼을 통해 사용자가 문자 중심의 정보뿐만 아니라 시각적, 청각적 정보를 교환할 수 있는 관계적 의사소통도 가능해졌다(이두황, 2015: 543).

등장으로 인해 기존 매스 미디어의 정보를 수용하던 개인이 정보의 생산자, 유통자로서 자리매김하게 된다. 이처럼 소셜 미디어를 매개로 한 의사소통은 대중 의사소통과 대비하여 사회적 의사소통(Social Communication)이라 할 수 있는데, 소셜 미디어가 인터넷과 컴퓨터를 기반으로 하기 때문에 컴퓨터 매개 의사소통(CMC)이라고도 한다.

이처럼 미디어 매개 의사소통은 매스 미디어 매개 의사소통과 소셜 미디어 매개 의사소통을 포함할 수 있지만 대체적으로 후자를 지칭한다. 최근 새로운 의사소통의 변화 중심에는 소셜 미디어가 자리 잡고 있다.[2] 소셜 미디어(social media)는 '소셜 네트워크 서비스(Social Network Service)'와 같은 개념으로 사용되기도 하지만, '블로그, 콘텐츠 커뮤니티, 위키피디아, 팟캐스트'와 같은 매체들을 포함하는 더욱 포괄적인 개념으로 사용되기도 한다.

소셜 미디어는 개방, 참여, 공유의 가치로 요약되는 웹 2.0시대의 도래에 소셜 네트워크 기반 위에서 개인의 생각이나 의견, 경험, 정보 등을 서로 공유하고 타인과의 관계를 생성 또는 확장시킬 수 있는 개방화된 온라인 플랫폼을 의미한다. 소셜 미디어는 일종의 유기체처럼 성장하기 때문에 소비와 생산의 일반적인 매커니즘이 적용되지 않으며, 양방향성을 활용하여 이용자들이 자발적으로 참여하고 정보를 공유하며 콘텐츠를 만들어 나가는 특성이 있다. 다시 말해, TV, 신문, 잡지, 라디오 등과 같은 전통 매체가 일대다(one-to-many)의 일방적 관계형에 기초한 커뮤니케이션의 속성을 가졌다면, 소셜 미디어는 다양한 형태의 콘텐츠가 다양한 이용자들에 의해 생성되고 공유되는 다대다(many-to-many)의 쌍방향적 관계성을 토대로 하고 1인 미디어, 1인 커뮤니티의 특징을 지닌다. 또한 방송매체의 일방적 독백을 사회적 매체의 대화로 변환시키고, 그 이용자들이 콘텐츠 소비자임과 동시에 콘텐츠 생산자가 되는 것을 가능하게 함으로써 정보의 민주화와 개방화를 촉진시킨다.[3]

---

2) 현재의 개념과 같은 "소셜 미디어(social media)"란 용어를 최초로 사용한 사람은 Chris Shipley다. 그는 IT 관련 담당자들을 대상으로 한 '2004년 The Blog On' 콘퍼런스에서 블로그, 위키, 소셜 네트워크와 연관된 테크놀로지가 결합하여 새로운 형태의 참여 미디어로 소셜 미디어의 등장을 강조했다.

3) https://ko.wikipedia.org/wiki/소셜 미디어 2021. 7. 23. 검색.

초기의 소셜 미디어는 주로 홍보와 마케팅 관점에서만 논의되었지만, 소셜 미디어가 사회 전반에 영향을 미치기 시작하면서 소통과 연결에 방점을 두고 논의가 이루어지고 있다. 소셜 미디어는 네트워크로 연결된 사람들의 의사소통을 원활하게 한다. 사람들이 소셜 미디어를 사용하는 이유도 네트워크로 연결된 사람들과 의사소통을 통해 관계를 형성하는 데 있다. 소셜 미디어를 통한 연결은 오프라인보다 훨씬 더 많은 사람들과 연결되고, 이들로부터 많은 정보를 받아들이게 한다. 하지만 연결의 양적 증가와 관계의 신뢰나 밀접성 형성이 비례하지는 않는다(김양은, 2016).

2. 미디어 매개 의사소통의 특징과 장단점

미디어 매개 의사소통은 면대면 의사소통처럼 참여자들이 다양한 욕구를 충족하기 위해 의사소통을 한다는 점, 채널을 통해 메시지를 전달하는데 환경의 영향을 받는다는 점, 상대방이 반응하지 않으면 의사소통이 불가능하다는 점 등에서 유사하다. 그렇지만 미디어 매개 의사소통은 면대면 의사소통과 상호작용 방식에서 명백한 차이점이 있으며 나름의 장점과 단점도 동시에 존재한다. 이 절에서는 소셜 네트워크 서비스(SNS)를 중심으로 미디어 매개 의사소통의 특징과 장단점에 대해 살펴보도록 한다.

가. 미디어 매개 의사소통의 특징

SNS(Social Network Service)는 시간과 공간을 초월해 다양한 사람들을 만나게 해 주고 서로 다양한 일상과 정보를 공유함으로써 소통한다. 페이스북, 트위터, 블로그, 인스타그램, 유튜브 등과 같은 SNS는 다양한 사람들이 다양한 관심사를 소통하고 공유하는 장이다.

소셜 미디어를 통한 인간 만남의 확대는 결과적으로 의사소통의 범위를 확장시킨다. 실제로 모바일 메신저 등을 통한 소통은 사람들이 의사소통하는 방법을 변화시키고 있다. 소셜 미디어와 스마트폰의 결합은 실시간으로 자신의 이야기를 풀어놓게 했고, 사람들은 멀리 떨어져 있지만 한 장소에서 소통하는 것과 같은 효과를 낳기도 한다(김양은, 2016: 28). 즉, 소셜 네트워크 서비스는 공간과 시간에 묶인 의사소통 방식에서 벗어나 의사소통의 형태, 내용, 범위 등에 변화를 일으키고 있다. 이와 같이 소셜 미디어에서 이루어지는 의사소통의 특징을 살펴보면 다음과 같다.

첫째, '관계성'을 중시한다. SNS는 사람들 간의 연결을 강화시키는 기술로 개인과 개인 간의 연결과 소통을 통해 관계를 형성하고 유지 발전시키는 것을 주된 목적으로 한다. 예를 들어 타인의 의견에 '좋아요'라는 반응이나 이모티콘을 활용한 다양한 감정 표현 등은 우호적인 관계 증진을 위한 수단으로 활용된다.

둘째, '비동시적'이다.[4] 일상대화는 동시적으로 진행되는 반면에 SNS 대화는 자신의 생각이나 의견을 전달하는 과정에서 시간적인 여유가 있다. 따라서 발신의 주체는 어떻게 메시지를 표현할 것인지를 계획하고 점검하는 과정을 거치게 된다. 이때 타인의 입장에서 자신을 어떻게 생각할까를 지각하며 적극적으로 자신의 인상을 관리(self-presenting)하기도 한다.

셋째, '간접적'이다. 인간의 오감각 기관을 이용하여 직접적으로 메시지를 주고받는 것이 아니라 컴퓨터, 인터넷, 모바일 등과 같은 미디어를 이용하여 타인과 의사소통하는 것이다. 따라서 SNS 의사소통에서는 미디어를 활용하는 능력 또한 의사소통에 영향을 미치게 된다. 예를 들어 순차적으로 원활히 대화를 이어갈 수 있는 타이핑(typing) 능력, 이모티콘(emoticon)과 같이 자신의 감정을 적절히 드러낼 수 있는 다양한 비언어적 표현 능력, 소통의 맥락과 표현 의도에 적절한 시청각 자료를 선택하고 제공할 수 있는 능력 등이 필요하다.

넷째, '탈규범적'이다. 글의 형태이지만 구어적인 소통 성격이 강하여 정형화되고 완결된 어문 규범을 지키지 않아 비문법적인 경우가 많다. 예를 들어, 간결하고 함축적인 어휘로 경제적인 표현을 선호하기도 하고(예: 최애, 노잼, 짤방), 몇 개의 자모음자로 감정을 표현하기도 하며(예: ㅋㅋㅋ, ㅠㅠ), 편리하게 소통하기 위해서 소리 나는 대로 표기하거나(예:

---

4) 아울러 '비동시적'과 대비되는 '동시성'도 SNS를 기반으로 한 의사소통 특징 중에서 빼놓을 수 없다. 즉, 실시간 영상으로 얼굴을 보면서 이야기를 나눌 수 있다는 점이다. 이는 문자를 기반으로 한 비동시적인 메시지 주고받음의 한계를 극복하고 일상의 면대면 의사소통의 장점을 재현할 수 있기 때문에 특히, 가족이나 연인처럼 친밀한 관계를 형성하는 사람들끼리의 의사소통 장면에서 빈번히 활용된다. 공간적인 제약에 구애받지 않고 얼굴을 보며 서로의 목소리를 매개로 하여 의사를 전달하고 친밀감을 드러낼 수 있다는 점에서 긍정적인 의사소통의 효과를 지닌다.

마니, 조아해) 재미나 우호적인 태도를 드러내기 위해 의도적으로 맞춤법에 벗어난 표현(예: 무적권, 젭알)을 사용하기도 한다.

다섯째, '보존성'이 있다. 일상의 구어를 매개로 한 의사소통이 일회적으로 사라지는 것과 달리 SNS 의사소통은 글의 형태로 남는다. 그래서 표현의 부담을 느끼기도 하고 자신의 의도나 감정을 글에 제대로 담기 위해 적극적으로 수정하기도 한다. 또한 글은 시각적으로 지각되고 지속적으로 남아있기 때문에 말에 비해 쉽게 각인될 수 있다. 그래서 SNS에서의 험담이나 비난과 같은 악성 댓글은 더욱 오랫동안 마음에 남아 치명적인 상처가 된다.

쪽지강의 SNS 언어 사용의 동기

SNS에서는 다양한 언어의 모습을 볼 수 있는데 이러한 언어들을 사용하는 동기는 다음과 같다(이정복, 2017).

① 경제적 동기: 글자 입력 시간과 노력을 줄여서 빠르고 쉽게 언어를 쓰려는 것이다. 언어를 '간편하게 쓰기' 위한 의도가 반영된 언어 사용이다. 줄임말 사용, 자음 글자로 적기, 소리 나는 대로 적기 등

② 표현적 동기: 전달하려는 의미를 더 생생하고 신선하게 표현하거나 뜻을 강조하기 위해 언어를 쓰는 것이다. 의성의태어, 음절 늘이기, 이모티콘 등

③ 오락적 동기: 언어 형식 또는 의미를 바꿈으로써 재미를 느끼고 재미를 나누려고 언어를 사용하는 것이다. 의도적 오타, 영문자나 숫자를 이용한 글자 바꾸기, 기존 표현의 의미를 바꾸거나 중의적으로 표현하기 등

④ 유대 강화 동기: 서로 같거나 비슷한 언어 기호를 사용함으로써 동질감, 소속감, 일체성을 느끼고 드러내려는 언어를 사용하는 것이다. 웃음소리 표시하기, 지역 방언이나 특정 외국어 표현 사용하기, 신조어나 은어 사용하기 등

⑤ 심리적 해방 동기: 억압적으로 받아들여지는 규범의 틀에서 벗어남으로써 자유로운 마음 상태를 느끼기 위해 의도적이고 적극적으로 규범에 어긋난 언어 형식을 쓰는 것이다. 욕설, 비속어 등

나. 미디어 매개 의사소통의 장단점

미디어 매개 의사소통은 기존의 면대면 중심 의사소통 영역을 확장하고 새로운 의사소통 방식으로 우리 삶에서 필수불가결한 부분으로 자리 잡고 있다. 소셜 미디어를 통한 일상과 경험의 공유는 시공간을 초월해 연결된 사람들과 친밀감을 형성하는 수단이 된다. 그리고 일상생활에서의 만남과 관계 형성에 비해 보다 적은 시간과 비용으로 더 폭넓은 대인관계를 형성할 수 있다. Ronald와 Proctor Ⅱ(2017)에서는 미디어 매개 의사소통이 갖는 장점을 다음과 같이 말한다(정태연, 2021: 53–58).

첫째, 더 많은 관계의 기회를 제공한다. 매개된 의사소통은 이전의 면대면 의사소통보다 훨씬 더 많이 관계를 시작할 수 있는 기회를 제공한다. 그리고 매개된 채널에서는 관계를 만들고 유지하는데 사람들과의 갈등 수준도 낮아진다. 특히 수줍음을 많이 타는 사람들에게 다른 사람과 편안하게 상호작용할 수 있는 환경을 제공한다.

둘째, 관계를 유지하고 강화하는데 도움이 된다. 소셜 미디어는 새로운 관계의 시작과 함께 기존의 관계를 강력하게 유지하고 침체된 관계를 복원하는 데 효과적으로 활용할 수 있다. 특히나 멀리 떨어져 있어서 면대면 의사소통이 어려운 경우에도 관계를 유지하는데 도움이 된다. 뿐만 아니라 때로는 면대면 의사소통보다 소셜 미디어를 통한 상호작용이 관계의 질을 개선하는 데 더 효과적이기도 하다.

셋째, 사회적 지지를 얻을 수 있다. 이전에 개인적 문제에 대한 지지를 얻기 위해서는 친한 친구나 가족에게 연락하는 것이다. 그러한 개인적인 접촉이 여전히 중요하지만 오늘날 소셜 미디어는 다양한 문제에 대해 여러 사람의 지지를 받을 수 있는 곳이다. 유사한 문제를 갖고 있는 모르는 사람도 가까운 친구처럼 느낄 수 있는 방식으로 도움을 제공할 수 있다.

하지만 미디어 매개 의사소통은 위와 같은 장점과 아울러 단점도 갖고 있다. 소셜 미디어를 기반으로 한 미디어 매개 의사소통에서는 다음과 같은 문제적 양상이 드러나기도 한다.

첫째, 거짓 정보로 인한 피해가 심각하다. 온라인 상에서는 익명성을 담보로 누구나 소통의 주체로 참여할 수 있다. 따라서 개인 또는 집단 간 루머, 가짜 뉴스와 같은 신뢰할 수 없는 정보가 양산되고 유통되기 쉽다. 이를 무비판적으로 수용할 경우 잘못된 가치 판단과 의사결정은 자신 또는 타인에게 피해를 줄 수 있으므로 주의해야 한다.

둘째, 관계 과잉으로 인한 피로감을 유발한다. 언제든 누구나 손쉽게 친구가 될 수 있지만 연결되는 사람이 많아질수록 더 많은 피드백과 의사소통 요구가 발생하고 이는 결과적으로 관계에 대한 강박감이나 피로감을 가져온다.[5]

셋째, 세대 간 소통의 단절을 초래한다. 소셜 미디어에 대한 접근성과 활용 능력의 차이로 인해 젊은 세대와 기성 세대 간의 소통이 원활히 이루어지지 않는 경우가 있다. 또한 다양한 표현 욕구에서 비롯되는 은어와 신조어 등도 세대 간 소통의 장애 요인이 되기도 한다.

넷째, 정체성 혼란이 야기된다. 글, 그림, 사진 등으로 자신을 드러내고 소통하는 온라인 정체성과 일상생활에서 형성되고 구축되는 정체성은 다르다. 일상의 관계나 소통에 대한 욕구 불만이 소셜 미디어에 지치게 의존하거나 대리 만족의 기제로 인해 과몰입하게 되기도 한다. 온라인 상에서 일상과 다른 정체성을 형성하고 다른 이들과의 소통에 과도하게 몰입할 경우 일상에서의 정체성과 대인관계에 문제를 가져올 수 있다.

3. 미디어 매개 의사소통의 지향점

소셜 미디어는 사용자들이 온라인 의사소통을 하는 데 사용하는 전자적인 의사소통의 한 형태이다. 미디어 매개 의사소통은 면대면 상호작용이 아니라 몇몇 전자적인 매체를 통해 사람들을 연결시키는 모든 통로를 지칭하는데 대부분의 과정과 원리뿐만 아니라 그 목적에서도 면대면 의사소통과 유사하다. 하지만 미디어 매개 의사소통은 더 빈약하고,

---

5) 손쉽게 친구가 될 수 있다는 것이 과연 진정한 친구가 된다는 것을 의미하는 것일까? Robin Dunbar에 의하면 사람의 뇌에 언어와 생각을 담당하는 신피질의 용량상 친밀한 관계를 유지할 수 있는 지인의 수는 최대 150명이라고 하는데 이를 던바 넘버(Dunbar's Number)라고 부른다. 하지만 소셜 미디어는 현실 세계의 제한선인 150명을 능가하는 사람들과 관계를 만들고 유지하는 것을 가능하게 해 준다(김양은, 2017: 31).

덜 동시적이며, 더 영속적이다. 이러한 요인들이 온라인 의사소통을 대면에서보다 탈억제적이며 과도하게 개인적인 정보를 노출하게 만든다(정태연, 2021: 76).

일상의 면대면 의사소통 원리는 미디어 매개 의사소통 상황에서도 그대로 적용된다. 그러나 미디어 매개 의사소통 상황에서만 독특하게 필요한 의사소통의 기능이 요구되기도 한다. Ronald와 Proctor Ⅱ(2017)는 미디어 매개 의사소통을 위한 방향을 크게 두 가지로 제시한다.

첫째, 긍정적 관계를 함양하는 것이다. 이를 위해서는 소셜 미디어에서 원활한 의사소통이 이루어질 수 있는 예절(netiquette)이 필요하다. 이러한 예절에는 온전히 집중할 것을 원하는 상대방의 욕구를 존중하는 것, 자신의 말투를 공손히 하는 것, 주변인을 침해하지 않는 것 등이 포함된다.

둘째, 자신을 보호하는 것이다. 다른 사람을 배려하는 것은 소셜 미디어를 통해 의사소통할 때 중요한 원칙이다. 그러나 자신을 보살피는 것도 똑같이 중요하다. 따라서 온라인에서 게시물을 올리기 전에 생각하고, 온라인에서 본 것을 검증하고, 매개된 시간과 면대면 시간의 균형을 맞춤으로써 자신을 보호하는 것이 중요하다.

인간의 의사소통은 그들이 속한 문화로부터 지대한 영향을 받는다. 빠르게 변화하는 현대 문화 속, 미디어의 발전은 인간 의사소통의 변화를 만들어 왔다. 하지만 우리는 다양한 콘텐츠를 활용하고 비대면으로 손쉽게 의사소통을 할 수 있는 미디어 매개 의사소통의 밝은 면뿐만 아니라 미디어 매개 의사소통의 어두운 면에도 반드시 주목해야 한다. 미디어 매개 의사소통의 역기능에 대한 적극적인 논의를 통해 공동체의 합의된 인식이 생겨나고 그러한 문제를 해결할 수 있는 공동의 노력이 바탕이 될 때 미디어 매개 의사소통이 보다 건전하고 발전된 양태로 우리의 삶 속에 자리 잡을 것이다.

탐구 및 실습

1. **탈규범적인 언어 사용** SNS에서 이루어지는 학생들의 탈규범적인 언어 사용에 대해서 찬성과 반대의 입장을 정하여 토론해 봅시다.

> 토론 주제: SNS에서 이루어지는 학생들의 탈규범적인 언어 사용을 지도해야 한다.

2. **실시간 원격 화상수업** 다음 글을 읽고 줌(ZOOM)이나 구글 미트(Google Meet) 등 화상회의 플랫폼을 활용한 실시간 원격 화상수업에서 교사와 학생의 효과적인 상호작용 방법에 대해 토의해 봅시다.

> Corona 19 상황으로 인해 대인 간 접촉이나 대면을 할 수 없는 상황에서 등장한 화상회의 플랫폼(ZOOM, Google Meet 등)을 매개로 주로 사적인 영역인 일대일 소통 상황에서 활용되어 온 화상 의사소통은 공적인 영역, 일대다의 소통 상황으로 확장되었다. 특히, 대면수업을 하지 못하는 상황에서 동영상 콘텐츠를 제공하거나 과제를 제시하는 일방향적 원격수업의 한계를 극복할 수 있는 대안적인 방법으로 학교 현장에서 실시간 쌍방향 의사소통 방식으로 적극 활용되고 있다.
>
> 이와 같은 화상 회의 플랫폼을 활용한 의사소통은 분명 종래의 같은 공간에서 만나서 직접 이야기를 나누는 방식에서 공간의 제약을 넘어서서 의사소통할 수 있다는 점에서 의사소통의 영역을 확대, 확장시켰다. 하지만 인터넷이나 미디어라는 소통 채널의 문제, 참여자들의 의사소통 의지나 태도 문제, 참여자들 간의 피드백 제공 문제 등 다양한 의사소통의 도전적인 과제를 안고 있기 때문에 대면 의사소통의 보완적 기제로서 그 한계점 분명히 인식하고 이를 해결하기 위한 노력이 반드시 필요하다.

3. **의사소통적 관점에서 영화 비평** 다음 글은 의사소통적 관점에서 영화를 비평한 글입니다. 한 편의 영화를 선택하여 의사소통적 관점에서 분석해 봅시다.

영화 Good Will Hunting (1997)을 보고

〈꼰대와 멘토 사이〉6)

MIT의 제럴드 램보 교수는 어느 날 학생들에게 골치 아픈 문제를 낸다. 그 문제를 청소를 하며 엿보던 윌이 대수롭지 않게 낙서하듯이 풀어버리고 교수는 수업시간에 누가 그 문제를 풀었는지 묻지만 아무도 나오지 않아 의문을 품게 된다. 그러다가 어느 날 또 다른 숙제를 낸 후 복도를 다니던 중에 청소부가 칠판에 무언가 쓰고 있는 것을 보게 된다. 그가 낙서를 하는 줄 알고 잔소리를 하지만 그가 가고난 후 교수는 칠판을 보고 놀라게 된다. 윌이 사라지고 칠판을 들여다보니 자신도 어렵게 푼 문제의 정확한 답이 적혀 있었고 램보 교수는 두 문제를 모두 윌이 풀었음을 직감한다. 그의 재능을 알아본 교수 덕에 윌은 경찰에 잡혀 감옥살이를 하게 되려는 것을 피할 수 있게 된다. 그 대신 교수의 감시를 받으며 정신 치료를 받아 보고할 의무가 있게 된 윌을 여러 전문가들이 만나 보지만 윌은 그들을 몰아낸다. 본인을 치유해 주기 위해 온 사람의 치부를 물어뜯고 공격적인 발언을 일삼아 진절머리가 나게 만드는 윌 때문에 치료는 난항을 겪고 램보 교수는 친구였던 숀에게 찾아가 윌을 부탁한다. 숀과 처음 만난 자리에서 윌은 숀의 죽은 와이프를 조롱하여 숀이 대노했고 곧바로 치료는 중단된다.

나는 이 영화를 작년에 처음 봤다. 이번 영화 비평 과제를 위해 다시 한 번 영화를 감상하며 이번에는 영화 속에서 이루어지는 의사소통, 그 중에서도 윌을 대하는 숀의 화법에 초점을 두고 영화를 감상하였다.

영화에 먼저 등장하는 두 명의 상담자는 윌의 마음을 열지 못했고, 마지막 상담자인 숀 교수만이 그의 마음을 열었다. 과연 그 이유가 무엇일까? 첫 번째 윌을 상대했던 상담자는 그의 말에 동조해 주는 것 같으면서도 결국엔 윌의 마음을 이해하지 못했다. 그는 자신의 눈높이를 내담자에게 맞추기 보다는 자신의 생각에서 그를 판단해 버렸다. 두 번째 상담자는 최면으로 윌의 무의식을 끓어 올려보려고 했으나 결국 그의 장난에 화가 나서 포기해 버렸다. 이 두 사람은 자신의 방법만을 내세웠고 그 방법에 가망이 없다고 느끼자 포기하고 가버렸다. 상담자는 자신에게 문제가 있다고는 생각하지 않았던 것 같다. 그들은 윌에 대해서 공감할 수 없었고, 그를 이해하지도 못했다. 특히, 첫 번째 상담자는 정신과 의사와 환자의 입장에서 자신은 방송 스케줄도 바쁜데 시간 낭비하고 싶지 않다고 말하는 것으로 보아 클라이언트보다 자신이 높은 위치라고 여기는 것을 알 수 있었다. 이는 온갖 지식이 출중한 윌의 마음을 더 닫게 만드는 결과를 낳게 된다.

---

6) 이 비평문은 2021학년도 2학기 〈의사소통의 이해〉 강의를 수강한 대구교육대학교 수학교육과 202004105 김유진 학생이 쓴 글이다. 학생의 동의를 얻어 예시로 제시한다.

그 누구도 윌의 마음을 열지 못했지만, 마지막 숀 교수와 만나며 그의 마음이 서서히 열리게 된다. 어떤 의사소통의 기술이 그 마음을 열게 되었을까? 윌과 숀의 총 8번의 만남 중 필자가 유의미하다고 느꼈던 몇몇 장면들을 의사소통의 측면에서 분석해 보았다.

첫 번째 만남

대답하기를 원하는 것이 아니라 윌의 관심이 무엇인가를 관찰하며 질문을 이끌어 내는 숀의 기술이 돋보였다. 이 과정을 통해 숀은 윌이 예술적이고 지적인 면에서 천재성이 있는 사람이라는 것을 알 수 있었을 것이다. 그의 비판적인 시각에 대한 부분에서도 쉽게 동요하지 않고 인정해주면서 그의 마음을 움직이려고 했다. 그런데 윌은 숀 교수의 치명적인 부분을 건드리며 감정을 동요하게 만들었다. 그 가운데에서도 자신의 치명적인 부분에서는 강경하게 나가며 인간적인 면을 보여주었고 이 부분에서 이 대화는 상담자와 내담자 간의 대화가 아닌, 함께 생각하고 이야기하는 동등한 위치에서의 대화라는 생각이 들었다. 이것은 진실 된 대화를 시작하기 위해 중요한 것이다. 상당히 교만해 있는 윌에게 있어서 동등한 위치가 아니라면 마음을 여는 대화는 이뤄지기 힘들기 때문이다. 이 때 윌은 상당히 당황했으나 여전히 마음을 닫고 있다.

네 번째 만남

결국 윌이 숀 교수에게 스스로 침묵을 깨고 이야기를 시작하면서 숀이 윌이 겪고 있는 문제에 대해서 접근할 수 있는, 전환점이 되는 만남이었다. 윌이 사사로운 이야기를 하는 중에도 숀은 관심을 집중해준다. 윌의 단점을 장점으로 칭찬해주며 그의 마음을 좀 더 열게 되는 계기를 만들었다. 그러면서도 스스로를 감추고 방어하는 것에 대해 지적해준다. 윌은 점차 숀 교수에게 마음을 열게 되고 자신을 이해해 준다고 믿고 신뢰하게 된다. 상담 시간이 끝나면 헤어짐을 아쉬워할 정도로 말이다.

일곱 번째 만남

윌이 두려움을 벗어나지 못하게 만든 아동학대의 경험을 자신의 경험을 비추어 진심으로, 마음으로 공감해준다. 그 학대의 잘못이 윌에게 있지 않음을 계속적으로 "네 잘못이 아니야"라고 반복적으로 말해주었다. 이는 윌이 자신을 방어하는 과정에서 벗어나게끔 도와주는 동아줄의 역할을 했다고 생각한다. 그 결과 윌은 완벽하게 숀 교수를 신뢰하게 되고 윌이 자신이 원하는 것에 솔직하게 도전하게 되는 계기가 된다.

"It's not your fault."

숀과의 만남을 이어가던 중 윌이 무의식적인 두려움을 이겨내는 순간은 과거의 일이 윌의 잘못이 아니라고 숀이 말해준 장면이었다. 너의 잘못이 아니라며 반복해서 말해주는 숀에게 그만하라고 말하며 화까지 내지만 숀은 멈추지 않고 계속해서 너의 잘못이 아니라는 말을 반복한다. 결국 마음속에서 뭔가 무너진 것처럼 영화 내내 가시 돋친 태도를 유지하던 윌이 눈물을 흘리며 숀에게 안긴다. 참 많은 생각이 드는 장면이었다. 교사가 되고 나면 나는 많은 사람들, 학생들을 만나게 될 것이다. 나의 학생에게 나는 숀 교수와 같이 말해줄 수 있을까? 내 주위의 소중한 사람들이 상처받거나 고민하고 있는 것들을 마음으로 살펴보며 그들에게 용기와 희망을 주는 사람이 되고 싶다. 그리고 그렇게 될 것이다!

제 8 장

공식적 의사소통

평소 친구들과의 사적인 대화에서는 대화를 주도하고 유머러스한 '나'지만 프리젠테이션을 하거나 프로젝트 결과를 발표할 때면 유난히 떨리거나 불안하고 초조해하지는 않나요? 누구나 공식적 상황에서의 말하기는 불안하고 약간의 긴장감을 느끼기 마련입니다. 하지만 자신의 말하기 불안 원인을 알고 적절한 대처를 통해 스피치에 대한 성공 경험을 쌓아 가다 보면 어느 순간 능숙한 스피치 화자가 된 자신을 발견할 수 있을 거예요.

학창 시절 학급 임원 선거에 나가 연설을 한다거나 학우들 앞에서 발표를 한 경험을 떠올려보자. 개인 간 차이는 있겠지만 평소에 말하기에 자신이 있던 사람들도 여러 사람들 앞에서 말하기를 한다는 공식적 의사소통의 상황적인 특성으로 인해 초조하거나 떨리는 등의 말하기의 불안을 경험하기도 한다. 말하기의 주도권이 주로 화자에게 있는 공식적 의사소통의 상황에서는 화자가 말하기 불안에 어떻게 대처하고 어떠한 전략을 구사하느냐에 따라 말하기의 성패가 결정된다. 이 장에서는 공식적 의사소통상황에서의 말하기 불안의 원인과 대처방법, 성공적인 스피치를 위한 화자의 스피치 전략들에 대해 살펴본다.

1. 공식적 의사소통과 말하기 불안

공식적 의사소통은 쉽게 말하면 공식적인 상황에서의 말하기라고 할 수 있다. 우리가 일상생활에서 접하는 다양한 의사소통 상황 중 연설, 토의, 토론, 강의, 보고와 같은 말하기 상황들이 공식적 의사소통이라 할 수 있다. '공식적 말하기'란 화자가 사전에 준비된 내용을 대중을 상대로 하는 말하기로 정의된다(국어교육학 사전, 1999). 따라서 공식적 의사소통은 말하기 상황과 화자의 준비 여부, 청중의 특징에 따라 비공식적 의사소통과 구분된다.

가. 공식적 의사소통의 특징

우리가 일상생활에서 가족, 친구들과 즉흥적으로 주고받는 비공식적 상황의 대화와는 달리 공식적 의사소통 상황에서의 말하기는 주로 한 명의 화자가 다수의 청중을 대상으로 사전에 준비된 내용을 말하는 경우다. 김윤옥(2006)에서는 공식적 의사소통을 정의하는 요소로 크게 청중의 특성, 말하기 준비 여부, 의사소통 상황 세 가지로 나누고 그 특징을 설명한다.

먼저, 공식적 의사소통은 주로 화자가 다수의 청중을 대상으로 이야기를 전개하는 말하기 상황이다. 이때의 청중은 화자가 말할 내용의 주제나 목적에 대해 인지하고 들을 준비가 된 3-5명 또는 대중을 말한다. 또 화자와 청중은 평소 친분이 있는 관계일지라도 공식적 의사소통 상황에서는 사회적으로, 심리적으로 어느 정도의 거리를 둔 관계로 설정된다.

둘째, 화자는 사전에 말하기의 내용과 방법 등을 준비한다. 이때 화자는 말하기의 목적과 의도, 청중과의 관계, 시공간 제약과 같은 물리적 상황 등을 고려하여 말할 내용과 전달하는 방법 등을 구성하고 준비한다. 이러한 측면에서 공식적 의사소통은 즉흥적으로 대화가 이루어지는 비공식적 의사소통과 차이가 있다.

셋째, 공식적 말하기는 말하기의 주도권이 주로 화자에게 있다. 말하기 주도권은 말하기 상황에 따른 청중의 특성에 따라 그 정도가 달라진다. 한 명의 화자가 혼자 말하고 청자는 주로 듣는 발표나 강연, 연설 등은 화자와 청자가 서로 역할을 교대하는 토의, 토론 등의 말하기에 비해 화자가 더 많은 말하기의 주도권을 가진다.

넷째, 공식적 말하기는 정해진 규칙과 예절을 지켜 진행된다. 공식적 의사소통은 의사소통 목적과 상황에 따라 사전에 정해진 규칙이 있다. 공식적 의사소통에 참여하는 사람들은 이 규칙에 따라 말하기 과정을 수행한다. 예를 들어 토론 참여자들이 경어를 사용하고, 사회자에게 발언권을 얻어 발언을 진행하는 것 등이 그러하다.

앞의 내용을 정리해 보면 공식적 의사소통의 특징은 화자가 주로 다수의 청중을 상대로 말 하는 것, 말하기의 주도권을 가진 화자가 말하기 전에 준비를 하고 일정한 시간 내에

이야기를 하는 것, 화자가 말하기 상황과 목적에 어울리는 규칙을 지켜 말하는 것 등이 있다. 따라서 공식적 의사소통은 청중이 있는 상황에서 규칙을 지켜 준비된 말하기를 하는 의사소통의 상황이라고 할 수 있다.

공식적 상황에서 화자의 말하기 능력은 청중과의 소통 여부에 따라 달라질 수 있다. 연설, 보고, 설명과 같이 긴 시간 동안 주로 화자가 혼자 이야기하는 경우, 화자가 청중들에게 메시지를 얼마나 효율적으로 전달했는지가 중요하다. 반면에 토의, 토론, 면담과 같은 청중이 다소 적극적인 역할을 하는 의사소통 상황에서 스피치는 협력적 상호작용의 과정이고, 이때 화자에게 요구되는 말하기 능력은 얼마나 청중과 상호교섭하면서 의미를 구성해 나가는가 하는 것이다. 이와 같은 상황에서 청중은 보다 적극적으로 말하기 과정에 참여하게 되고, 청중에 대한 분석과 반응에 따라 화자가 준비한 말하기의 내용과 방식이 변하기도 한다.

나. 말하기 불안 요인과 대처 방안

화자의 기질적인 특성에 따라 정도에 차이는 있을 수 있지만 공식적 말하기 상황에서의 화자라면 누구나 말하기의 불안을 가지고 있다. 이러한 말하기 불안은 말하기에 부정적 영향을 끼치게 된다. 하지만 자신의 말하기 불안 요인을 면밀히 분석하여 말하기의 성공적 경험이 누적 되면 말하기 불안[1])을 극복할 수 있다.

1) 말하기 불안의 개념

불안의 사전적 의미는 '마음이 편하지 아니하고 조마조마함'을 뜻한다. 이러한 불안에 대해 Spielberger(1966)는 크게 '특성 불안'과 '상태 불안' 두 가지로 나누었다. '특성 불안'은 일반적인 상황에서 다른 사람보다 불안을 잘 느끼는 개인적인 성격적 특성을 의미한다. 그리고 '상태 불안'은 특수 불안으로도 불리는데 시험, 경기, 발표와 같은 특정한 때에

1) 말하기 불안을 넓은 의미에서는 공식적인 말하기 상황을 제외한 친구, 동료 간의 비공식적 의사소통 상황에서의 말하기 불안까지 포함하기도 한다. 하지만 이 글에서는 공식적 말하기 상황의 '발표 불안'을 말하기 불안으로 한정하여 살펴보고자 한다.

느끼는 불안 상태를 말한다.

McCroskey(1984)는 말하기 불안을 '개인 또는 다수가 참여한 대화에서 실제 또는 예상으로 생기는 각 개인의 두려움 또는 불안한 수준'으로 정의하여 말하기 불안을 특정 말하기 상황에서의 개인적인 특성으로 보았다. 전은주(1999)는 말하기 불안을 '담화 상황에서 겪는 심리적 불편감'으로 정의하고, 사람마다 정도의 차이는 있지만 공식적 말하기 상황에서는 누구나 불안, 긴장 등의 심리적 불편감을 느낀다고 했다. 그리고 장윤경(2001)은 '다른 사람과의 예상되는 또는 실제의 말하기와 관련된 불안으로 특성 불안과 상황 불안의 성격을 모두 지니고 있는 것'으로 정의했다. 이와 같은 정의를 토대로 말하기 불안이란 말하기 수행과 관련하여 느끼는 심리적인 불안감의 상태라고 말할 수 있다.

2) 말하기 불안의 요인

말하기 불안의 요인을 살펴보면 장윤경(2001)은 말하기 불안에 미치는 요인을 유전 및 가정환경, 사회환경, 말하기에 대한 화자의 태도와 같은 오랜 시간 축적되어 모든 말하기 상황에 영향을 미치는 특성요인과 말하기의 특정한 상황 즉, 말하는 대상, 목적, 내용에 따라 불안을 느끼는 상황 요인으로 나누었다. 서영진·전은주(2010)에서는 기존의 말하기 불안 요인이 주로 화자에 초점이 맞추어져 있음을 고려하여 화법과 관련된 요소인 화자, 청자, 메시지, 장면 등의 변인을 중심으로 나누어 정리하였다. 그리고 황정현(2011)에서는 말하기 불안의 요인을 인지, 심리, 기능, 상황적 요인의 네 범주로 나누어 살펴보고 각 측면의 불안 해소를 위한 지도 요소를 선정하였다. 여기서는 앞의 선행연구을 참고하여 말하기 불안의 요인을 '인지, 정서, 행동, 상황' 네 가지로 분류하여 살펴보고자 한다.

가) 인지적 요인

화자는 공식적인 말하기를 할 때 여러 사고의 과정을 거치게 된다. 이때 말하기 전, 중, 후의 과정에서 말하기에 대한 화자의 부정적인 인식이나 예상과 같은 사고(思考)로 인해 불안의 증상이 나타나는 것을 인지적 관점에서의 말하기 불안이라고 할 수 있다. "나는 발표를 망칠 것 같아.", "다른 사람들이 내 발표를 지루해하면 어떡하지?"와 같이 자신의 말하기에 대한 부정적인 평가를 예상하면서 불안이 일어나는 것을 말한다.

나) 정서적 요인

정서적 요인은 말하기와 관련한 개인의 감정적이고 내적인 특성을 말한다. 이는 화자의 성격적 특성, 가정 및 학교의 환경 등에서 축적된 화자의 내적인 심리, 성격 등으로 인해 생기는 불안을 일컫는다. 정서적 요인은 특히 성장 과정에서 말하기에 대해 화자가 느껴온 감정, 칭찬, 격려, 자아존중감 등이 영향을 미치며, 이러한 말하기에 대한 두렵고 불안한 감정은 목소리가 떨리거나 식은 땀이 나는 것과 같은 신체적 반응과 더해지면서 말하기 수행을 방해한다.

다) 행동적 요인

행동적 요인은 말하기 수행과 관련한 화자의 말하기 기능의 부족으로 일어나는 불안을 이야기한다. 이러한 말하기 기술의 부족으로 인한 말하기 실패의 경험이 반복되면 앞서 이야기한 인지, 심리적 요인에도 영향을 미치게 되어 말하기 불안이 형성된다. 행동적인 관점에서는 말하기에 대한 절차적인 지식, 전략, 기술적인 기능들을 학습하지 못하는 경우에 불안을 형성하는 것으로 볼 수 있다.

라) 상황적 요인

인지, 정서, 행동적 요인이 화자와 관련된 요인이라면 말하기 상황적 요인은 화자를 제외한 말하기와 관련된 화법 요소인 청자, 메시지, 장면 등이 해당한다. 즉, 평소에는 말하기 불안이 높지 않은 사람도 청자의 수나 지위 또는 관계, 자료의 준비 정도 등과 같은 특정한 말하기 상황에 따라 불안을 겪게 되는 것을 말한다.

3) 말하기 불안 대처 방안

말하기 불안 원인에 따라 인지적, 정서적, 행동적, 상황적 측면에서 말하기 불안 대처 방안을 다음과 같이 생각해볼 수 있다.

가) 인지적 측면

말하기 불안을 극복하는 인지적 측면의 대처 방안으로는 말하기 과정에 대한 화자의 부정적인 인식과 예상을 긍정적으로 바꾸어 인식하는 방법이 있다. 화자의 말하기에 대한 부정적 인식을 바꾸는 방법은 부정적 태도의 말들을 긍정적으로 대치하여 말하게 하는 것이다.[2] 예를 들어 "모든 청중들이 좋아하지 않을 것이고, 실패한 스피치가 될 거야."와 같은 부정적 말 대신 "나는 스피치를 멋지게 해낼 거고 대부분의 사람들이 나의 스피치에 호감을 보일 거야."와 같은 말로 바꾸어 스피치에 대한 긍정적인 인식을 유도하는 방법이다. 또 말하기 전, 중, 후 과정에 대한 부정적인 예상을 긍정적인 상상으로 바꾸어 떠올려 보게 하는 것도 방법이 된다.

나) 정서적 측면

정서적 측면의 말하기에 대한 두려움과 불안감은 다리 떨기, 식은 땀 등의 신체적 현상과 동반하여 불안함을 더욱 증가시키게 되는데 이러한 정서적 긴장과 불안함을 이완시키기 위해서는 신체적 긴장을 풀게 하는 것이 도움이 된다. 천천히 숨을 여러 번 크게 쉬는 것 또는 눈을 감고 명상하는 것, 간단한 스트레칭을 하는 것과 같은 신체적 이완을 통해 정서적 불안감을 해소할 수 있다.

다) 행동적 측면

행동적 측면의 말하기 불안은 말하기 기술과 요령의 부족으로 나타난다. 따라서 이를 줄이기 위해서는 청자 설정하기, 말할 내용 조직하기, 원고 작성하여 연습하기, 그리고 목소리, 어조, 손동작, 자세 등의 비언어적 요소 고려하기와 같은 의사소통 기술과 전략에 대한 연습을 통해 말하기 불안을 줄일 수 있다.

라) 상황적 측면

의사소통 상황과 관련되어 발생하는 말하기 불안에 대처하기 위해서는 말하기 상황에 미치는 요소들을 조정하는 방법이 있다. 청자 요소와 관련해서는 청자의 나이, 지위, 태도, 청자와의 유대 정도를 파악하는 것이 도움이 된다. 또한 이에 따라 말할 메시지, 내용, 전달 방법 등을 달리할 수 있다. 메시지 요소와 관련하여서는 정보 전달, 설득, 정서 친교 및 정서표현과 같은 말하기의 목적과 메시지에 대한 청자의 흥미, 관심, 배경지식과 같은

---

2) Sparague와 Staurt(이창덕 외 역, 2008: 96)는 "아무 생각도 나지 않을 것 같아"의 그릇된 믿음을 "여러 번 연습해서 스피치의 기본 구조를 알고 있으니 별 걱정 없어."처럼 화자의 인지적 재구조화를 위한 태도를 바꾸는 말들의 예를 제시하여 설명하였다.

인식 정도를 면밀하게 파악하는 것이 도움이 된다. 말하기 장면과 관련해서는 시간 제약의 유무, 분위기의 허용성 정도 등을 사전에 조정하는 것이 불안을 해소하는 방법이 된다.

위에서 소개한 화자의 말하기 불안을 대처하는 여러 방법 이외에도 말하기와 관련한 화자의 사전경험과 자신감 등은 말하기 불안과 말하기 과정에서 일어나는 돌발 상황 등에 대처하는 능력에 큰 영향을 미친다. 따라서 여러 교육적인 장면에서 학생들이 공식적 말하기에 불안감을 느끼지 않고 말하기에 대한 긍정적인 경험을 쌓을 수 있도록 기회를 제공하고 허용적이고 상호 격려하는 교실 분위기를 형성할 필요가 있다.

2. 스피치와 스피치 전략

가. 스피치의 개념 및 특징

스피치(speech)는 다수의 청자 앞에서 정보를 전달하거나 자신의 견해를 밝히는 공식적 의사소통의 한 형태이다. 이러한 스피치는 연설뿐만 아니라 발표, 강의, 프레젠테이션 등과 같이 다양한 형태로 이루어진다.

정순인(2009)는 스피치가 말, 말하기, 발언 또는 말하는 능력이라는 뜻으로 사용되기는 하나 커뮤니케이션이란 측면에서 목적에 맞추어 시간과 장소 그리고 기술적인 방법으로 다수의 사람을 대상으로 말하는 것을 뜻한다고 하였다. 전인숙(2004)은 스피치란 한 사람의 화자가 다수의 청자를 대상으로 하여 이루어지는 의사소통 행위로, 청자의 감정을 자극하고 설득함으로써 청자의 신념이나 행동을 새롭게 세우거나 강화, 변화시키기 위한 공식적 말하기를 의미한다고 하였다.

본고에서 살펴볼 스피치의 형태는 제한된 시간 동안 주어진 주제와 청중을 대상으로, 사전에 준비된 내용을 바탕으로 수행한 공식적 말하기이다. 스피치는 준비된 형태의 공식적인 말하기의 과정이므로 공식적 의사소통의 특징을 가진다. 또한 스피치에 설정된 화자, 청자, 내용, 상황 요인에 따라 스피치의 구성 방향과 전략이 달라질 수 있으므로 사전에 철저한 준비가 필요하다.

스피치의 과정은 스피치 상황과 목적에 따라 달라질 수 있지만 일반적으로는 목표 설정하기, 상황과 청중 분석하기, 자료 수집 및 선정하기, 내용 조직하기, 연습하기, 스피치하기 등의 과정을 거친다(임칠성 외, 2004).

먼저 목표 설정하기는 스피치의 목적과 주제를 설정하는 것이다. 목표를 명확하게 설정하고 나면 스피치 구성이나 청중과의 소통 방법 등에 대해 구체화할 수 있다. 사전에 준비된 말하기를 하는 스피치의 특성 상 스피치의 상황과 청중이 미리 설정되어 있는 경우가 대부분이다. 따라서 스피치의 상황과 청중을 고려하는 것 또한 스피치의 성패를 결정하는 중요한 요소가 된다. 스피치에서 고려해야 할 외적 상황에는 시간, 장소, 사용할 수 있는 기자재의 환경 등이 있다. 또 청중의 수, 연령, 사회적 지위, 화자와의 관계 등 청중에 대한 사전 정보를 고려하면 더욱 효과적인 스피치를 할 수 있다. 스피치의 주제를 정하고 나면 필요한 자료를 수집하고 스피치 상황과 목적, 청중과의 소통을 고려하여 필요한 자료를 선정한다. 스피치에서 활용할 자료를 선정한 다음 대략의 개요를 작성하여 내용을 조직하고 스피치 원고를 작성하여 말할 내용과 순서를 정한다. 일반적으로 원고를 작성할 때에는 서론-본론-결론의 형태로 나누어 작성한다.

원고를 작성한 후에는 성공적인 스피치를 위한 연습을 한다. 충분한 연습은 스피치의 완성도를 높일 뿐만 아니라 스피치에 대한 화자의 불안감을 줄이고 자신감을 높이는데 효과적이다. 스피치 연습의 과정에서는 원고가 문어체로 작성되어 어색한 부분이 있지는 않은지와 같은 언어적 요소뿐만 아니라 말의 속도, 강약, 시선, 표정, 몸짓과 같은 비언어적 의사소통 요소들이 적절한지 고려할 필요가 있다. 마지막으로 스피치하기의 과정에서는 앞서 준비한 내용들을 숙지하여 보다 효과적인 스피치가 될 수 있도록 청중들과 상호작용하며 자신 있는 자세로 임하는 것이 좋다.

나. 청중을 고려한 스피치 전략

전략은 어떠한 목표에 도달하기 위한 최적의 방법을 뜻한다. 말하기 상황에서 화자는 보다 효과적인 의사소통을 위해 다양한 스피치 전략을 구사하게 된다. 여기에서는 공식적 말하기의 스피치 상황에서 청중을 고려하여 의사소통을 하기 위해 화자가 취하는 스피치 전략을 크게 청중 분석 전략, 청중과 관계 설정 전략, 청중의 주의 끌기 전략, 청중과의 상호작용 전략, 소통 효과 유발 전략의 5가지로 나누어 살펴보고자 한다.[3)]

1) 청중 분석 전략

비공식적 의사소통 상황과 달리 공식적 의사소통 상황에서는 다수의 청중이 존재한다. 화자가 사전에 청중의 나이, 사회적 관계, 주제에 대한 사전 지식수준 등을 면밀히 분석하여 스피치 스피치 각 단계에 반영한다면 좀 더 효과적으로 청중에게 다가갈 수 있는 스피치를 할 수 있을 것이다.

가) 주제 선정하기

화자가 스피치를 준비하면서 가장 먼저 하는 단계는 주제 선정하기인데 주제를 선정할 때에는 대상, 목적, 상황 등을 고려한다. 이때 화자는 설정된 청중의 흥미와 관심, 수준 등을 고려하여 공감을 불러일으키고 보다 잘 소통할 수 있는 주제를 선정하기 위해 많은 고민을 한다.

> 사실 제가 이 주제를 선정하기 전에 많은 고민을 했습니다. (조심스럽게) 사실은 제가, 마지막 주자가 될 거라는 예상도 했기 때문에, 처음에는 대선이 앞으로 왔으니까 토론에 관한 아니, 투표에 관해서 진지한 이야기를 해볼까 생각해봤고, 아니면 (자신을 가리키며)내 꿈? 내 교사에 관한 교육관? 이런 걸 좀 진지하게 전달을 해볼까(한손을 펼치며) 라고 생각을 했는데 그런 거는 이제 앞의 여러분들이 다양한 의견을 얘기해주실 것 같아서 저는 아, 제가 마지막 주자이기도 하니까 저는 간단한, 여러분들이 보편적으로 모두 다 공감할 수 있는 주제를 고르면 어떨까 싶어서, **교대인들이 많이 흥미로워하시는(강조하며)** 다이어트 거기에다가 아침밥, 이라는 주제를 선정해 보았습니다. 〈1-김ㅇㅇ-스피치 전사자료〉

위 예시의 스피치 화자는 스피치 주제를 선택하는 과정에서 스피치의 상황과 청중을 고려하였음이 드러난다. 화자는 교육대학교 학생들이 공감할 수 있는 흥미로운 주제를 선택했음을 밝히고 있다.

---

3) 이하 내용은 박창균(2012)의 주요 내용을 참고하여 재구성한 것이다.

> 나는 다른 교대생들은 아직 경험해보지 않은 나의 색다른 경험인 군대 이야기에 대해서 이야기를 하게 되었다. 하지만 돌이켜보니 나에게는 내가 경험한 재미있는 에피소드들이였지만 다른 사람들은 주제가 다소 지루했다고 했다. **생경한 이야기여서 공감대를 형성하기에 다소 어려움이 있었던 것** 같고 또 특정한 에피소드에 대해서 실감나게 이야기 했다기 보다는 여러 가지 에피소드를 이야기하고 다소 전문적인 군 용어들이 있어 흥미를 떨어트린 요소가 되었던 것 같다. 〈2-한ㅇㅇ-자기평가 자료〉

반면 두 번째 학생은 많은 학생들이 공감하기에는 다소 어려움이 있는 주제를 선정하여 청중들에게 위 예시의 화자는 좋은 반응을 얻지 못했다며 반성하는 모습을 보인다. 이는 주제 선정 단계에서 청중의 입장에 대한 분석이 부족했기 때문이다. 스피치 상황에서는 정보가 유익하고 가치롭다고 할지라도 대다수의 청중이 전혀 모르거나 전문적인 분야의 주제를 다루는 것은 삼가는 것이 좋다(변정민, 2009).

나) 내용 조직 및 연습하기

화자는 주제를 선정한 뒤 본격적으로 구체적인 스피치 내용을 조직하고 이를 보다 효과적으로 전달하기 위해 연습을 통해 내용을 사전에 조정한다. 이 과정에서 원고 작성 시에는 문어체로 작성되었던 내용을 구어체로 수정하기도 하고 청중이 있는 상황에서 스피치가 전달되는 점을 고려하여 내용을 수정하기도 한다.

> 안녕하세요. 저는 우리 또래가 고민~~하고, 공감할 수 있는게~~ 뭘까 많이 생각을 해 봤는데 아무래도 대인관계가 가장 큰 고민이 아닐까 하는 생각이 들었어요. 그리고 저도 이것에 대해서 고민을 참 많이 하는 편이에요.
> 최근에는 내가 생각해도 정말 내가 ~~문제인 것 같은~~ 그런 고민이 있어서, ~~친한~~ 친구한테 진지하게 얘기를 꺼냈어요. "야, 나는 남자친구든, 동성 친구든 [illegible] 걔가 엄청[illegible] 좋았다가도, 어느 순간 얘가 날 좋아한다 싶으면 난 갑자기 걔가 확 싫어져. ~~나 왜이래?~~" 그랬더니 친구가 가만히 듣고 있다가 "그래가지고 네 주위에 친구가 남아나겠냐?" 그러면서 진짜 어이[illegible] [illegible]거예요. 그러고는 친구 하는 말이 "야, 근데 이거 내가 잡진가? 어디서 봤는데 다른 사람을 쉽게 질려하는 사람은 그만큼 자기 자신을 덜 사랑하는 거래." 이러는 거예요.
> 처음엔 ~~무슨 말인지 도통 이해가 안 되서 그게 무슨 소리냐 했더니 친구 말은 내 스스로가 자존감이 낮기 때문이래요.~~ 어? 상대방이 완벽한 사람이라면 이렇게 부족한 나를 좋아할 리가 있을까? 자기도 뭔가 부족하니까 나 같은 애를 좋아 하는게 아닐까? 이런 식으로 내 자존감이 낮기 때문에 이런 나를 좋아해주는 상대방까지 별로라고 생각하고 질려한다는 거죠.

〈3-황ㅇㅇ-스피치 수정 원고〉

위 예시는 화자가 초고를 작성한 뒤 스피치 연습 과정에서 여러 차례 원고를 수정했음을 보여준다. 이때 연습의 결과가 실제 상황에서 보다 효과적으로 발휘되기 위해서는 실제적인 연습 과정이 필요하다. 문어체로 된 원고에서는 어색함이 없지만 실제로 구어체로 발화를 구사해 보면 어색해서 삭제하거나 추가해야 요소들이 확연하게 드러나게 된다. 이때 화자는 실제의 스피치처럼 상황을 설정하고 연습해 보면서 말할 내용의 논리적인 구성과 통일성과 같은 거시적인 관점에서부터 단어 선택, 어조와 같은 미시적인 요소들까지 고려하여 수정할 수 있다.

2) 청중과의 관계 설정 전략

스피치 주제가 아무리 훌륭하고 유용한 정보를 제공해 준다고 하더라도 화자의 일방적인 내용 전달 형태의 말하기는 청중의 흥미를 떨어트리기 마련이다. 이때 청중과의 유대감을 형성할 수 있는 다양한 전략들을 스피치에서 사용한다면 스피치의 내용에 다소 미흡한 점이 있더라도 청중들이 주의 집중하여 스피치에 참여하는 효과를 볼 수 있다.

가) 관계 형성하기

앞서 2장에서 의사소통은 화행의 목적과 관계 목적을 동시에 달성하고자 하는 특징이 있다고 밝혔다. 마찬가지로 스피치에서도 화자는 청중과 우호적인 관계를 형성하기 위해 노력을 한다. 대표적인 예가 스피치의 시작과 마무리 단계에서 주고받는 간단한 인사이다.

> (두 손을 앞에 모으고) 네 여러분 안녕하세요(청중을 둘러보며). 저는 수학교육과 A반 김ㅇㅇ라고 합니다. **먼저 점심식사는 다들 맛있게 하셨나요?** 〈4-김ㅇㅇ-스피치 전사자료〉
>
> 지금까지 잘 들어주셔서 **감사합니다.** 〈5-이ㅇㅇ-스피치 전사자료〉

<학생 4>는 스피치를 시작하기에 앞서 공손하게 인사하고 눈 맞춤을 통해 청중과 소통하고 간단한 안부를 물으면서 스피치를 시작한다. 우리가 흔히 ice-breaking이라고도 하는 새로운 누군가를 만났을 때 어색한 분위기를 깨기 위해 하는 행동이다. 이를 통해 화자는 청중에게 조금 더 다가가게 되고 청중은 화자와의 심리적 거리를 좁혀가면서 스피치를 경청할 준비를 할 수 있게 된다. <학생 5>는 청중에게 감사를 전하는 간단한 인사로

스피치를 마무리하고 있다.

나) 배경지식 공유하기

화자는 청중에 대한 분석을 통해 공통의 경험이나 지식을 찾아 이를 스피치에 활용할 수 있다. 이를 통해 청중들의 배경지식을 활성화하고 청중의 관심을 불러들이며 스피치에 대한 집중도를 높일 수 있다.

> 새내기 때 선, 선배님들이랑 밥팅하고 나서 카페 가면 진짜 막 되게 당황스러웠어요. 아는 게 없는데 커피 종류는 되게 많아서, **아마 저랑 비슷한 경험 하신 분이 되게 많으실 거예요.** 어쩌면, 남자 분들 특히 아직까지 잘 모르거나 관심이 없어가지고, 그냥, 가서 아메리카노요, 하면서, 유명한 커피만, 이름 대시는 분도 계실 거예요. 〈6-정ㅇㅇ-스피치 전사자료〉

<학생 6>은 동료 학생인 청중들이 새내기 때 겪었을 만한 경험을 공유하여 청중과의 공통점을 부각시킴으로써 청중과의 관계를 형성하고 있다. 이처럼 청중과 공통적인 배경지식을 공유하기 위해서는 사전에 청중에 대한 분석이 선행되어야 한다.

다) 유대감 및 공감대 형성하기

화자는 청중과의 심리적 결속을 다지기 위해 공감대를 형성할 수 있는 주제를 선정하거나 심리적 거리를 가깝게 하는 단어들을 사용한다. 공감대를 형성하는 주제를 선정하기 위해서는 청중과 함께 공감할 수 있는 시간적, 문화적, 상황적 배경 등을 고려하는 방법이 있다.

> **우리 세대는**, (손을 꼽으며)지금 2G, 3G, 4G의, 과도기를 지난 세대입니다.(청중들의 웃음) **우리는**, 다 겪었어요. 그래서 **우리는** 2G폰의 문자 메시지도 쓰고 어, 3G 혹은 4G의 어, 카카오톡 둘 다 써봤어요. 〈7-탁ㅇㅇ-스피치 전사자료〉

위의 학생은 '우리'라는 표지어를 반복적으로 사용하면서 스피치의 내용을 화자 자신만이 아닌 공동의 관심 주제로 느낄 수 있도록 한다. 또 메시지 사용이라는 주제를 비슷한 연령대인 청중들이 함께 공유하는 소재로 활용하여 유대감을 형성하기 위해 노력한다.

3) 청중의 주의 끌기 전략

스피치의 과정이 상호교섭적이라는 관점에서 청중이 스피치에 관심을 가지고 경청하는 것은 매우 중요하다. 스피치에 흥미를 잃은 청중은 산만하거나 집중하지 못하는 태도를 보이게 되고, 이는 곧 화자의 스피치에 대한 자신감을 떨어트리고 말하기 불안을 증폭시키는 주된 요인이 되기도 한다. 반대로 청중이 스피치에 관심을 가지고 호응한다면 스피치의 분위기가 더욱 활성화 될 것이다. 따라서 화자는 스피치의 과정에서 청중의 주의를 스피치 상황으로 불러들이기 위해 다양한 전략을 구사할 수 있다.

가) 청중 불러들이기와 주의 환기시키기

스피치를 하는 도중 화자가 의도적으로 청중을 언급하거나 특정한 사람, 사물 등을 지칭하면 화자에게 청중의 주의가 집중되게 된다. 이러한 전략은 교사가 수업 시간에 학생들을 수업에 집중시키기 위해 학생의 이름을 부르는 것과 유사한 방법이다.

> 고등학교 때 기숙사 여러 얘기를 할까, 아니면 뭐 교수님들 얘기를 할까 해서(박수를 치며) 교수님 따라 할까 뭐**(앞에 계신 교수님을 가리키며) "김○○ 선생님~" (손을 모아 잡고)** 이런 고민을 했는데(···) 〈8-김○○-스피치 전사자료〉
>
> **자, 여러분,** 어 (손가락으로 표시하며)10년 전에 **여러분** 주변에 있던 사람들과, (손을 옆으로 움직이며)5년 전에 **여러분** 주변에 있던 사람들, 그리고 지금 현재 **여러분** 주변에 있는 사람들을 떠올려보면, 많은 변화가 있지 않았나요? 〈9-윤○○-스피치 전사자료〉

<학생 8>은 스피치에 참여하고 있는 청중을 직접 가리키거나 청중 가운데 한 명의 이름을 언급함으로써 청중의 주의를 스피치로 불러들이고 있다. 이와 유사하게 <학생 9>는 '여러분'이라는 표현을 반복적으로 사용하여 스피치의 내용과 청중들을 연결지음으로써 자연스럽게 청중의 주의를 환기시키고 있다.

나) 보여주기와 시연하기

화자는 청중의 적극적인 관심을 유도하기 위해 구체적인 실물 자료를 가지고 오거나 재연 또는 시연을 하기도 한다. 구체물을 사용하는 경우 청자의 시선을 끄는 동시에 스피치에 내용에 대한 청자의 이해도를 높이는 효과도 얻을 수 있다.

> **이것이 바로 그렇게 해서 완성되어진 (학급문집을 청중들에게 보여주며)저희 반 학급문집인데요(청중의 놀람),** 내용도 있고 맨 뒤에 보시면 우리 반 금은동메달 뽑는 것도 했었어요(학급문집을 펼쳐서 청중에게 보여주며) 〈10–김ㅇㅇ–스피치 전사자료〉
>
> 저는 이제 판촉, 맛있는 참 서포터즈를 하고 있어요. 이제 판촉이란 무엇인가 하면 이제 고객들이 저의 상품을 구매하도록 설득하고 유도하는 그런 역할을 하고 있거든요.(중략)제가 **실제로 보여주려고 이제 준비했는데** (가방에서 준비물을 꺼내며) 도와주실 분이 계신가요? (외투를 벗어 유니폼을 보여주고 준비물을 건넨다.) 이렇게 술을 먹고 있으면. (알바 예시를 보여준다.) **"아, 안녕하십니까. 저, 실례하겠습니다.** 저 맛있는 참에서 나왔습니다. 지금 톡소다 아직 안 까셨는데 맛있는 참 먹는 분께 룰렛이벤트를 통해서 상품을 드리고 있거든요. 네. 혹시, 맛있는 참 한 병 먹고 상품 받아 가시는 거 어떠십니까?" 〈11–이ㅇㅇ–스피치 전사자료〉

<학생 10>은 자신의 6학년 때 선생님과 함께 만든 문집을 소개하는 장면에서 직접 문집을 가져와 보여주었다. 실제 스피치 과정에서도 청중의 관심을 끌었고, 스피치 후 평가에서도 시각적인 자료 제공에 대해 긍정적으로 평가하였다. <학생 11>은 주류 판촉 아르바이트를 한 본인의 경험을 소개하면서 경품을 가지고 와서 판촉 행사를 하는 장면을 시연하면서 청중을 직접 시연상황에 불러들여 청중이 보다 적극적으로 스피치에 참여할 수 있는 기회를 제공했다.

다) 유머 구사하기

화자는 스피치 중에 의도적으로 웃음을 유발하는 유머를 구사하여 스피치 상황에 대한 긴장을 이완하고 청자들이 스피치를 재미있었다고 느낄 수 있도록 한다. 하지만 유머를 구사하는 전략의 경우 평소에 화자 스스로가 유머 구사하기에 어느 정도 능한지를 충분히 판단해 본 후 사용할 필요가 있다.

> 본인이 경험한 내용을 웃기게 구성하여 재미있었다/ 최고 웃김/ 내용이 재미있었다/ 말을 재미있게 했다/ 흥미로운 이야기를 재연해서 재미있었다/ 이야기가 재미있어서 웃으면서 들을 수 있었다. 〈12–김ㅇㅇ–동료평가 자료〉

<학생 12>는 자신의 경험을 실감나게 재연하고 자신의 우스꽝스러운 사진자료를 준비

하여 청중들로 하여금 웃음을 유발했다. 그 결과 동료평가에서도 스피치에 대한 긍정적인 반응이 드러났다. 화자의 의도와 같이 많은 청중들이 <학생 12>의 스피치에 재미를 느끼고 긍정적으로 평가하였다. 이처럼 스피치에서 유머러스한 표현을 적절히 활용하는 것은 효과적인 스피치를 지원할 수 있는 좋은 방법이 될 수 있다.

라) 수사적 질문하기

수사적 질문이란 실제로 청중의 대답을 전제로 하는 것이 아니라 수사학적 효과를 위하여 사용하는 의문문 형태의 발화를 말한다. 형태적으로는 질문처럼 보이지만 화자는 실제로 청중의 대답을 기대하기보다 청중의 관심을 끌기 위한 전략으로 수사적 질문을 사용한다.

제목에서도 아시다시피, 무엇일까요?(잠시 멈춘 후, 청중들의 대답) 네, 맞습니다. 등산입니다. **네, 그 이유가 궁금하시죠?** 그럼, 지금부터 제 이야기에 귀를 잘 기울여 주시기 바랍니다.
〈13-김ㅇㅇ-스피치 전사자료〉

<학생 13>이 말한 '궁금하시죠?'라는 발화는 의문문의 형태를 띠고 있다. 하지만 실제로는 화자로부터 질문에 대한 유의미한 대답을 기대하였다기보다는 청중의 관심을 끌어들이기 위한 수사적 기능을 의도하여 질문한 것이다.

4) 청중과의 상호작용 전략

일상적인 대화 상황에서 우리는 의식하지 않더라도 상대방과 언어적, 비언어적인 요소들을 활용하여 적극적으로 상호작용하며 대화를 전개한다. 하지만 공식적 의사소통 상황에서는 청중이 의사소통의 상황에 개입한다 할지라도 주로 화자의 주도하에 대화가 전개되기 때문에 이러한 상호작용이 다소 제한적이다. 따라서 화자는 스피치 중에 청중과의 상호작용을 활성화하려는 의도를 가지고 언어적·비언어적 표현을 전략적으로 활용하여 청중의 참여도를 높이고자 한다.

가) 눈 맞춤하기

눈 맞춤(eye-contact)은 비언어적 의사소통 중에서 스피치에서 화자가 흔히 사용할 수 있는 상호작용의 방법 중 하나이다. 앞서 4장의 비언어적 의사소통에서도 살펴보았듯이 얼굴 표정 중 눈은 많은 감정을 전달한다. 화자는 청중과의 눈 맞춤을 통해 청중에게 소통하고 있음을 암시하기도 하고 청중의 내용 이해 정도를 확인하기도 한다.

> 실제 발표 때 카메라보다 뒤에 앉아 있는 여학생들을 중심으로 시선을 처리하였는데, 특히 **뒤쪽 에 있는 여학생들의 호응이 좋았기 때문이다.** 반면 남학생들의 표정은 무표정이거나 피식하고 웃는 표정이 대부분이었는데, **밝은 표정을 본 후의 심리적 안정감이 아니었다면 이번 스피치는 큰 수렁에 빠졌을 것이다.** 〈14-최ㅇㅇ-자기평가 자료〉

<학생 14>는 자기평가에서 눈 맞춤을 통한 청중과의 소통을 통해 자신의 스피치에 대한 안정감과 자신감을 얻었음을 알 수 있다. 공식적 스피치의 상황에서 청중의 시선은 화자를 불안하게 하기도 한다. 하지만 청중들은 화자와의 눈 맞춤을 통해 소통하고 있음을 느낀다. 이때 청중의 눈을 뚫어져라 쳐다보는 것은 청중에게 부담을 느끼게 할 수 있으므로 시선을 고루 두거나 눈과 눈 사이의 이마 정도의 위치에 시선을 두는 것이 적당하다.

나) 휴지두기

스피치 도중 스피치의 내용을 잊어버렸다거나 호흡을 하기 위해 의도치 않게 쉬어갈 때가 있기도 하지만 스피치의 완급을 조절하거나 순간적으로 청중에게 긴장을 유발하여 스피치에 집중하도록 의도적으로 휴지(pause)를 두는 경우도 있다. 이 경우 스피치 연습단계에서 어떤 부분에서 잠시 쉴 것인지 미리 정해두는 것이 좋다.

아무리 노력하고 99초 동안 노력해도 마지막 일분**(손가락으로 표시하며 잠시 멈춤)**, 마지막 일분을 넘지 못하면 다른 세계에 도달할 수가 없다는 거예요. 저는 그거를 보고**(잠시 멈춤)**, 제가 항상 도전보다는 포기나 안주에 더 익숙했던 것 같아서 굉장히 **(느리게)**힘들었었어요. 〈15–김ㅇㅇ–스피치 전사자료〉

지금부터는 문제점 및 개선 방안을 살펴보자. 첫째, 말이 빠르고 휴지가 너무 짧다는 것이다. 말이 빠르다는 것은 다양한 문제를 수반한다. 우선 내가 원하고자 하는 바가 잘 전달될 수 없다. 또, 발표가 너무 빠르게 진행돼서 흐름이 있기 보다는 쏘아붙이는 느낌을 줄 수 있다. 필요한 부분은 빠르게 진행하더라도 그렇지 않은 부분은 조금 템포를 늦출 필요가 있다. 이 부분은 내가 계속 지적을 받아왔던 점이라 이번 발표에서 최대한 천천히 하려고 했는데 잘 안된 것 같다. 다음에는 **휴지를 제대로 사용해서 글의 흐름을 조절하고 말도 좀 더 천천히 해야겠다.** 〈16–김ㅇㅇ–자기평가자료〉

위의 <학생 15>는 스피치를 정리하는 과정에서 의도적으로 잠시 멈추어 자신이 말한 내용을 강조하였다. 또 <학생 16>은 자기평가에서 자신의 스피치에서 말의 빠르기가를 빨랐던 점을 반성하며 다음에는 휴지두기를 통해 스피치의 빠르기를 조절하고자 함을 알 수 있다. 스피치에서 휴지는 화자가 스피치 과정을 점검할 수 있게 하고, 청중이 화자가 전달하는 메시지에 대해 생각할 수 있는 기회를 제공한다.

다) 질문하기

화자는 청중에게 대답을 요구하는 질문을 던져 청중이 직접 스피치에 참여하게 하기도 한다. 화자가 청중에게 질문을 하고 청중이 이에 대답하는 과정은 화자가 청중과 소통하기 위해 주로 사용하는 방법이다. 이때 스피치 중 즉석에서 질문을 하고 이에 화자가 응답하는 경우도 있지만, 스피치 전 단계에서 질문에 대한 청자의 예상 반응을 예상해 둔다면 질문에 보다 유의미한 응답을 하며 자연스럽게 스피치를 이어갈 수 있을 것이다. 또 질문한 다음에는 약간의 휴지를 두어 청중에게 대답을 준비할 시간을 부여하는 것이 좋다.

이제 발표하기에 앞서 자신이 흔하지 않은 알바 경험이 있다 하시는 분 손, (손을 들며) **있으신 가요?** (손 든 청중1을 가리키며) 어, 뭐하셨어요? (청중: 오션월드.) (엄지를 치켜 들며) 아~ 멋 있습니다. **또 다른 분?** (손 든 청중2를 가리키며) (청중: 김공장이요.) 어~ 김공장. (손 든 청중 3을 가리키며) **또?** (청중: 웨이터) 아 웨이터, (손으로 제지하며) 어~ 너무 많으면 안돼요. 여기까지 잘 들어보았습니다. 다 듣고 싶지만… 네, 제가 이 이야기를 왜 했냐 이제 저도 저의 알바 이야기를 하고 싶어서 이렇게 시작하게 되었습니다.
〈17–이ㅇㅇ–스피치 전사자료〉

<학생 17>은 청중에게 아르바이트에 대한 다양한 경험을 물어보면서 화자가 궁금한 점을 청중에게 물어보고 청중의 참여를 유도하고 있다. 이를 통해 화자는 청중을 스피치에 자연스럽게 개입하게 하면서 소통 효과를 유발한다.

라) 공감적 응대하기

화자는 청중에게 질문을 던진 뒤 청중의 대답이나 반응에 적절한 피드백을 제공하며 공감적으로 응대한다. 이때 공감적 응대는 "네 감사합니다." 와 같은 언어적인 피드백뿐만 아니라 웃음이나 박수와 같은 비언어적인 요소들도 포함한다.

예, 그러면 제가 여기 다이어트가 힘드니까 하지마라 포기해라 (오른손을 살짝 들었다 놓으며) **이렇게 말하려고 나왔을까요? (청중들의 아니라는 대답) 네, 절대 아니죠**(검지 손가락을 좌우로 흔들며) 〈18–곽ㅇㅇ–스피치 전사자료〉

<학생 18>은 청중의 "아니오"라는 대답에 "네, 절대 아니죠."라고 청중의 반응을 반복하며 청중과 화자의 생각이 일치한다는 것을 보여주며 공감적으로 응대하고 있다. 이와 같은 화자의 공감적 응대를 통해 청중과의 심리적 유대감을 형성하고 함께 호흡하며 스피치를 전개할 수 있다.

5) 소통 효과 유발 전략

스피치를 통해 화자와 청자가 얻고자 하는 것은 청중에 대한 설득이나 화자의 스피치를 통한 유익한 정보의 습득이 될 수도 있지만 궁극적으로는 서로 소통하고자 하는 것이다.

따라서 화자는 스피치의 과정에서 청중에게 소통의 효과를 유발하는 여러 가지 전략들을 사용한다.

가) 정체성 드러내기

6장의 대인관계이론 중 자기노출 이론에서 살펴본 바와 같이 사람들은 자아(self)를 노출하여 대인관계를 발전시켜 나간다. 스피치에서도 이와 마찬가지로 화자가 의식적이든 무의식적이든 자아를 청중에게 노출하여 정서적 거리를 좁히고 스피치에 진정성을 더하는 역할을 한다.

저는 이제 아버지에 대한 얘기를 하고자 하는데요. 얘기를 하기 전에 (손으로 가리키며) 교수님과 (두 손을 펼치며) 여러분께 (다시 두 손을 모으고) 한 가지 양해를 구하고자 합니다. (왼쪽 사람들은 보며) 아버지께 통화를 연결한 후 해도 되겠습니까? (시선을 아래쪽으로) 네 평소에 하고 싶었던 (다시 정면을 보며) 말들이 있었는데 (시선을 아래로 했다가 다시 정면으로 하며 살짝 웃으며) 직접 전하지 못한 말들이 있어서 (휴대폰을 집으려고 하며) 전하려고 합니다. 〈19–최ㅇㅇ–스피치 전사자료〉

저는 (청중들을 가리키며)이 중에 **저와 같은** 분들이 많으.. (고개를 갸웃하며) 많으려나?(청중들의 웃음) 잘 모르겠는데, **저는** 아직까지도 교대에 온 것을 후회할 때가 굉장히 많아요. 〈20–최ㅇㅇ–스피치 전사자료〉

<학생 19>는 자신의 아버지에 대한 이야기를 전화를 연결하고, <학생 20>은 대학생활에서 힘들었던 자신의 경험을 진술하게 전함으로써 청중에게 공감을 이끌어냈다. <학생 20>처럼 자신의 경험을 솔직하게 이야기할 때 청중은 스피치에서 진정성이 느껴진다고 평가하였다.

나) 비언어적(준언어적) 요소 활용하기

스피치를 하는 동안 화자는 언어적인 소통 이외에 많은 비언어적(준언어적) 요소들을 활용하여 청중들과 소통하고자 한다. 이때 화자 스스로 본인의 비언어적(준언어적) 언어의 사용 실태를 면밀하게 파악하여 소통의 효과를 감소시키는 요인들(예를 들면 다리 떨기, 불필요한 접두어의 사용, 손톱 뜯기)은 제어하고 소통의 효과를 극대화하는 요인들(억양, 강세, 시선 등)은 적절한 시기에 적용하여 스피치의 효과를 높일 필요가 있다. 이를 위해 스피치 연습 단계에서 본인의 연습 영상을 녹화하여 분석해 보는 것도 좋은 방법이 될 수 있다.

> 하지만, **스피치를 할 때 비언어적인 요소를 신경 쓰지 못하고 잘 활용하지 못했을 뿐더러, 자세가 많이 경직되어 있어** 듣는 데 불편해했던 청자도 있었다. 〈21-김ㅇㅇ-자기평가 자료〉
>
> **목소리가 조금 작고…/목소리가 차분하고 좋았지만 소리가 조금 작았다./목소리가 작고 집중이 잘 되지 않았다./목소리가 조금 작은 것 같다.**/조금 빠른 듯하다. 〈22-정ㅇㅇ-동료평가 자료〉

<학생 21>은 비언어적 요소가 청중과의 상호작용에 영향을 미치는 것으로 인식했지만 제대로 활용하지 못했다고 자기 평가하였고, <학생 22>에 대해서는 준어적 요소들에 대해 '목소리가 작아서 집중이 잘 되지 않았다'고 동료들이 평가하였다. 이처럼 비언어적 요소와 준언어적 요소과 적절하게 활용된 경우 스피치의 소통 효과를 유발하지만, 반대로 적절하게 사용하지 못할 경우 부정적 영향을 미칠 수 있다.

다) 대화체 구성하기

스피치에서 화자는 제3자의 말을 인용하거나 명언, 속담 등을 활용하여 메시지의 신뢰성을 높이는 방법을 사용하기도 한다. 메시지를 대화체의 형태로 구성하는 것은 소통의 효과를 나타내기 위해 정보를 구조화하기 위한 하나의 담화 전략이다(Tannen, 1989).

> 제가 **원효대사의 한마디 하겠습니다. '모든 일은 생각하기에 달렸다'** 여러분들도 지금 절박한 상황에 처해 있다면 긍정적인 마음으로 그 일에 다가가시길 바라겠습니다. 감사합니다.(고개숙여 인사.) 〈23-이ㅇㅇ-스피치 전사자료〉
> 제가 인터넷을 찾아보다가 **아일랜드의 문학인 조지 버나드쇼라는 사람이 있는데 그 사람의 묘비명에는 어 '우물쭈물하다가는 아무것도 못 한다'라는 글귀가 있습니다.** 어 이 말은 후회하는 일을 만들지 말고 자기가 하고 싶은 일을 하고 살아 라는 의미인데요. 〈24-현ㅇㅇ-스피치 전사자료〉

<학생 23>과 <학생 24>는 각각 원효대사 말과 조지 버나드쇼의 묘비명을 인용하며 스피치를 마무리 하고 있다. 스피치의 마무리 단계에서 인용을 사용하는 경우 청중의 관심을

한 번 더 집중시키고, 인용에 대한 해석을 근거로 화자의 주장을 정리할 수 있는 효과가 있다.

라) 메타 커뮤니케이션

메타 커뮤니케이션(meta-communication)은 주로 스피치의 도입 부분이나 마무리 부분에서 스피치 전체의 주제, 구조, 내용의 요약 등을 언급하면서 스피치의 진행을 원활하게 하고 스피치에 대한 청중의 이해를 돕는 역할을 한다.

> 여러분 혹시 주식하시는 분 있으신가요?(한 손을 들며) **저는 주식을 하는데 어떻게 시작하게 됐는지 현재 상황이 어떤지 말씀드리도록 하겠습니다.** 〈25-동ㅇㅇ-스피치 전사자료〉
>
> **지금까지 제가 소녀시대가 우리나라를 대표하는 가수로 발전해 가는 과정에 대해서 말씀해 드렸습니다.** 저는 소녀시대가 이렇게 최고에 올라선 이유에는 많은 요인도 있고, 어떤 부분에서 운도 따라준 부분도 있겠지만 무엇보다, 변화와 도전을 두려워하지 않는 마음이 가장 큰 이유라고 생각합니다. 〈26-김ㅇㅇ-스피치 전사자료〉

<학생 25>는 스피치의 도입 단계에서 자신의 스피치 주제를 소개함으로써 청중에게 스피치의 내용을 안내하는 경우이고, <학생 26>은 스피치의 마무리 단계에서 자신의 스피치 내용을 환기시키며 정리하는 경우이다. 위의 예시처럼 도입 단계에서는 주로 전개 단계에 제시될 스피치 내용을 소개하고, 정리 단계에서는 스피치 내용을 정리하는 메타 커뮤니케이션이 나타난다.

공식적 상황에서의 말하기는 비교적 '준비된' 상태에서 이루어지는 말하기임에도 불구하고 많은 화자들은 스피치에 대해 어려움을 느낀다. 스피치에 어려움을 느끼게 하는 요소들로는 말하기 불안, 주제의 선정, 청중과의 소통 등으로 다양하다. 하지만 화자가 사전에 스피치 전, 중, 후의 상황에서 겪을 수 있는 다양한 어려움에 대해 면밀하게 분석하고 효과적으로 대처하며 청중과 소통할 수 있는 자신만의 전략들을 구축하면 '좋은 스피치'를 수행할 수 있을 것이다.

탐구 및 실습

1. **스피치 원고 작성** 교사로서 교단에서 학생들 앞에 처음 서게 된 날이라고 가정해 보고, 첫 날, 첫 시간 학생들에게 할 이야기를 원고로 작성해 봅시다.

가. 첫 날, 첫 시간 학생들에게 어떤 이야기를 하면 좋을지 생각해 봅시다.

나. '첫 날 스피치(First Day Speech)' 원고를 작성해 봅시다.

2. **스피치 분석** 3분 스피치의 전사자료를 보고 해당 스피치의 주제와 특징을 분석해 봅시다.

> 시작할까요? 안녕하세요.(쓰읍) 여러분 다들 치킨 좋아하시나요? (청중들: 네~)
>
> 저도(가슴에 손을 얹고 시선을 아래로, 수줍게 웃음을 띄며)참 좋아하는데요.(쓰읍)(머리를 귀에 꽂는다)
>
> 어..치킨이 정말 먹고 싶은(두 손을 바깥으로 펼치며) 새벽에(시선이 오른쪽 위로) 치느..치느님을 영접하고 있다고 (양손을 펼쳐 공중에서 흔들며)생각을 한번 해보세요.(청중바라보다 시선 아래로 향함)(두 손을 모아 쥔 채로 강조할 때마다 흔들면서)어.일단 말 한마디 없이 일단 미친 듯이 먹잖아요. 왜.몰입! 이런 책 백날 읽어도 안되던 게 치킨먹을 때는 자동으로 나와요. 몰입이.
>
> (여전히 두 손 모아 잡은 채로 위아래 흔들며)반면에 오늘은 아침은 닭죽. 점심에는~ 찜닭 저녁에는 하나치킨을 먹었어요. 근데 야식으로 룸메가 치킨을 먹자고해요. 그럼 일단 먹기는 먹는데, 뭔가 몰입이 안되죠. 그리고 평소의 나와는 달리!(두 손을 깍지껴 가슴에 얹고) 최선을 다해서 먹지 않게 되고.(시선이 위로 향했다 내려옴) 왠지 다 딴생각을(두 손을 바깥으로 펼치며) 하게돼요. 그리고 계산할 때도 아 뭔가 아쉽고(두 손을 모음) 후회가 남아요.
>
> 치킨에 비유해서 이런 말을 했지만(시선이 위로 향했다 내려옴), 사실 내가 원하는 일을 할 때와, 외부에 주어져서 억지로 어떤 일을 할 때의 가장 큰 차이도 이거 같애요. 어, 내가 원하는 일을 할 때는 몰입하기가 쉽고(모은 두 손을 강조할 때마다 흔듦), 그 과정에서 최선을 다한다는 거에요.
>
> (모은 두 손을 강조할 때마다 흔듦)(시선 위로 향했다 내려옴)사실 저한테는 교대가 두 번째 대학이거든요. (근데-아주짧게)첫 번째 대학생활을 할 때는, 제 마음의 소리보다는 외부에서 들려오는 말들, 뭐

왜 부모님, 이런 외부요인에 초점을 맞춰서 살았던 거 같애요. 그러다보니까 전공수업 때도 크, 크게 몰입을 하지 못했어서, 날씨가 좋으면은 아, 이 판례에서 이 법률행위가 무효임을 내가 왜 알아야 될까.. (웃음을 띄며) 막 이런 생각부터 시작해서 계속 딴생각을 하고, 그.. 4년이라는 대학생활을 그냥 흘러가는 시간 속에 둥둥 떠다니면서 살았던 것 같애요. (계속해서 모은 두 손을 강조할 때마다 흔듦) 그런데, 어 제가 원하는 걸 찾기 시작하고(시선이 아래로 향함) 교육, 선생님이 되려고 교대를 왔는데, 지금은 제가 노를 잡고 저어간다는(두 손을 주먹쥐고 노 젓는 듯한 제스처) 의식을 갖고 사는 것 같아요. 물론 작년에 뜀틀 막 옆돌기(시선이 위로 향함) 이런거 하면서는 하 내가 이걸 왜 하고 있지 이런 생각 안한 건 아니지만(웃음을 띄면서). 어, 그래도 내가(두 손을 가슴에 얹고) 좋은 선생님이 되겠다는 내가 부여한 동기를 가지고 있고, 그걸 떠올리면서(모은 두 손을 강조할 때마다 흔듦) 뭔가 배울 때는 몰입이 쉬워지는 거 같애요. (모은 두 손을 강조할 때마다 흔듦) 또 원하는 방향이니까 최선을 다하기도 쉬워지고,(시선이 위로 향했다 내려옴) 최선을 다하고 산다고 생각하면 자기자신이 떳떳해지는 게 가장 좋은 점 같애요. (쩝) 어...그래서...(시선이 아래로 향하며, 주춤)어...우리가 모두 대학생활 4년이란 대학생활이 모두 똑같이 부여된 거 같지만(양 손을 펼쳐 좌우로 청중을 가리키다, 다시 두 손을 모으고) 정말 치킨이 땡기는 날 치킨을 먹을 때처럼, 자기가 그 순간의 의미와 가치를, 온전히 느끼면서 살아가는 시간은 다 달라지게 될 거라고 생각을 하거든요. 그리고 그걸 결정짓는 가장 중요한 요소는, 다른 사람의 얘기가 아니라, 자기가 정말 원하는 게 뭔지 알고, 그 방향대로 살아보는 것이라고 생각을 합니다. 그래서 여러분 우리가 (웃음을 띄며) 우리 먹을 때든 놀 때든 공부할 때든 연애할 때든(모은 두 손을 강조할 때마다 흔듦) , 어 그런..(시선이 아래로 잠시 머뭄) 흘러가는 시간이 아니라(두 손을 펼쳐 좌에서 우로 움직이면서)자기가 특별한 의미를 부여할 수 있는 시간들을(두 손을 모은 채로) 많이 만들 수 있도록 노력을 합시다. 네, 제 이약, 이야기는 여기까지입니다. (박수)

가. 위 스피치의 주제와 특징에 대해 간단하게 써 봅시다.

① 주제:

② 특징(내용구성, 언어적 표현, 비언어적 요소, 준언어적 요소 등):

나. 위 예시에서 사용된 청중을 고려한 스피치 전략에는 어떤 것들이 있는지 말해 봅시다.

3. **스피치 평가 연습** 다른 사람의 강연이나 스피치 영상을 본 뒤 여러 가지 방법으로 평가해 봅시다. 그리고 각 평가 방법에 장단점을 비교해 봅시다.

가. 분석적 평가의 방법에 따라 스피치를 평가해 봅시다.

화자	평가 내용	점수	총점 (20점)
	1. 내용 선정이 적절한가?	0, 1	
	2. 내용이 논리적이고 일관성 있게 구성되고 조직되었는가?	0, 1, 2	
	3. 주제가 명확하고 의도한 내용이 잘 드러났는가?	0, 1, 2	
	4. 발음이 정확하고 내용 전달이 잘 되는가?	0, 1, 2	
	5. 어휘나 문장 사용이 적절한가?	0, 1, 2	
	6. 준언어적 요소(목소리 크기, 빠르기, 어조 등)가 적절한가?	0, 1	
	7. 비언어적 요소(몸동작, 표정, 자세, 시선 등)가 적절한가?	0, 1	
	8. 완급을 조절하며 여유 있게 말하는가?	0, 1, 2	
	9. 자신감 있고 열의 있는 태도로 말하는가?	0, 1, 2	
	10. 청중의 주의를 끌고 반응을 적절하게 이끌어 냈는가?	0, 1, 2	
	11. 청중의 반응을 적절히 수용하며 말하였는가?	0, 1, 2, 3	

나. 총체적 평가 방법에 따라 스피치를 평가해 봅시다.

평가 내용	내용 구성(주제, 내용 선정, 조직), 표현 및 전달(발음, 어휘, 문장, 준언어, 비언어, 태도), 청중과 상호작용(반응 유도, 반응 수용)	
화자	**점수 (20점)**	**특징**

다. 절충적 평가 방법에 따라 스피치를 평가해 봅시다.

<table>
<tr><td rowspan="3">평가 내용</td><td>내용 구성</td><td colspan="3">주제, 내용 선정, 내용 조직</td></tr>
<tr><td>표현 및 전달</td><td colspan="3">발음, 어휘, 문장, 준언어적 요소, 비언어적 요소, 속도, 태도</td></tr>
<tr><td>청중과 상호작용</td><td colspan="3">청중의 주의(반응) 유도, 청중의 반응 수용</td></tr>
<tr><th>화자</th><th>내용 구성
(5점)</th><th>표현 및 전달
(10점)</th><th>청중과 상호작용
(5점)</th><th>총점
(20점)</th></tr>
<tr><td></td><td></td><td></td><td></td><td></td></tr>
<tr><td>특징</td><td colspan="4"></td></tr>
</table>

라. 스피치를 평가하면서 들었던 생각이나 느낌을 중심으로 각 스피치 평가 방법의 장단점에 대해 이야기해 봅시다.

제9장

학교 의사소통

> 교실에서의 의사소통은 다양한 목적을 지닌 사람들이 의미를 교환한다는 점에서 일상 의사소통과 공통점이 있습니다. 하지만 가르침과 배움이 일어나는 교실이라는 공간에서, 교사와 학생이 소통의 주체가 된다는 점에서 일상 의사소통과 차이점도 있겠지요. 교실에서 이루어지는 의사소통의 또 다른 특징은 어떤 것이 있을까요?

학교 의사소통을 교육적 관점으로 초점화 할 때 학교에서는 학생들이 다양한 맥락에서 의사소통하는 방법에 대해 가르치기도 하고, 교육적 목적을 가지고 동료 교사, 학부모 등과 다양한 방법과 전략을 사용하여 의사소통하기도 한다. 즉, 학교 의사소통은 크게 의사소통에 관한 내용을 가르치는 '의사소통 교육'과 학생 교육과 직·간접적으로 관련된 '교육 의사소통'으로 구분할 수 있다. 이 장에서는 위의 두 범주를 중심으로 학교 의사소통에 대해 살펴보도록 한다.[1)]

1. 의사소통 교육

인간은 듣고 말하는 것을 따로 배우지 않아도 사회적 환경 속에서 자연스레 습득하게 된다. 그러나 의사소통은 상대방과 함께 의미를 구성하는 것이며 이는 단순히 듣고 말하는 것 이상의 능력을 필요로 한다. 의사소통은 다층적이고 다차원적이며 여러 상황맥락 속에서 이루어진다는 점에서 체계적으로 교육할 필요가 있다. 무엇보다 의사소통은 인간의

---

1) 교육 의사소통은 교사의 말하기에 주목하는 교사화법과 학습 과정에서의 교사-학생, 학생-학생 간 대화를 의미하는 학습대화로 나누어 볼 수 있다. 전자는 이 장에서, 후자는 10장 소집단 의사소통에서 다루도록 한다.

삶 자체로 볼 수도 있을 만큼 삶과 밀접한 관련이 있으므로 학생들이 의사소통과 관련된 지식, 기능, 태도 등을 습득하고 다양한 상황 맥락에서 그것을 활용할 수 있는 능력을 함양하도록 할 필요가 있다. 학교에서의 의사소통 교육은 국어과에서 다루는 '듣기·말하기 교육'과 학교 교육 전반에서 이루어지는 '범교과적 음성언어 교육'으로 대별된다.

가. 듣기 · 말하기 교육

학교에서의 의사소통 교육은 국어과의 듣기·말하기 교육으로 대표된다. 듣기·말하기 교육의 목표는 학습자들이 다양한 상황과 맥락에서 의사소통하는 데 필요한 방법을 익혀 생활 속에서 실천할 수 있는 역량을 함양하도록 돕는 것이다. 이를 위해 학습자들에게 무엇을 어떻게, 어떠한 수준으로 가르쳐야 하는지에 대해 교육과정에 명시하고 있다.

교육과정에서는 학생들이 학습해야 할 핵심 개념과 일반화된 지식과 교육의 결과로써 학생들이 함양하게 될 능력으로서의 기능이 무엇인지에 대해 내용 체계의 형태로 제시한다. 2015 개정 국어과 듣기·말하기 영역의 내용 체계에서는 '구어 의사소통의 본질', '목적에 따른 담화 유형', '듣기·말하기의 구성 요소', '듣기·말하기 태도'를 핵심 개념으로 설정하고 있다. 또한 다양한 담화 유형에서 요구되는 듣기·말하기 방법과 태도에 대한 이해와 제반 음성언어 사용 기능을 신장하기 위한 내용 요소를 다룬다.

듣기·말하기 교육의 목표는 학생들이 듣기·말하기의 수행 과정에 필요한 '표현', '이해', '상호교섭', '점검 및 조정' 능력을 함양하여 삶 속에서 실천하도록 돕는 것이다. 이와 같은 목표는 교육과정 내에서 반복과 심화의 원리에 따라 기초적인 수준에서 심화된 수준까지 교육내용으로 구성된다. 즉, 각 학교급과 학년군에서는 '표현', '이해', '상호교섭', '점검 및 조정' 능력 신장을 목표로 하되 점진적으로 심화되는 수준의 교육 내용을 다룬다.

한편, 교육 내용은 수행문의 형태로 구체화되어 성취기준으로 제시된다. 성취기준은 학습 결과로서 학생들이 도달해야 할 지점을 의미하며 지식, 기능, 태도를 포괄하는 의미를 내포한다. 이 절에서는 학습 결과로서 학생들이 도달해야 할 지점을 의미하는 성취기준을 중심으로 초등학교 학생들의 학년군별 듣기·말하기 교육의 내용과 수준에 대해 살펴본다.

1) 듣기 · 말하기 영역 1~2학년군 성취기준

[2국01-01] 상황에 어울리는 인사말을 주고받는다.
[2국01-02] 일이 일어난 순서를 고려하며 듣고 말한다.
[2국01-03] 자신의 감정을 표현하며 대화를 나눈다.
[2국01-04] 듣는 이를 바라보며 바른 자세로 자신 있게 말한다.
[2국01-05] 말하는 이와 말의 내용에 집중하며 듣는다.
[2국01-06] 바르고 고운 말을 사용하여 말하는 태도를 지닌다.

초등학교 1~2학년 듣기·말하기 교육은 타인과의 상호작용에 필요한 기초적인 듣기·말하기 능력을 갖추는 데 중점을 둔다(교육부, 2015). 1~2학년군에서는 특히 비공식적 의사소통 상황에서의 기초적인 의사소통 능력을 갖추는 것에 초점을 둔다. '자신 있게 말하고 집중하며 듣는 것'과 같이 기본적인 듣기·말하기 태도를 갖추도록 하는 것과 '일이 일어난 순서를 고려하는 것'과 같이 기본적인 논리적 사고력을 기르는 것을 목표로 삼고 있다.

2) 듣기 · 말하기 영역 3~4학년군 성취기준

[4국01-01] 대화의 즐거움을 알고 대화를 나눈다.
[4국01-02] 회의에서 의견을 적극적으로 교환한다.
[4국01-03] 원인과 결과의 관계를 고려하며 듣고 말한다.
[4국01-04] 적절한 표정, 몸짓, 말투로 말한다.
[4국01-05] 내용을 요약하며 듣는다.
[4국01-06] 예의를 지키며 듣고 말하는 태도를 지닌다.

초등학교 3~4학년 듣기·말하기 영역 성취기준은 일상생활과 학습에 필요한 기본적인 듣기·말하기 능력을 갖추고 바람직한 듣기·말하기 태도를 생활화하는 데 중점을 둔다(교육부, 2015). 3~4학년 군에서는 이전 학년군에 비해 정보를 인식하고 처리하는 능력을 강조한다. 특징적인 부분은 공식적 의사소통 유형인 회의 담화가 제시된다는 점이다. 이는 3~4학년 수준의 학생들이 규칙과 절차를 지켜 듣고 말하는 의사소통 행위를 수행할 수 있어야 함을 의미한다. 또한 '표정, 몸짓, 말투와 같은 비언어적 표현의 의미와 역할을 다루는 것'은 의사소통에서 언어적·비언어적 표현이 함께 의미를 구성한다는 것을 알아야 한다는 것이며, '인과관계를 고려하고 들은 내용을 요약할 수 있어야 한다는 것'은 논리적인 듣기·말하기 능력을 중요시한다는 것을 의미한다.

3) 듣기 · 말하기 영역 5~6학년군 성취기준

[6국01-01] 구어 의사소통의 특성을 바탕으로 하여 듣기·말하기 활동을 한다.
[6국01-02] 의견을 제시하고 함께 조정하며 토의한다.
[6국01-03] 절차와 규칙을 지키고 근거를 제시하며 토론한다.
[6국01-04] 자료를 정리하여 말할 내용을 체계적으로 구성한다.
[6국01-05] 매체 자료를 활용하여 내용을 효과적으로 발표한다.
[6국01-06] 드러나지 않거나 생략된 내용을 추론하며 듣는다.
[6국01-07] 상대가 처한 상황을 이해하고 공감하며 듣는 태도를 지닌다.

초등학교 5~6학년 듣기·말하기 영역 성취기준은 일상생활과 학습에 관여하는 듣기·말하기의 기초 지식을 습득하고 효과적으로 듣기·말하기 활동을 하는 데 중점을 두어 설정하였다(교육부, 2015). 5~6학년군의 성취기준을 살펴보면, 의사소통의 상호교섭적 측면과 관계적 측면을 강조하고 있음을 알 수 있다. 학습자들은 의사소통 참여자들이 역동적으로 의미를 구성하며 이 과정에서 상대방을 이해하고 공감하는 자세가 필요함을 알아야 한다.

5~6학년 수준의 교육 목표는 상위인지 능력의 신장과도 밀접한 관련이 있다. 청중을 고려하여 말할 내용을 구성하고, 토의·토론 과정에서 의견을 조정하고 종합하며, 구어 의사소통의 특성을 이해하고 소통에 반영할 수 있어야 한다. 이를 위해 의사소통이 일어나는 상황맥락과 상대방을 고려하여 자신의 행위를 점검하고 조정할 수 있는 상위인지 능력이 필수적으로 요구된다.

이처럼 국어과의 듣기·말하기 교육은 일상 생활이나 학습 상황에서 행해지는 다양한 담화 유형의 특징과 담화 수행에 필요한 방법과 기능, 태도 등을 교육 내용으로 다루며, 학년군별 성취기준을 중심으로 이루어진다. 국어과에서 학습 대상으로서 습득한 듣기 말하기 지식과 기능, 태도 등은 범교과적 차원에서 활용 및 적용되는 도구적 성격을 지닌다.

나. 범교과적 음성언어 교육

듣기·말하기 교육을 통해 학습된 능력은 국어 수업 내에서만 전유되지 않는다. 듣고 말하는 행위는 일상 생활과 타 교과의 학습 상황에서도 지속적으로 이루어진다. 이는 듣기·말하기 교육이 지식, 기능, 태도를 가르치는 것에 그치지 않고 내면화하도록 도움으로써 학습자의 실천을 지향해야 한다는 점을 시사할뿐만 아니라, 국어 수업 이외의 범교과적 음성언어 교육의 필요성을 시사한다.

국어과의 중요한 특성 중 하나는 다른 교과의 학습 및 비교과 활동과 범교과적으로 밀접한 관련이 있다는 것이다(교육부, 2015). 이는 곧 다른 교과의 수업 시간에 이루어지는 음성언어 사용 또한 자연히 듣기·말하기 능력의 신장과 관련된다는 것을 의미한다. 국어가 도구 교과로서의 위상을 지니는 이유는 우리가 국어를 사용하여 글을 읽고 쓰며 듣고 말하기 때문이다.

국어 교과에서 학습한 의사소통 유형과 방법, 기능은 다른 교과에서도 활용된다. 발표나 토의·토론과 같은 특정 담화 유형뿐만 아니라, 상대방과 대화하는 방법, 대화 예절과 태도와 같은 대인 의사소통에 필요한 지식, 기능, 태도 또한 국어과에서 학습하여 다른 교과의 학습 과정에서 반복적으로 활용되는 것이다. 이는 듣기·말하기 교육에서 학습한 내용을 적용하는 차원으로 볼 수 있다는 점에서 듣기·말하기 능력의 신장과 연결된다.

창의적 체험활동이나 범교과적 활동의 내용과 맥락이 음성언어 교육과 밀접하게 연관되는 경우도 있다. 언어폭력 예방 교육이나 고운 말 사용하기 캠페인과 같이 음성언어 사용을 개선하기 위한 학교 차원의 활동을 예로 들 수 있다. 또한 음성언어 사용 능력을 적극적으로 활용하고 개발할 수 있는 계기를 제공하는 토의·토론 대회, 스토리텔링 대회 등도 의사소통 교육의 맥락에 포함된다.

이와 같은 범교과적 음성언어 교육은 국어과의 듣기·말하기 교육에서 다루지 않거나 충분히 다루지 못한 부분을 보완할 수 있다. 또한 이러한 활동은 학습한 내용을 적용하고 실천하는 것에 초점을 둔다는 점에서 음성언어 사용 기능의 신장과 태도의 내면화를 도울 수 있다는 의의가 있다.

2. 교육 의사소통

교사의 화법은 수업화법(교사 교실화법), 교육화법(교사 학교화법), 교원화법(교사 사회화법)으로 나누어 볼 수 있다(이창덕 외, 2019). 수업화법은 가장 좁은 의미의 교사화법으로 교실 수업 상황에서 교사가 듣고 말하는 방식이다. 즉, 교사가 교실 수업 맥락에서 교육적 목적을 염두에 두고 수업을 진행하고, 수업에 참여하며 학생들을 관리하는 과정에 사용되는 듣기·말하기 방식이다. 교육화법은 교실 수업을 포함하여 학교에서 학생들을 교육하기 위한 목적과 관련된 의사소통 행위와 방법이다. 교사는 학교에서 수업 이외에도 학생, 학부모와 상담, 생활지도, 교원 간의 협의 등의 업무를 수행하는데, 교육화법은 이와 같은 상황에서의 듣고 말하는 방식을 의미한다. 끝으로 교원화법은 학교 밖 일상에서 교사가 듣고 말하는 방식을 포함한다. 사회 구성원으로서 교사의 신분을 가진 개인이 듣고 말하는 방식의 총체를 의미하는 것이다.

가. 수업화법

일상 소통과 다른 학교 의사소통의 특징이 가장 여실히 드러나는 시공간은 교실에서의 수업 시간이다. 교실 수업에서는 교사와 학생 그리고 학생과 학생이 교육적, 관계적 목적을 지니고 다양한 형태로 상호작용한다. 최근의 학교 수업은 교사 중심 수업을 탈피하여 학생의 주도성과 자율성을 강조하는 학생 중심 수업을 지향하는 추세지만, 수업에서 교사가 말하는 방식과 내용은 여전히 매우 중요하다. 수업은 교사가 계획한 흐름을 중심으로 이루어지며 이는 교사의 말을 통해 전개된다. 교사는 축적된 경험으로부터 학습자의 반응을 예측하고 의미를 파악하며 수업을 계획하고 지속적으로 대화를 조정해 나간다. 교사가 수업에서 교육적 목적의 달성을 위해 사용하는 화법은 상황에 따라 매우 다양하지만, 이 절에서는 수업에서 매우 빈번히 사용되는 질문화법, 설명화법, 지시화법, 피드백화법을 중심으로 살펴보도록 한다.[2]

---

2) 이 절의 내용은 이창덕 외(2019)를 참고하여 재구성한 것이다.

1) 질문화법

질문의 기원은 고대 그리스의 소크라테스까지 거슬러 올라간다. 소크라테스는 산파술이라고 부르는 화술을 사용하여, 상대방의 머릿속에 있는 지식이나 생각을 일련의 질문을 통해 이끌어 내고자 하였다. 수업 시간에 교사가 건네는 질문은 학생을 생각하고 행동하도록 한다. 질문은 학습자들은 능동적으로 이해와 표현의 과정에 참여하도록 하는 매개이다. 언제 어떤 질문을 어떻게 제시하느냐는 수업의 성패와도 직결된다. 수업의 목표와 학생의 맥락을 아우르고 체계적으로 구조화된 질문은 학습자의 동기가 될 수 있으며 비판적·창의적 사고를 촉진하고 수업 참여자들 간의 역동적 상호작용을 통한 학습목표 달성을 기대할 수 있게 한다(박정진 · 윤준채, 2004). 다음은 교사의 질문화법이 드러나는 수업대화의 예시이다.

(1) 교사 : 사람의 피부색에 따라 차별하는 것을 무엇이라고 했지요?	[사실적 수준의 질문]
(2) 학생들 : 인종차별이요.	
(3) 교사 : ((읽기자료를 띄우며))미국에는 인종차별법이 왜 있었을까요?	[해석적 수준의 질문]
(4) 학생들 : 인종차별을 당연한 것으로 하려고요?	
(5) 교사 : 또 어떤 인종차별을 겪었을까요?	[적용적 수준의 질문]
(6) 동수 : 백인 옆자리에 앉지 못하게 했을 것 같아요.	
(7) 교사 : 인종차별에 대해서 어떻게 생각하나요?	[평가적 수준의 질문]
(8) 학생들 : 사람은 모두 소중한 존재이기 때문에 옳지 않아요.	
(9) 교사 : 인종차별을 해결할 수 있을 법한 새로운 법을 만들어볼까요?	[창의적 수준의 질문]
(10) 학생들 : 백인이 아니라는 이유로 불이익을 줄 수 없게 해요.	

위의 예시에서 교사는 일련의 질문을 통해 수업의 맥락을 초점화하고 학생들을 사고하게 한다. 질문의 종류는 학생들의 사고 수준을 기준으로 ① 지식이나 정보 기억과 재인을 요구하는 사실적 수준의 질문, ② 텍스트로부터 정보를 추론하거나 재조직하여 내용을 파악하도록 하는 해석적 수준의 질문, ③ 학습한 지식이나 정보를 새롭고 구체적인 상황에 적용하도록 하는 적용적 수준의 질문, ④ 텍스트 정보와 배경지식을 활용하여 학생의 가치판단을 요구하는 평가적 수준의 질문, ⑤ 텍스트 정보를 새롭게 변형하거나 자신의 생각이나 느낌을 표현하게 하는 창의적 수준의 질문과 같이 세분화할 수 있다.

수업에서 질문이 교육적으로 유의미하게 기능하기 위해서는 다음과 같은 사항을 고려할 수 있다. 첫째, 중요한 질문은 미리 계획하라. 가르칠 내용을 검토하고 핵심적인 질문을 마련해 둠으로써 학습 내용과 관련된 학습자들의 사고를 효과적으로 촉진할 수 있다. 둘째, 간단하고 명료하게 질문하라. 질문이 장황해질 경우 학습자들이 질문을 제대로 이해하지 못하게 되는 문제가 생길 수 있다. 복잡한 질문이라면 단계적으로 제시할 수 있다. 셋째, 배경지식을 활용할 수 있도록 질문하라. 학습자의 기존 지식과 학습한 지식을 통합하고 재구성하는 과정에서 효과적인 학습이 이루어질 수 있다.

2) 설명화법

설명화법은 어떤 사실, 개념, 원리, 방법과 같은 '정보'를 학생이 이해할 수 있도록 언어적·비언어적 표현 또는 매체 등을 적절히 사용하여 밝혀 말하는 방법이다. 수업은 학생들이 학습할 내용을 정확히 알고 있지 않다는 것을 전제한다. 그러므로 설명하기는 학습 내용에 대한 학생의 이해를 돕기 위해 교사가 수업대화에서 가장 빈번하게 사용하는 말하기 방식 중 하나이다. 설명화법은 대상의 개념, 원리, 방법 등을 설명하기 위해 정의하기, 도식화하기, 분류·분석하기, 비교·대조하기, 비유하기, 예시 들기 등의 방법으로 이루어진다(이창덕 외, 2019: 194-200). 설명화법에 대한 이해와 적절한 사용은 학생들이 교사의 지도 내용을 명확히 이해해가며 수업에 참여하고 활동을 수행할 수 있도록 하는 데 중요한 역할을 한다. 다음은 나눗셈을 검산하는 방법을 시범 보이기를 통해 설명하는 말하기의 예시이다.

> 학생 : 선생님, 나눗셈 문제가 맞는지 검산하는 식은 어떻게 세우는 거였죠?
> 교사 : 나눗셈 문제를 검산하려면 먼저 나눗셈 문제를 풀어야 해요. 그런 다음 나눗셈식을 살펴봅시다((칠판에 적으며)). 나눗셈식은 나누어지는 수, 나누는 수, 몫, 나머지로 이루어져 있어요. 나눗셈식을 검산하기 위해서는 나누는 수에 몫을 곱한 다음 나머지를 더해 준 값이 나누어지는 수와 같은지 확인해야 해요. 값이 같다면 바르게 계산한 것이고, 값이 다르다면 계산 과정에서 실수가 있었던 것이에요.

위의 예시에서 교사는 학생에게 나눗셈 문제를 검산하는 방법에 대해 상세히 설명한다. 하지만 교사는 학생의 이해 정도를 확인하지 않고 일방적으로 전달하는 설명 방식을 취한다.

교사가 설명하고자 하는 내용을 학생에게 효과적으로 전달하기 위해서는 다음과 같은 방법을 고려할 수 있다. 첫째, 설명할 내용을 정확하고 풍부하게 숙지한다. 이는 교사가 자신 있게 설명할 수 있도록 하며 필요에 따라 학생의 이해를 돕기 위한 다양한 정보를 선택하여 제공할 수 있게 한다. 둘째, 학생의 삶에 적용하여 구체적인 예를 든다. 학생이 잘 아는 내용, 주변에서 쉽게 접할 수 있는 상황을 예로 들어 설명하는 것은 학생들을 스키마를 활성화시켜 이해를 촉진한다. 셋째, 학생의 반응을 살피며 설명한다. 특정 내용을 설명할 때 교사는 발화마다 학생의 언어적·비언어적 요구를 점검하고 반영하여 자신의 말하기를 조정해야 한다. 넷째, 분명하고 간결하게 설명한다. 교사는 장황한 설명을 피하고 내용의 핵심을 파악하여 학생의 수준에 맞게 명확하고도 간결하게 전달해야 한다.

3) 지시화법

지시하기는 교사가 학생에게 특정한 신체적 또는 언어적 행위를 하도록 요구하는 목적의 말하기 방법이다. 수업 중 교사가 학생에게 어떤 행동을 요구, 명령 또는 통제하기 위한 목적에서 행해지는 말하기를 의미하며, 이에 따라 이루어지는 학생들의 언어적, 비언어적 반응에 대한 후속 행위까지를 포함한다. 학생은 교사의 지시를 이행(履行)하거나 거부할 수 있고 이의를 제기하거나 지시한 내용에 대해 되물을 수 있다. 이에 대해 교사는 지시 한 바를 다시 강조하거나 대안적인 지시를 할 수 있으며 또는 지시하기를 중단할 수도 있다.

지시화법의 유형은 지시하는 방식에 따라 '언어적인 방식'과 '비언어적인 방식'으로 나눌 수 있다. 또한 지시하는 목적에 따라 '수업 내용'과 관련이 있는 지시와 수업 분위기 조성과 같은 '수업 운영'에 관련된 지시로 구분할 수 있다. <표 1>은 지시 방식에 따른 지시화법의 유형이다.

〈표 1〉 지시 방식에 따른 지시화법 유형

<table>
<tr><th colspan="2">지시 방식</th><th colspan="2">지시 대상</th></tr>
<tr><td rowspan="2">언어적 방식</td><td>언어적 요소를 사용하는 지시발화</td><td rowspan="2">수업 내용과 관련 있는 것</td><td>학습 주제나 목표와 직접 관련이 있는 지시발화</td></tr>
<tr><td>“얘들아, 조용히 해라.”
“여학생 한 줄, 남학생 한 줄로 서자”</td><td>“모둠 활동 시작하세요.”
“조사한 내용을 적어 보세요.”</td></tr>
<tr><td rowspan="2">비언어적 방식</td><td>비언어적 요소를 사용하는 지시발화</td><td rowspan="2">수업 운영과 관련 있는 것</td><td>수업 분위기를 조성하기 위한 지시발화</td></tr>
<tr><td>((아무 말 없이 학생들을 바라본다.))
((미리 정해놓은 수신호를 사용한다.))</td><td>“집중의 박수”
“교과서 준비 되었나요?”</td></tr>
</table>

<표 1>과 같이 지시화법은 언어적 방식을 사용한 지시와 비언어적 방식을 사용한 지시로 구분된다. 언어적 지시는 명령문을 사용하는 직접 지시와 청유문, 의문문, 평서문을 사용하는 간접 지시로 구분된다. 언어적 지시는 비언어적 지시에 비해 명료한 전달이 가능하다는 장점이 있다. 반면, 비언어적 지시는 학생들이 교사의 지시 의도를 파악하여 지시를 수행하게 한다는 점에서 경제적이며 언어적 지시에 비해 학생이 느끼는 부담이 적을 수 있다. 하지만 모호하게 받아들여질 여지가 있으므로 상황에 따라 언어적 방식으로 명료하게 표현할 수 있어야 한다.

지시화법을 강압적이고 명령하는 방식으로 사용할 경우 학생과의 관계에 부정적인 영향을 미치기 쉽다. 수업대화에서 학습목표와 관계를 고려한 지시화법의 사용법은 다음과 같다. 첫째, 지시를 이행할 주체, 대상 내용 등을 구체적으로 지시해야 한다. 학생이 교사의 지시 내용을 명확히 이해하는 것이 지시 이행을 위한 전제이다. 둘째, 한 번에 하나의 행위를 수행하도록 지시해야 한다. 여러 가지 수행을 동시에 지시할 경우 학생은 혼란이나 부담을 느끼기 쉬우므로 지시 내용을 초점화하여 제시하는 편이 좋다. 셋째, 행위의 시작을 나타내는 표지를 알려 주어야 한다. 예를 들어 어떤 활동의 시작을 지시할 때 미리 정해놓은 수신호나 학급 구호를 사용함으로써 특정한 수행이 지시되었다는 신호를 전달할 수 있다. 넷째, 부정적인 언어적·비언어적 표현의 사용을 주의해야 한다. 교사의 지시에 대한 학생의 감정적 동의 여부는 지시 이행에 중요한 영향을 미친다. 다섯째, 학생 스스로 지시를 이행할 수 있도록 선택의 여지를 주어야 한다. 선택권이 없는 일방적인

지시를 하는 것보다 지시를 이행해야 하는 상황을 알려주고 선택하도록 하는 방법이 더욱 효과적이다.

4) 피드백화법

피드백은 '되돌려주다'라는 의미를 지닌다. 수업에서 교사의 피드백은 학생의 발화나 반응, 산출물 등에 대해 제공하는 평가, 제안, 요청과 같은 후속 조치를 의미하며 학생의 반응에 따른 교사의 질문하기을 포함한다. 질문의 초점이 사고의 활성화에 있는 데 비해 피드백화법은 학생의 수행을 평가하거나 이어질 행위를 촉진하는 데 초점을 둔다. 수업 대화의 일반적인 구조인 'I(Initiative) – R(Response) – F(Feedback)'에서 피드백 발화는 시작과 반응 발화에 이은 세 번째 단계에 해당하는데, 화제의 완결 유무에 따라 피드백이 이어지는 시작 발화의 역할을 하기도 한다. 피드백화법의 유형은 완결형과 연결형으로 나누어지며, 교사의 기대와 요구에 대한 부응 정도에 따라 긍정적 피드백, 부정적 피드백, 보완적 피드백으로 분류할 수 있다(김주영 · 박창균, 2018).

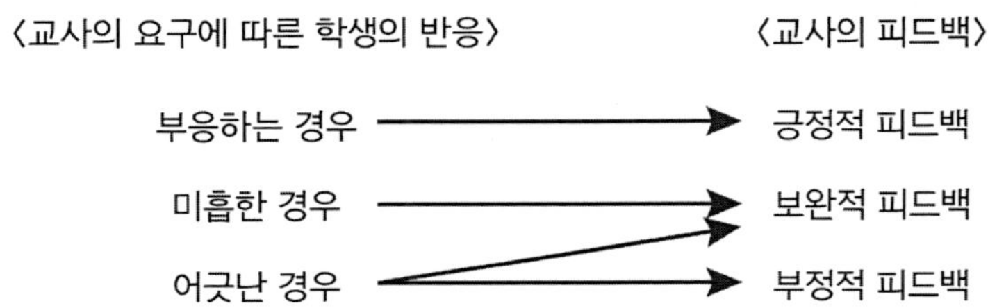

〈그림 2〉 피드백화법의 유형

<그림 2>에서 알 수 있듯 피드백은 학생의 반응에 대한 교사의 평가를 전제한다. 교사는 학생의 반응에 따라 칭찬과 격려와 같은 긍정적 피드백, 부족한 부분을 알려주고 개선을 유도하는 보완적 피드백, 잘못된 수행임을 알려주는 부정적 피드백을 사용할 수 있다. 이러한 피드백의 유형과 내용은 학생의 이어지는 수행에 중요한 영향을 미치게 된다.

> 교사 : 우리 지난 국어 시간에 공부한 내용이 뭐였지요?
> 민수 : 글을 읽고 사실과 의견을 구분하는 거였어요.
> 교사 : 민수가 지난 시간에 수업에 집중하더니 아주 잘 기억하고 있군요.

위의 대화는 교사의 긍정적인 피드백이 제공된 예시다. 긍정적 피드백은 다양한 상황에서 활용할 수 있지만 주로 학생이 교사가 예상한 반응 또는 교사의 의도에 부합하는 반응을 보였을 때 제시된다. 일반적으로 긍정적인 피드백 이후에는 새로운 화제로 넘어가거나 발화를 마무리할 수 있다. 한편, 긍정적 피드백은 학생의 반응에 대한 인정과 칭찬을 포함한다. 긍정적 피드백을 제시할 때에는 '맞아', '잘했어'와 같은 모호한 표현보다는 학생의 행동이나 생각 등에 대한 구체적인 피드백 내용을 포함하는 것이 좋다.

교사 : 우리 지난 국어 시간에 공부한 내용이 뭐였지요?
동래 : 사실이 뭔지 공부했어요.
교사 : 음, 좋아요. 좀 더 자세히?
효은 : 글을 읽고 사실과 의견을 구분하는 거였어요.

위의 대화는 교사의 보완적 피드백이 제공된 예시다. 교사는 학생의 반응이 충분하지 않다고 생각하는 경우 보완적 피드백을 제시한다. 예시에서 동래의 대답은 교사의 질문 의도에서 완전히 벗어나지는 않았지만 교사의 의도에 충분히 부합하지도 않았다. 보완적 피드백은 긍정적 피드백과 달리 일반적으로 해당 화제 내에서 추가적인 행위를 요청하는 기능을 한다. 이는 반응을 구체화하거나 확장하기 위한 의도를 지니므로 피드백의 평가적 기능을 강조하기보다는 적절한 후속 행위를 유도하는 방향으로 사용하는 것이 바람직하다.

교사 : 우리 지난 국어 시간에 공부한 내용이 뭐였지요?
민준 : 그림책을 읽었어요.
교사 : 그건 창의적 체험활동 시간에 했었지! 국어 시간에 무엇을 공부했었죠?
세목 : 글을 읽고 사실과 의견을 구분했어요.

위의 대화는 부정적 피드백이 사용된 예시다. 부정적 피드백은 학생의 반응이 교사의 의도에 부합하지 않을 때 제시된다. 부정적 피드백은 부정, 꾸중과 같은 부정적인 평가를 내포하며 적절한 반응을 이끌어 내기 위해 같은 질문을 반복하거나 수정하여 되묻는 등의 후속 발화를 제시한다. 한편, 부정적 피드백은 학생의 정의적 측면에 부정적인 영향을 미칠 수 있으므로 학생의 정서를 고려하여 사용해야 한다. 학생의 수행 또는 반응이 부적절함을 부드럽게 알려주되 한 번 더 생각하고 개선된 반응을 이끌어 낼 수 있도록 제시되는 것이 적절하다.

피드백은 옳고 그름에 대한 평가뿐만 아니라 대화를 이어가고 학생의 수행을 지속하도록 하는 연결고리 역할을 한다는 데 중요한 의의가 있다. 피드백화법을 효과적으로 사용하기 위해서는 다음과 같은 방법을 고려할 수 있다. 첫째, 계획적인 피드백이 이루어져야 한다. 모든 피드백을 계획할 수는 없지만 적어도 학생의 특성과 수업의 목표를 염두에 둔 피드백을 제공해야 한다. 둘째, 학생의 정의적인 측면을 고려한다. 인간의 행동은 주관적인 생각이나 느낌, 판단 등에 지배적인 영향을 받는다. 따라서 피드백의 영향력은 피드백을 받는 학생의 감정 또는 정서를 고려하여 제시되어야 한다. 셋째, 피드백은 균등하게 제시되어야 한다. 긍정적 피드백이 특정 학생에게만 집중될 경우 다른 학생들의 학습 동기에 부정적인 영향을 미칠 수 있다. 반면, 부정적 피드백이 특정 학생에게 집중될 경우 낙인 효과로 인한 부정적인 정체성을 형성하게 될 위험이 있으므로 주의해야 한다. 넷째, 구체적이고 긍정적인 표현을 사용해야 한다. 교사의 구체적이고 긍적적인 피드백 제시는 학생이 유목적적으로 과업을 수행하도록 하는 자원이 되어 수업의 목표 달성에 중요한 디딤돌 역할을 할 수 있다.

나. 교육화법

교사의 역할은 수업에만 국한되지 않는다. 교육의 중요한 목적 중 하나는 생활 습관과 공동체 지양적인 태도 등을 형성하는 것이다. 교육화법은 수업화법보다 한 단계 더 넓은 범주의 의사소통 방식이다. 교우관계 지도, 급식 지도, 질서 유지, 언어생활 지도와 같은 생활지도와 학생, 학부모와의 상담, 교육 활동과 관련된 교사 간의 대화 등이 교육화법에 해당한다. 교육화법은 수업보다 더욱 넓은 맥락에서 학생들의 학교 생활과 밀접한 연관된다. 이 절에서는 생활지도하기, 상담하기, 교직원과 협의하기를 중심으로 교육화법의 사례와 특징을 살펴본다.

1) 생활지도하기

학생들은 학교에서 지식뿐만 아니라 공동체에서 함께 생활하는 데 필요한 태도와 습관을 길러 나가야 한다. 교사의 생활지도는 학생의 언어 사용, 예절, 성실, 바른 자세와 같은 개인적인 습관과 태도에서부터 공동체 내에서 지켜야 할 배려, 존중, 협동, 봉사와 같은 공동체적인 가치와 사회적 행동에 이르기까지 광범위하게 이루어진다. 생활지도를 위해 다양한 말하기 방식을 사용할 수 있지만 여기에서는 대표적인 방식인 칭찬과 꾸중으로 대별하여 살펴본다.

(등교 시간)
민수 : 선생님, 안녕하세요~
교사 : 그래, 민수야 어서 와.
(수업 시작 전 아침 인사 시간)
교사 : 오늘 아침에 민수와 선생님은 큰 소리로 인사를 나누었어요. 아침부터 기분 좋은 목소리를 들려줘서 고마워. 기분 좋게 인사를 나누는 습관은 참 중요해요.

위의 사례에서 교사는 민수의 행동에서 칭찬할 거리를 찾아 수업 시작 전 모든 학생들이 있는 자리에서 칭찬한다. 교사가 학생의 행동에 대해 여러 학생들 앞에서 공개적으로 칭찬하는 것은 생활지도 측면에서 효과적일 수 있다. 교사의 칭찬으로 인해 민수는 자신의 행동에 뿌듯함을 느껴 인사하기에 대한 내적 동기가 부여되고, 다른 학생 또한 인사하기의 가치를 알고 행동으로 옮길 수도 있다. 학생들의 생활지도를 위해서는 한 번의 칭찬을 제공함에 그치는 것이 아니라 긍정적인 자극을 일관되고 반복적으로 제공하여 내면화할 수 있도록 도와야 한다.

교사 : 용수야, 의자 뒤에 휴지 주워라.
용수 : (시큰둥하게) 제가 버린 거 아닌데요?
교사 : 뭐라고?
용수 : 제가 버린 거 아닌데 왜 제가 주워요?
교사 : (언성을 높이며) 뭐? 주우라면 토 달지 말고 주워.
용수 : (자리에서 일어나며) 내가 안 버렸는데..

상생화용연구소(2010: 67)의 사례를 참고하여 재구성한 것임.

위의 사례에서 용수를 대하는 교사의 지도 방식은 다소 강압적이다. 높아진 교사의 언성에 어쩔 수 없이 쓰레기를 줍는 학생의 마음은 어떠한가? 생활지도의 목적이 학생의 바람직한 태도와 습관 함양이라면, 그 과정으로 인도하는 교사의 말하기 방식과 그 내용은 반드시 학생의 입장에서도 받아들일 수 있는 것이어야 한다. 만약 교사의 첫 마디가 '용수야, 의자 뒤에 휴지 좀 주워줄래?'였다면 또는 시큰둥한 용수의 대답에 '우리 같이 쓰는 교실이잖아. 부탁해.'라고 말했다면 어땠을까?

2) 상담하기

교사가 학교에서 상담하는 대상은 학생과 학부모이다. 상담은 학생 또는 학부모의 요청으로 이루어지기도 하고 교사가 학생이나 학부모에게 상담을 요청하여 이루어지기도 한다. 상담은 주로 발생한 문제를 해결하기 위해서 또는 발생할 수 있는 문제를 예방하기 위해서 수행된다. 학교 현장에서 교사의 상담은 학생과 학부모의 단순 고민에서부터 성적, 가족 문제, 교우 관계 또는 학교와 교사에 대한 불만과 요청에 이르기까지 다양한 문제를 다룬다.

영호 : 선생님. 할 말이 있어요.
교사 : 그래. 이리 와 앉아라. 무슨 일이지?
영호 : 저 민수하고 짝을 바꿔 주세요. 민수가 매일 절 괴롭혀요.
교사 : 그러고 보니 점심 때도 다툰 것 같던데.. 왜 그랬어?
영호 : 밥을 먹고 있는데 민수가 괜히 와서 약올리고 툭 치고 가잖아요.
교사 : 민수가 널 이유도 없이 때렸다고?
영호 : 네.
교사 : 설마. 네가 이전에 장난쳤던 것 아니야? 민수가 그러진 않을 텐데..
영호 : (갑자기 울면서) 정말 저는 아무것도 안 했고 그때도 밥만 먹고 있었단 말예요!

임칠성 외(2006: 133)의 사례를 참고하여 재구성한 것임.

위 사례에서 영호는 교우관계에서 비롯된 문제를 해결하기 위해 교사에게 상담을 요청한다. 하지만 교사는 영호의 말에 귀를 기울이고 공감하는 대신에 선입견을 가지고 성급한 판단하여 문제 해결은커녕 영호의 마음에 상처를 주었다. 교사는 할 말이 있다는 영호의 말을 들었을 때 분명 적극적으로 문제를 해결해 주고 싶은 마음이 들었을 것이다. 상담 시 말의 진위 여부 또한 중요하지만 상담의 기본은 경청과 공감이 되어야 하며 학생에 대한 선입견을 최대한 배제해야 한다.

희수 어머니 : .....선생님, 우리 애가 얼마나 속상해 했는지 모르시죠!
교사 : 음, 체육 시간에 그런 일이 있었군요.
희수 어머니 : 아니, 한창 감수성이 예민한 아이를 많은 아이들 앞에서 야단치실 수가 있죠?
교사 : 음.. 말씀 들어보니 많이 속상하신 마음이 이해가 갑니다.
희수 어머니 : 네, 우리 아이가 제대로 사과받을 수 있도록 해주셨으면 좋겠어요!
교사 : 잘 찾아오셨습니다. 얼마나 속상하셨으면 이렇게 찾아오셨겠어요. 저도 가끔은 아이들을 이해하기보다는 야단을 먼저 치게 되더라구요. 이번 경우는 확실히 희수가 속상했을 것 같아요. 제가 어떻게 된 일인지 체육 선생님께 자세히 여쭤보고 희수와 이야기를 나눠보도록 말씀 드릴게요.
희수 어머니 : 네, 꼭 그렇게 해주세요.
교사 : 네, 우선 체육 선생님과 말씀 나눠보고 다시 전화드리겠습니다. 희수 잘 다독여주세요.
희수 어머니 : 네, 선생님. 알겠습니다. 감사드려요.

위의 사례에서 희수 어머니는 여러 학생들 앞에서 희수를 혼낸 체육 교사에게 불만을 갖고 담임 교사를 찾아 왔다. 학부모가 불만을 가지고 찾아 올 경우 우선 마음을 진정시킬 수 있도록 들어주는 것이 좋다. 교사가 불만을 들어주는 과정에서 학부모의 마음이 다소 풀어지는 경우가 있고 이어지는 교사의 말에 귀 기울일 가능성이 높아진다. 학부모의 불만 사항을 정확히 파악하고 반영할 것임을 약속하되, 즉각적으로 문제 해결에 착수하기보다는 문제 상황을 파악하는 것이 좋다. 교사는 문제의 자초지종을 정확하게 파악하고 다시 한번 학부모와 대화를 나눌 수 있으며 문제와 관련된 구성원들 간의 갈등이 심화되지 않도록 중재할 필요가 있다.

상담은 교사에게도 학부모에게도 부담스러운 일이다. 교사는 학생의 성장을 위해서 부모와의 연계가 필요하지만 한편으로는 긁어 부스럼을 일으키는 게 아닐까 걱정스럽기도 하다. 반면, 학부모는 자녀의 교육에 관심을 가지면서도 학교에 찾아와 교사와 상담하는 것에 불편함을 느끼거나 교사의 말을 불신하기도 한다. 이때 중요한 것은 상담의 목적이 아이의 성장을 위한 것이라는 인식을 공유하는 것이다.

의례적인 상담이거나 학생의 장점에 대해 이야기 할 때와 달리, 학생의 문제에 대해 이야기할 때는 특히 조심스럽다. 학부모와의 상담에서는 학생의 긍정적인 부분을 부각하되 개선이 필요한 부분에 대해서도 전달할 필요가 있다. 이때 칭찬의 말을 먼저 한 다음 개선이 필요한 부분에 대해 이야기하는 것이 효과적일 수 있다. 학생과의 상담이든 학부모와의 상담이든 교사는 반드시 그들의 입장에서 마음을 다해 들어주어야 한다. 비록 교사가 적극적으로 개입하여 해결하기 어려운 문제일지라도 경청과 공감은 상대방의 마음을 달래주어 해결의 실마리를 제공하는 훌륭한 처방전이 되어줄 것이다.

3) 협의하기

여느 사회 공동체와 마찬가지로 학교 또한 여러 구성원들의 협의와 합의에 의해 운영된다. 교사가 학교의 제반 업무를 수행하는 과정에서 주로 협의하는 대상은 동료 교사, 관리자, 교육직 공무원 등으로 구분할 수 있다. 업무 수행의 과정에서 필요한 협의가 제대로 이루어지지 않고 어느 한 주체의 의도대로 의사결정이 이루어지는 것은 바람직하지 않다.

교감 : 박선생님, 이번에 김선생님 업무를 좀 맡아주실 수 있을까요?
박교사 : 예? 무슨 업무 말씀이시죠?
교감 : 이번에 김선생님이 병가를 내셨잖아요. 그 업무를 박선생님이 좀 맡아줬으면 좋겠어요.
박교사 : 아, 교감 선생님. 그것 때문에 고민이 많으셨겠어요. 그런데 아시다시피 지금 저도 맡은 일이 적지 않습니다.
교감 : 알고 있어요. 그래도 박선생님이 그 일을 제일 잘 처리할 수 있을 것 같아서 말씀드려요.
박교사 : 교감 선생님, 말씀은 감사하지만 사실 제가 김선생님 업무를 다 맡아서 하기에는 너무 부담이 큽니다. 이 문제를 이번 주 교직원 협의 시간에 선생님들과 이야기 나눠보면 어떨까요?
교감 : (잠시 후) 네, 박선생님 바쁜 것도 알죠. 그러면 이번 회의 시간에 협의해 봐요.

위의 예시는 교감 선생님이 병가에 들어간 선생님의 업무를 박교사에게 부탁하는 장면이다. 수업 준비와 학생 지도만으로도 많은 에너지를 할애하는 교사들에게 업무와 관련된 문제는 예민한 사안이다. 위의 예시에서 보이는 박교사의 대답 또한 학교의 상황과 관리자의 성향 등에 따라 달라져야 할 것이다. 학교 현장에서 다양한 상황과 목적으로 이루어지는 협의는 상호 존중과 합리성을 지향하는 방향으로 이루어져야 한다. 학생들에게 공동체 정신과 상호배려하는 태도를 가르치는 교사 또한 그러한 태도를 견지하는 것이 바람직할 것이다.

> 1반 담임 : 이번 한 학기 한 권 읽기는 '000' 책으로 하는 게 어떨까요?
> 신교사 : (어.. 나는 이번에 '000' 책으로 하려 했는데)
> 2, 3반 담임 : 네~ 그 책으로 작년에도 운영했는데 좋았어요.
> 1반 담임 : 신선생님도 괜찮죠??
> 신교사 : 네..

위의 예시는 한 학기 한 권 읽기에 활용할 책을 선정하기 위한 동학년 수업 협의 장면이다. 수업 협의는 수업에 대한 의견을 나누고 필요한 역할을 분담할 수 있다는 점에서 체계적이고 효율적인 수업 준비를 가능케 한다. 하지만 때론 다수의 의견과 다른 나만의 의견을 밝히기 어려운 경우가 있기 마련이다. 수업 협의의 목적은 여러 사람의 의견을 모아 좋은 수업을 준비하기 위함이다. 따라서 수업 협의는 한두 사람의 주도로 이루어지는 것보다 여러 사람의 의견을 반영할 수 있도록 토의식으로 운영하는 게 바람직하다. 이를 위해서는 수평적인 협의 문화가 조성되어야 할 것이며, 구성원들의 수용적이고 협력적인 태도가 요구된다.

다. 교원화법

표준국어대사전에 제시되는 '교사'의 정의는 "주로 초등학교·중학교·고등학교 따위에서, 일정한 자격을 가지고 학생을 가르치는 사람"이다. 그래서 '교사화법'이라 하면 말 그대로 학교에서 교사가 수업 또는 교육을 할 때 사용하는 화법에 한정된 의미를 지닌 것처럼 보인다. 하지만, 넓은 의미의 교사화법은 교사의 신분을 가진 생활인으로서 한 개인이 일상에서 사용하는 듣기·말하기 방식의 총체를 의미한다. 이 절에서는 교사 직업군의 특징적인 화법과 교사에게 고착된 사회적 인식에 대해 간단히 다루도록 한다.

사회 구성원으로서 개인은 자신이 속한 집단에서 주로 사용하는 화법을 일상에서 또한 무의식적으로 사용하기 쉽다. 우리는 종종 한 사람의 말투나 제스처만 보고도 그 사람의 직업을 맞히곤 한다.

여러 직업군 중에서도 교사는 화법의 특징이 두드러진다고 할 수 있다. 물론 같은 직업군에 속해 있는 사람일지라도 저마다의 개성 있는 화법을 지니고 있다. 수 년에서 수십 년에 이르기까지 학생과 학부모를 대하며 사용해 온 듣고 말하는 언어적 상호작용 방식과 표정, 몸짓, 제스처 등의 비언어적 상호작용 방식은 교사의 일상적인 말하기에도 반영되기 쉽다. 특히 무언가를 설명할 때 친절한 태도로 상대가 알 법한 부분까지도 마치 아이를 대하듯 자세하게 말한다거나, 상대방의 말이나 행동에 옳고 그름이나 바람직한 방향을 제시하는 피드백 차원의 말하기 방식도 교사의 특징적인 화법이다. 분쟁을 피하고 상대방을 배려하며 정직한 언어 사용을 지향하는 의사소통의 태도 또한 교사의 특징적인 화법의 한 유형이라고 할 수 있다.

"동수야, 너 오늘 정말 선생님처럼 옷을 입고 왔네!"
"민지야, 너는 언제 봐도 선생님 같아!"
"교사들은 교사 티가 난다."

'선생님 같다'라는 말은 무슨 뜻일까? 교사와 관련 없는 직업을 가진 사람에게도 선생님 같다는 말을 하는 것은 그리 특이한 경우가 아닌 것처럼 보인다. 특히 사범대학 또는 교육대학을 다니는 예비교사나 현장 교사들은 더더욱 친구나 친척, 주변 사람들로부터 한 번쯤 들어봤을지 모른다.

포털 사이트에 '선생님 같다'라는 키워드를 검색해보면 그런 말을 들은 사람들이 올린 고민거리들이 눈에 띤다. '친구가 선생님 같다고 하는데 좋은 건가요?' 그에 달리는 댓글들은 비슷하다. '어려운 사람 같아 보인다.', '재미없는 사람인 것 같다', '조용해 보인다는 것 같다', '바른 사람인 것 같다', '인자한 사람인 것 같다', '착해 보인다.'와 같은 교사의 일반적인 성향에 대한 생각을 엿볼 수 있다. 또한 '스타일이 조금 노숙하고 젊잖다', '외모가 성실하고 단정해 보인다.', '착하게 생긴 것 같다', '늙어 보인다.'와 같이 교사의 외향적인 부분과 관련된 통념들을 살펴볼 수 있다. '선생님 같다'는 누군가의 표현이 좋은 의미인지 아닌지는 알 수 없지만, 그 사람이 개인적으로 가지고 있는 교사에 대한 생각과 사회적 통념이 함께 반영된 것이라는 점은 분명하다.

한편, 이러한 개인적 생각과 사회적 통념은 종종 교사에게 어떤 꼬리표를 붙이곤 한다. 누군가와 대화를 나누는 중에 교사라는 직업을 밝히는 순간 모종의 암묵적인 제약이 따라 붙기도 한다. 교사라는 신분을 가진 사람의 말하기에 가장 큰 제약을 주는 부분은 '학생을 가르치는 사람'이라는 점이다. 무심코 내뱉은 말에도 상대방은 '선생님이 어떻게 그런 말을?' '선생님 아니랄까봐', '정말 선생님답군!'이라고 생각할지도 모른다. 이는 생활인으로서의 교사를 학교 교육자로서의 교사와 동일시하여 나타나는 시선이다. 직업에 관한 통념이 사회 구성원으로서 한 개인에 대한 정체성을 규정하는 것은 바람직하지 않다. 학교 밖에서만큼은 교사 ○○○이 아닌 개성을 지닌 한 사람으로 편견 없이 바라보는 시각이 자리 잡아야 할 것이다.

이 장에서는 학교 의사소통을 의사소통 교육과 교육 의사소통으로 나누어 살펴보았다. 의사소통 교육은 학생의 듣기·말하기 능력 신장과 범교과적인 의사소통 능력 신장에 밀접한 관련이 있다. 의사소통 역량이 범국가적으로 강조되고 있는 지금, 의사소통 교육은 실제적 맥락에서 중요하게 다루어져야 한다. 한편, 학교에서의 교사화법은 크게 수업의 목표 달성, 학생과의 관계 형성, 학생의 인격 형성 측면에서 중요성을 갖는다. 교사의 말에는 학생에 대한 마음이 깃들기 마련이며 학생은 그것을 느끼며 반응한다는 점에서 교사의 화법은 매우 중요하다. 교사의 듣고 말하는 방식과 태도는 학생과의 관계 형성의 기반이 되며 이는 학생의 학습 촉진과 더불어 전인적 성장의 밑거름이 된다. 따라서 교사는 자신의 화법을 돌아보고 개선해 나갈 필요가 있다.

탐구 및 실습

1. **의사소통 교육** 5학년 1학기 1단원의 학습 활동 <고민 상담소 운영하기>를 살펴봅시다. 이 활동은 '상대를 배려하고 공감하며 대화하기'를 학습한 후 적용해 보는 것입니다. 의사소통 교육적 관점에서 이 활동의 의의와 한계에 대해 토의해 봅시다.

활동 방법

1 고민 상자에서 고민 나누기 엽서를 우리 모둠 사람 수만큼 가져온다.
2 모둠 친구들과 함께 엽서의 고민을 읽고 해결 방법을 이야기한다.
3 친구들과 이야기한 내용을 생각하며 엽서 아래쪽에 해결 방법을 쓴다.

〈예시〉

내 고민은?	유튜브는 적당히!
저는 요즘 자꾸 유튜브를 너무 오래 봅니다. 부모님께 꾸지람을 많이 듣지만 잘 고칠 수 가 없어요. 유튜브 보는 걸 조금 줄이고 싶은데 어떡하면 좋을까요?	저도 그런 적이 있었어요. 유튜브를 자꾸 보게 되는 건 유튜브에 중독되어서 그런 거예요. 유튜브 말고 다른 재미난 일을 찾아보는 건 어떨까요? 친구와 밖에서 놀아도 좋고 운동을 하거나 책을 읽어 보는 방법도 있어요! 꼭 다른 즐거운 일을 찾길 바라요.

가. 고민 상담소 운영하기 활동의 의의와 한계를 토의해 봅시다.

나. 고민 상담소 운영하기 활동을 보완할 수 있는 방법을 토의해 봅시다.

2. **교육 의사소통** 학생들이 역할놀이를 할 때 역할 선정에 갈등을 겪는 상황에서 교사는 어떤 말을 할 수 있을지 토의해 봅시다.[3)]

자신이 원하는 역할만 하려 할 때
교사 : 자, 여러분. 역할극을 준비해봅시다. 등장인물은 흥부, 흥부 부인, 놀부, 놀부 부인, 제비 이렇게 다섯 명입니다. 먼저 어떤 역할을 맡을지 정해봅시다. 명수 : 나 흥부! 진수 : 나 놀부! 슬빈 : 나 제비! 지완 : 내가 흥부 부인이랑 놀부 부인하라고? 싫어. 명수 : 야, 그럼 가위바위보로 정해! ((가위 바위 보에서 진수가 진다.)) 진수 : 아, 놀부 부인하기 싫어. 지완 : 야, 니가 가위바위보 졌잖아! 진수 : 아.. 그냥 안 할래. 교사 : 어, 이 모둠은 왜 아직 시작 안 했어? 슬빈 : 진수가 가위바위보 져 놓고 맡은 역할을 안 하겠다고 해요. 교사 : ( ) 위의 사례는 역할 선정 과정에서 매우 빈번하게 발생하는 상황이다. 모둠활동이 원활히 진행되지 않는 경우 학습목표는 물론 모둠원간의 관계에도 부정적인 영향을 미친다. 교사는 이러한 상황에서 어떤 말을 할 수 있을까? 그리고 이러한 상황을 예방하기 위한 방법은 무엇일까?
여러분이라면 어떻게 말할 것인가요?

3) 이 사례는 이창덕 외(2017)의 내용을 참고하여 재구성한 것이다. 수업 중 실험이나 체육 활동, 모둠 활동과 같은 특정 활동에서는 학생들이 각자 역할을 정하여 수행하는 경우가 있다. 이때 자신이 원하는 역할을 맡지 못하는 경우 활동에 참여하기 싫다는 표현을 하는 학생들을 어렵지 않게 찾아볼 수 있다.

3. **교사-학생 대화 습관** 나는 학생과의 대화에서 어떤 습관을 가지고 있는지 교사-학생 대화 습관을 진단해 봅시다.[4)]

가. 자신과 학생의 대화를 잘 나타내는 정도에 따라 적절한 숫자에 ∨표시를 하세요.

교사-학생 대화습관: 나는 학생들과 어떻게 대화하고 있을까?
'교사-학생 대화습관' 진단은 총 40문항으로 구성되어 있습니다. 각 선택지는 '(1)전혀 그렇지 않다 (2)그렇지 않다 (3)보통이다 (4)그렇다 (5)매우 그렇다'로 구성되어 있습니다. 1문항에는 1개의 선택지에 ∨표시를 한 후에 표시가 끝나면 점수를 합산하십시오. 정확한 대화습관 진단을 위해서 **솔직하게** 답해 주시길 바랍니다.

번호	문 항	전혀 그렇지 않다	그렇지 않다	보통이다	그렇다	매우 그렇다
1	나는 수업시간에 집중시키는 말이나 행동을 자주한다.(예: 박수 2번!, 5학년!1반!, 주의, 집중! 등)	①	②	③	④	⑤
2	나는 수업 내용 중 중요한 부분을 직접적으로 강조한다.(예: 이건 매우 중요하니까 꼭 알아둬. 이 내용은 시험에 자주 나온다)	①	②	③	④	⑤
3	나는 학생들이 대답하지 않을 때 억지로라도 발표에 참여시킨다.	①	②	③	④	⑤
4	나는 학생의 발표에 대해 '그래 맞아','그건 아니지'라고 즉각적으로 피드백을 제공한다.	①	②	③	④	⑤
5	나는 훈계할 때 학생들이 변명이나 핑계를 댄다고 느껴지면 크게 화를 낸다.	①	②	③	④	⑤
6	나는 수업시간에 학생들을 무의식적으로 이름 대신 '야'라고 부르거나 '번호'로 부른다.	①	②	③	④	⑤
7	나는 수업 내용에 대해 확신이 없더라도 학생들에게는 자신있고 단정적인 태도로 말하곤 한다.	①	②	③	④	⑤
8	나는 화가 나면 언성이 높아지고 소리를 지른다.	①	②	③	④	⑤
9	나는 수업시간에 명령하거나 시키는 투의 말을 자주한다.(예: 떠들지 마라, 자리로 들어가라, 조용히 해라 등)	①	②	③	④	⑤
10	나는 수업의 흐름이나 화제를 일방적으로 이끌어가는 편이다.	①	②	③	④	⑤

4) 교사-학생 대화습관 자기 진단 도구와 결과는 박인기 외(2014)에서 가져온 것이다. 진단 결과를 그림으로 그렸을 때 사각형의 모양이 중심으로부터 특정 방향으로 기울어진 형태일수록 그 방향의 대화습관이 강하다고 해석할 수 있다. 이 결과는 학생과의 대화습관에 대하여 주관적으로 지각한 것일 뿐이므로 실제와 다를 수도 있음을 유의해야 한다.

11	나는 동료교사와 학부모를 대하듯이 학생들에게도 친절한 말투로 대한다.	①	②	③	④	⑤
12	나는 학생들이 잘못하면 화부터 내기보다는 이유를 먼저 들어본다.	①	②	③	④	⑤
13	나는 발문이나 질문을 통하여 학생들이 스스로 답을 찾을 수 있도록 끈기있게 기다린다.	①	②	③	④	⑤
14	나는 쉬는 시간에도 학생들의 질문이나 이야기를 잘 들어준다.(예: 컴퓨터 화면을 보며 '응, 응'하지 않는다.)	①	②	③	④	⑤
15	나는 학생들의 말에 맞장구를 잘 쳐 준다.(예: 맞아, 그래, 그렇구나 등)	①	②	③	④	⑤
16	나는 학생들의 발표 내용을 다시 반복하여 말해 준다.	①	②	③	④	⑤
17	나는 수업이나 생활지도 장면에서 학생들에게 동의를 구하는 말을 한다.	①	②	③	④	⑤
18	나는 학생들의 농담을 잘 받아준다.	①	②	③	④	⑤
19	나는 학생들의 의견이나 제안을 쉽게 수용하는 편이다.	①	②	③	④	⑤
20	나는 학생들에 따라 말투나 억양이 달라지기도 한다.(예: 모범생과 문제 학생)	①	②	③	④	⑤
21	나는 학생들과 대화할 때 문제를 빨리 파악하고 대안을 미리 생각한다.	①	②	③	④	⑤
22	나는 수업 내용에 따라 의도적으로 말투를 다르게 한다.	①	②	③	④	⑤
23	나는 핵심이나 요점 중심으로 간결하고 명료하게 말하는 편이다.	①	②	③	④	⑤
24	나는 학생들이 모범적인 태도를 본받도록 하기위해 다른 학생이나 다른 반과 비교하는 말을 한다.	①	②	③	④	⑤
25	나는 잘못을 꾸짖을 때는 의도적으로 매우 단호하고 호된 말투를 사용한다.	①	②	③	④	⑤
26	나는 학생들 지도를 위해 협박성 말을 하기도 한다.(예: 부모님께 전화한다. 수행평가에 반영한다. 등)	①	②	③	④	⑤
27	나는 수업시간에 학생들의 반응을 재촉하거나 스스로 대답하기도 한다.	①	②	③	④	⑤
28	나는 중요한 내용을 설명할 때 아이들의 끼어드는 말을 무시하거나 저지하기도 한다.	①	②	③	④	⑤
29	나는 문제 상황에서 '다른 친구들에게 피해는 주지 말아야지.'라는 말을 한다.	①	②	③	④	⑤
30	나는 학생들의 사소한 문제에 대해서도 지적을 자주하는 편이다.	①	②	③	④	⑤
31	나는 수업시간에 의도적으로 유행어나 비속어를 쓰기도 한다.	①	②	③	④	⑤

32	나는 수업시간에 말하면서 비언어적인 요소에 신경을 쓴다.(예: 손동작, 표정, 몸짓, 빠르기, 억양 등)	①	②	③	④	⑤
33	나는 학생들에게 칭찬이나 격려하는 말을 잘하는 편이다.	①	②	③	④	⑤
34	나는 학생들의 마음이 감정을 헤아리며 대화하려고 한다.	①	②	③	④	⑤
35	나는 쉬는 시간이나 점심시간에 아이들과 이야기하는 것을 좋아한다.	①	②	③	④	⑤
36	나는 학생들과 대화할 때 나의 감정을 솔직하게 드러내는 편이다.	①	②	③	④	⑤
37	나는 수업시간에는 존댓말보다 반말을 쓰는 것이 편하다.	①	②	③	④	⑤
38	나는 수업 이외의 시간에는 학생들과 주로 반말로 대화한다.	①	②	③	④	⑤
39	나는 학생들과 허물없이 농담을 주고받는다.	①	②	③	④	⑤
40	나는 기분에 따라 표정이나 말투의 변화가 심한 편이다.	①	②	③	④	⑤

– 이상으로 '교사–학생 대화습관' 진단 문항 작성이 모두 끝났습니다. 각 유형별 문항에 대한 응답 번호가 점수입니다. 그 점수를 아래 빈칸에 합산하여 보십시오.

- ■ 교사 주도형(1–10번):
- ■ 학생 수용형(11–20번):
- ■ 문제 해결형(21–30번):
- ■ 정서적 공감형(31–40번):

– 아래 그림에 자신의 점수를 표시하고, 점수들을 연결하여 사각형을 그려 보세요.

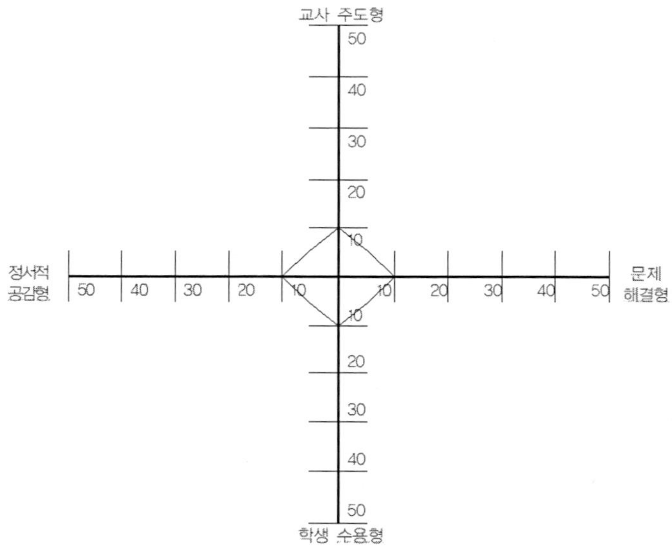

나. 자신이 가진 대화 습관의 장점과 단점에 대해 토의해보고 단점을 극복할 수 있는 방안을 말해 봅시다.

제10장

소집단 의사소통

> 소집단 의사소통의 대표적인 담화 유형인 토의 · 토론의 본질은 구성원들 간의 협력을 통해 공동의 문제를 해결하는 것입니다. 그러나 우리 주변에서 이루어지는 토의 · 토론에서는 서로에 대해 협력과 존중보다 자기주장만을 고집하거나 상대의 의견을 비방하는 모습을 쉽게 찾아볼 수 있습니다. 어떻게 하면 협력적이고 생산적으로 서로의 의견을 주고받을 수 있을까요?

1. 소집단 의사소통과 토의 · 토론

우리는 사회생활을 하면서 여러 집단에 속하게 된다. 어릴 적 유치원에서 친구들과 게임의 규칙을 의논하는 것에서부터 학교에서 학급회의를 하는 것, 직장에서 프로젝트 회의를 하는 것까지 우리는 다양한 소집단 의사소통을 경험하게 된다. 이처럼 소규모 집단에서 여러 사람의 의견을 모으고 정보를 공유하며 문제를 해결하기 위해 소통하는 것을 소집단 의사소통(Small Group Communication)이라 일컫는다.

가. 소집단 의사소통의 개념과 특성

Myers & Myers(1985)가 제시한 의사소통의 분류에 따르면 집단 의사소통(Organizational Communication)은 공식적인 조직 내에서 이루어지는 의사소통을 말한다. 이러한 집단 의사소통은 주로 공식적인 말하기의 형태로 이루어지며 여러 사람의 정보를 공유하고 문제를 합리적으로 해결하기 위한 방안을 모색하는 데 목적이 있다. 그리고 집단 의사소통의 형태는 친구들과 사적인 티타임을 가지는 것에서부터 전문가 집단의 포럼이나 정부 정책에 대한 공청회, 국제회의까지 그 규모와 형태가 다양하다.

소집단 의사소통은 흔히 3-6인 정도로 구성된 모둠 대화로 이루어진다. 이러한 소집단 의사소통은 대화 참여자의 수와 대화 전개양상 등에 있어 개인 간 대화로 전개되는 대인 의사소통이나 연설과 같은 다수의 청중을 대상으로 하는 대중 의사소통과는 다른 특징을 지닌다.

1) 상호교섭적 대화

소집단 의사소통에서 화자는 일방적인 의견을 전달하기 보다는 상대방의 의견을 경청하여 이를 바탕으로 자신의 의견과 비교하고 비판적으로 수용하여 자신의 의견을 다시 상대방에게 전달한다. 또 소집단 의사소통은 연설이나 스피치와는 달리 화자와 청자의 역할이 고정되어 있지 않고 화자와 청자의 역할을 동시에 수행하며, 의사소통은 참여자들이 끊임없이 상호교섭적으로 소통하며 보다 합리적인 의미를 구성해 나간다.

2) 절차와 규칙 준수

소집단 의사소통은 일대일 대화와는 달리 여러 사람이 대화에 동시에 참여하므로 참여자들이 보다 원활하게 소통하기 위해 일정한 대화의 절차와 규칙을 준수해야 한다. 예를 들어 토의에서는 사회자, 참여자와 같은 역할이 주어지고 참여자들은 사회자에게 발언권을 얻어 의견을 제시하며 서로 높임말을 사용하는 등의 규칙을 지켜야 한다.

3) 고등 사고력 요구

토의와 토론은 의사소통 과정에서 높은 수준의 사고력을 필요로 한다. 토의는 상대방의 의견을 비교하고 경청하여 보다 나은 해결책을 제시하여 공동의 문제를 해결하기 위해 참여자들에게 상호 협력적 사고를 요구한다. 토론은 주어진 논제에 대해 자신의 견해에 정당성을 가지기 위해 설득적인 대화를 펼치는 것으로 논리적 사고와 비판적 사고가 필요하다.

4) 참여자들 간의 관계

우리가 일상생활에서 나누는 대화에서도 상대방과의 관계에 따라 대화의 양과 질이 달라지는 것처럼 소집단 대화에서도 참여자들 간의 관계에 따라 대화의 양상이 달라진다.

참여자들 사이의 이해 정도와 관계가 서로 우호적인 경우 상보적이고 협력적 대화가 주로 이루어지고, 반대로 관계가 배타적인 경우 경쟁적인 대화가 이루어지는 경우가 많다.

나. 토의와 토론

소집단 의사소통의 대표적인 담화 유형은 토의와 토론이다. 우리는 흔히 토의·토론을 소집단 의사소통의 대표적인 담화 유형으로 묶어서 함께 설명하기도 하지만 조금 더 엄밀하게 살펴보면 토의와 토론은 서로 다른 개념이다.

먼저 토의(討議)는 사전적으로는 '이러한 문제에 대하여 함께 검토하고 협력하는 것'이라고 정의되며, 공동의 문제를 해결하기 위해 여러 사람이 의견을 모아 보다 나은 해결책을 마련하기 위해 행해지는 의미 교섭적 담화의 형태를 일컫는다. 반면 토론(討論)은 사전적으로는 '어떤 문제에 대하여 여러 사람이 각각의 의견을 말하며 논의하는 것'으로 정의되며 하나의 주제에 대해 서로 대립적인 의견을 가진 사람들이 상대방을 설득하기 위해 논쟁적 대화를 나누는 담화의 형태를 말한다.

〈표 1〉 토의와 토론의 차이[1)]

구분	토의	토론
목적	정보 및 의견의 교환	주장과 설득
의견 형태	다양한 의견	두 가지 의견(대립적)
참여자	모든 참여자	양편의 주장자
관계	상호 협력적	상호 경쟁적
사고력	문제해결력 및 협력적 사고	논리적. 비판적 사고력

토의가 정보 및 의견 교환이 목적이라면 토론은 주장과 설득에 목적이 있다. 또 토의에서는 문제해결을 위한 다양한 의견이 제시될 수 있지만 토론은 주로 찬반의 두 가지 대립적인 의견이 제시된다(구현정 외, 2005). 또한 토의는 소집단 의사소통에 참여하는 모든 참여자가 보다 나은 해결책을 마련하기 위해 상호 협력적인 관계를 유지하지만 토론은 찬반의 입장에 선 주장자들이 상대방을 설득하기 위해 상호 경쟁적으로 대화를 전개한다.

1) 구현정 외(2005: 342)의 내용을 참고하여 정리한 것임.

위와 같이 토의와 토론의 특성을 살펴보면 분명한 차이가 있다. 그래서 국어과 교육과정에서는 토의와 토론을 각각 독립적인 담화 유형으로 다룬다. 하지만 여타의 교육 장면이나 일상생활에서는 통합적인 개념으로 다루기도 한다. 왜냐하면 토의와 토론의 실제 과정에서는 두 담화 유형의 특성이 복합적으로 드러나기 때문이다. 토의 중 의견 조정 과정에서는 구성원 간의 대립이 발생할 때는 상호 경쟁적이어서 토론의 성격을 띤다. 반면에 찬반을 나누어 토론할 때 같은 주장을 하는 구성원 간의 대화는 협력을 중시하는 토의 성격을띤다. 따라서 이 장에서는 토의와 토론을 통합적인 관점에서 다루되 별도의 구분이 필요한 경우에는 독립적인 담화 유형으로 논의하도록 한다.

2. 토의 · 토론과 교육

일정한 규칙에 따라 주어진 주제에 대해서 친구들과 정보와 의견을 교환하여 문제를 해결하고, 자신과 다른 입장을 지닌 상대방의 이야기를 비판적으로 수용하고 상대방을 설득하는 말하기 능력은 학교 학습을 위한 중요한 역량이다. 뿐만 아니라 직장 생활이나 사회생활을 영위해 나가는 데 있어서 필수적인 능력 중 하나가 구성원들과 토의하고 토론하는 능력이다. 즉, 사회생활에서 핵심적인 의사소통 능력 중 하나인 토의·토론 능력을 기르기 위해 학교에서 규칙을 익히고 예절을 지켜 토의·토론하는 방법에 대한 교육이 필요하다.

가. 토의 · 토론 교육

학교에서의 토의·토론 교육은 토의·토론 자체에 대한 교육과 교과 학습을 위한 토의·토론 교육으로 대별된다. 전자는 주로 국어과에서 토의·토론의 절차와 방법을 익혀 토의·토론 능력을 신장시키는 데 초점을 둔다. 반면에 후자는 교과 학습 과정에서 토의·토론이 교수·학습 방법으로 활용되는 경우다.

1) 토의 · 토론에 관한 교육

국어과 교육과정에서는 토의·토론의 개념과 절차 등과 같은 토의·토론에 관한 교육의 내용을 제시하고 있다. 교육과정마다 토의·토론 교육을 시작하는 시기에 차이는 있지만 국어과 듣기·말하기 영역에서 꾸준하게 토의·토론에 대한 교육을 실시하고 있다.

교육과정의 변천에 따라 국어과 교육과정에서 토의·토론 교육이 다루어지는 시기도 조금씩 변화했다. 7차 교육과정에서는 4학년 1학기에 토의가 4학년 2학기에 토론이 처음으로 도입되었다. 이후 4학년 학생들에게 토론의 절차 및 과정이 다소 어렵다는 학교 현장의 의견이 반영되어 2007 개정 교육과정에서는 4학년에서 토의 교육을, 5학년에서 토론 교육을 시작하는 것으로 변화가 있었다. 이후 2012 개정 국어과 교육과정에서는 학년군 개념이 도입되어 5~6학년군에서 처음 토의·토론 교육을 시작하는 것으로 바뀌었다. 현행 2015 개정 교육과정에서는 3~4학년군에서 '회의에서 의견을 적극적으로 교환한다'는 내용이 있긴 하지만, 본격적인 토의·토론에 관한 내용은 5~6학년군에서 다루어진다. 2015 개정 국어과 교육과정에서 토의·토론 교육에 대한 성취기준과 교수·학습 방법, 평가 방법 및 유의사항은 다음과 같다.

> [6국01-02] 의견을 제시하고 함께 조정하며 토의한다.
>
> – 교수 · 학습 방법 및 유의사항
>
> ③ 발표, 토의, 토론 등 각각의 공식적 담화 상황의 특성에 초점을 맞추어 학습자가 공식적 말하기에 자신감을 가지도록 학습자의 수행에 대해 격려하고 칭찬하며 긍정적인 피드백을 한다.
>
> ⑤ 토의에 대해 지도할 때에는 학습자가 적극적으로 의견을 제시하도록 격려하되, 소수의 학습자가 발언권을 독점하지 않도록 유의한다.

> [6국01-03] 절차와 규칙을 지키고 근거를 제시하며 토론한다.
>
> – 교수 · 학습 방법 및 유의사항
>
> 토론에 대해 지도할 때에는 논제에 대한 입장을 정하고 주장을 뒷받침할 만한 논리적 근거를 찾아 상대방을 설득하는 방법을 익히도록 한다. 상대방의 의견을 존중하며 듣고 이를 통해 자기 주장의 문제점을 점검하면서 합리적으로 토론해 가는 과정을 익히도록 지도한다.
>
> – 평가 방법 및 유의사항
>
> 토론의 절차와 규칙에 대한 지식의 수준을 확인하기보다는 학습자의 토론 수행을 관찰함으로써 토론의 절차와 규칙에 대한 이해 및 실제 사용 수준을 평가한다.

위에서 살펴본 바와 같이 토의·토론 학습활동은 문제해결력, 논리적 사고력, 비판적 사고력과 같은 비교적 고등사고력이 요구되는 활동이므로 5-6학년군에서 주로 다루어 학습하며, 토의·토론의 절차와 규칙에 대한 지식의 습득보다는 수행과정과 토의·토론에 참여하는 태도를 중시한다. 이처럼 국어과에서 이루어지는 토의·토론 수업은 토의·토론에 대한 학습을 교육의 목적으로 두고 토의·토론의 의미와 일반적인 절차와 방법 등을 익히는 활동이 주가 되는 수업이다.

2) 토의 · 토론을 통한 교육

학교 현장에서는 여러 교과 수업에서 토의·토론 교육이 이루어지게 되는데 토의·토론 교육을 목적에 따라 크게 토의·토론에 대한 교육과 토의·토론을 통한 교육으로 나눌 수 있다. 토의·토론을 통한 교육은 국어과에서 배운 토의·토론을 타 교과의 수업에서 학습의 도구나 수단으로써 활용하고 적용하는 수업을 말한다. 예를 들어 사회과 수업에서 여러 가지 사회문제를 해결하기 위한 방법으로 토의를 활용하거나 과학 실험에서 탐구과정에 대한 소집단 토의를 하는 것, 도덕과 수업에서 인물의 행동에 대해 가치 토론을 하는 것 등이 있다. 우리가 학교 현장에서 토의·토론 교육을 하는 궁극적인 목적은 학생들이 토의·토론의 방법을 익히고 유용성을 체감하며 일상생활의 다양한 문제 상황에서 토의·토론을 활용하여 갈등을 원만하게 해결하고 보다 합리적이고 논리적인 의사 결정을 내리는 능력을 키워주는 데 있다. 따라서 여러 교과 학습에서 토의·토론을 활용하는 과정에서 학생들은 공동의 의견을 구성하고 지식을 습득하며 협력적 상호작용의 태도와 방법을 내면화 할 수 있다.

토의·토론 교육은 교사중심의 전통적인 강의식 수업에서 벗어나 학생 중심의 대안적 교육 방법론이 될 수있다. 학생들은 토의·토론의 과정을 통해 자신의 의견이나 가치 등을 정립하고 조정할 수 있다. 또 학생들끼리 서로 협력하여 정답을 찾아가고 그 과정에서 고등수준의 사고력을 신장시키기 때문에 미래 교육에서 필요한 교육방법으로 강조되고 있다.

나. 토의 · 토론 과정

앞서 언급한 바와 같이 토의와 토론은 차별성에 초점을 두어 독립적인 담화 유형으로 다루기도 하고, 토의·토론과 같이 관련성에 주목하여 통합적인 개념으로 다루기도 한다. 전자는 토의·토론에 관한 교육으로 토의와 토론의 개념과 절차를 중심으로 학습 내용이 구성되는 반면에, 후자는 다른 교육 목표와 내용을 학습하기 위해 토의와 토론이 방법론으로 활용된다. 여기에서는 국어과 교육과정에서 제시하는 토의·토론 교육 내용으로서 토의와 토론 과정과 토의·토론을 방법론으로 활용하는 토의·토론 수업 모형에 대해 살펴본다.

1) 토의의 과정

2015 개정 국어과 교육과정에서 토의는 5학년 1학기 '6. 토의하며 해결해요' 단원에서 다룬다. 이 단원에서는 토의의 개념을 '어떤 문제를 여러 사람이 협력해 해결하는 방법'이라고 개념을 정의한다. 그리고 토의 절차와 방법을 알고 토의를 활발하게 참여할 수 있도록 학습 내용이 구성되어 있다. 이 단원에서 제시된 토의 과정은 다음과 같다.

① 토의 주제 정하기: 먼저 토의하고 싶은 주제를 자유롭게 이야기를 나눈다. 그리고 토의 주제로 알맞은지를 판단하여 토의 주제를 결정한다.

② 의견 마련하기: 토의 주제와 관련하여 자신의 의견과 그 의견이 좋은 까닭을 생각한다. 자신의 의견을 분명하게 정리하기 위해서 글로 써도 된다.

③ 의견 모으기: 친구들과 의견을 주고받으면서 각 의견의 장단점을 찾는다. 또 제시한 의견이 알맞은지 판단기준을 세워서 기준에 따라 의견의 적절성을 판단한다.

④ 의견 결정하기: 판단 기준에 따라 가장 알맞은 의견으로 결정한다.

2) 토론의 과정

2015 개정 국어과 교육과정에서 토론은 5학년 2학기 '6.타당성을 생각하며 토론해요' 단원에서 제시된다. 이 단원에서는 토론을 상대를 설득하는 경쟁적 의사소통이지만, 궁극적으로는 참가자들의 주장이 대립하면서 최선의 결론에 이르는 것을 목적으로 한다. 그리고 토론의 절차와 방법을 익혀 절차와 방법에 따라 양측으로 의견을 나누어 학생들

이 직접 토론해 보는 것으로 구성되어 있다. 이 단원에서 토론 과정은 다음과 같이 제시되어 있다.

① 주장 펼치기: 토론 주제에 대한 자신의 찬성 또는 반대 주장을 근거를 들어 펼치는 것을 말한다. 이 과정에서는 찬성편이 먼저 주장과 근거를 말한 후에 반대편이 주장을 펼친다.

② 반론하기: 상대편의 주장과 근거에 타당성, 근거 자료에 대한 신뢰성, 객관성 등에 대해 따져 반박하는 것을 말한다. 이 과정에서는 먼저 반대편이 찬성편이 제시한 주장에 대한 반론 및 질문을 하면 찬성편이 질문에 대한 답변 및 반박을 한다. 그리고 나서 찬성편이 반대편이 제시한 주장에 대한 반론 및 질문을 하면 반대편이 질문에 대한 답변 및 반박을 한다.

③ 주장 다지기: 상대의 주장과 반론에 대한 정리를 하고 자신의 주장과 근거를 다지는 것을 말한다. 이 과정에서는 찬성편이 자기편의 주장을 정리하고 강조하면 이어서 반대편이 자기편의 주장을 정리하고 강조한다.

④ 판정하기: 심사 기준에 따라 점수를 매기고 승패를 판단한다. 이 과정은 생략할 수도 있고 토론의 마지막 단계로 포함할 수도 있다.

3) 토의 · 토론 학습 모형

토의·토론 학습 모형은 교사와 학생 또는 학생들끼리 일정한 규칙과 단계에 따라 대화를 나눔으로써 학습 문제를 해결하거나 학습목표에 도달하고자 하는 공동 학습 모형의 한 형태이다. 토의는 공동의 관심사인 특정 문제에 대해 바람직한 해결 방안을 찾으려고 구성원들이 협력적으로 의견을 교환하는 대화 형태이다. 반면에 토론은 찬반 의견이 분명한 특정 문제에서 각각의 의견을 대변하는 사람들이 이 쟁점을 두고 논쟁하는 대화 형태이다. 따라서 학습 상황에 따라 토의 학습 모형과 토론 학습 모형으로 나눌 수도 있다. 2015개정 국어과 교육과정에 제시된 토의·토론 학습 모형은 다음과 같다(교육부, 2019a: 386-387).

〈표 2〉 토의 · 토론 학습 모형

단계	주요 활동
주제 확인하기	– 동기유발 – 학습 문제 확인 – 토의 · 토론 목적 및 주제 확인
토의 · 토론 준비하기	– 주제에 대한 자신의 관점 정하기 – 주제와 관련한 자료 수집 및 정리 – 토의 · 토론 방법 및 절차 확인
토의 · 토론하기	– 각자 의견 발표 – 반대 또는 찬성 의견 제시
정리 및 평가하기	– 토의 · 토론 결과 정리 – 토의 · 토론 평가

주제 확인하기는 토의나 토론의 목적을 명확히 하고, 주제를 확인하거나 선정하는 단계이다. 토의·토론 준비하기는 주제에 대한 자신의 관점을 정하고, 관련 자료를 수집하고 정리하며, 토의·토론 방법 및 절차를 확인하는 단계이다. 이때 각종 도서나 인터넷 검색, 토의, 조사 등의 다양한 방법으로 자료를 확보할 수 있다. 토의·토론하기는 정리된 자료를 바탕으로 하여 자신의 의견을 제시하고, 다른 사람의 의견에 찬성 또는 반대의견을 제시하는 단계인데, 이때 토의나 토론의 규칙을 준수하도록 강조한다. 정리 및 평가하기는 토의·토론 결과를 정리하고, 토의·토론 과정을 점검하고 평가하는 단계이다.

토의·토론 학습 모형은 간단한 정보나 지식의 습득보다는 고차적인 인지 능력의 함양에 적합하며, 특정 문제의 해결 방안을 모색하거나 태도 변화를 꾀하는 데 적합하다. 이 모형은 학습자의 자발적인 참여와 창의적인 사고가 필요하다. 또 학습자의 의사소통 기능과 대인관계 기능이 수업 성공의 관건이 된다. 따라서 교사는 학습자가 책임 의식을 가지고 적극적으로 토의·토론에 참여할 수 있도록 지속적으로 관심을 유도해야 하고, 토의·토론에 필요한 기본 화법 등 토의·토론의 방법과 절차를 사전에 꾸준히 지도해야 한다.

3. 토의·토론 수업 전략

토의·토론 수업에서의 핵심은 참여자들의 적극적인 참여와 상호교섭적인 의사소통의 실현이다. 그러나 실제 학교에서 토의·토론 수업을 진행해 보면 학생뿐만 아니라 교사들도 토의·토론 수업에 어려움을 느끼는 경우가 많이 있다. 따라서 토의·토론 수업 장면과 참여자 유형 및 토의·토론 과정에 따라 토의·토론 활동을 촉진하기 위한 수업 전략들에 대해 살펴보고자 한다.

가. 토의 · 토론 유형별 지도 전략

1) 대화 유형에 따른 지도 전략

토의·토론의 대화 양상은 크게 논쟁대화, 누적대화, 탐구대화로 나누어진다. 토의·토론 담화에서 드러나는 학생들의 대화 유형에 따라 토의 토론을 촉진할 수 있는 전략을 살펴본다.[2)]

가) 논쟁대화

논쟁적인 대화(disputational talk)에서는 참여자들 사이에 말차례가 공정하게 교환되지 않고 서로의 대화를 경청하지 않으므로 정보가 공유되지 못하고 서로 경쟁적으로 대화에 참여한다. 또한 참여자들은 자신의 방식대로 토의의 과정을 처리하며 상대방의 의견에 대해서 서로 충돌하며 비난한다. 이는 소집단의 구성원들이 모두 경쟁적인 성향을 가지고 있고 상위수준의 학생들로 구성된 경우에 나타나는 경향이 있다.

> 학생들이 8개의 타일 중 바탕 모양과 일치할 것 같은 하나의 타일을 골라야 한다.
>
> 가빈: 야, 내가 말했잖아!
> 민우: 됐어, 조용히 해!

2) 이창덕 외(2007:183-186)에서는 다음과 같은 몇 가지 학생들의 대화 유형을 소개하고 있다. 이를 바탕으로 본고에서는 대화자료의 가독성을 높이기 위해 대화 내용과 학생 이름 등을 수정하여 제시하였다.

가빈: 사람들이 생각하기를...
민우: 잘난 척 그만해!
진철: 이것들이 뭔지 난 알아.
가빈: 하나, 둘, 셋. 이제 내 차례야.
민우: 아니야, 네 차례가 아니야! 바로 1분 전에 네 차례였다고!
진철: 8번이야.
민우: 지금 네 차례야.
진철: 8번과 7번.
가빈: 내 차례야. 바보같은 소리 마.
(중략)
민우: 이번은 네 차례야. 아니야, 내 차례야. 저거.
가빈: 저거.
가빈: 아니야, 저거는 이미 끝났어.

위 사례 학생들의 대화를 살펴보면 대화에 참여하는 모든 학생들이 상대방의 대화를 듣지 않고 경쟁적으로 자신의 의견만 제시하며, 상대방의 의견에 비난하는 모습을 볼 수 있다. 이러한 논쟁대화의 양상을 띠는 소집단 대화에서는 토의 전 상대방의 말을 경청하는 연습하기 또는 토의 과정에서 발언 마이크, 대화카드 사용하기3) 등 상대방의 말을 경청하고 발언권을 얻어 대화에 참여할 수 있는 장치를 마련하는 방법을 사용할 수 있다.

나) 누적대화

누적대화(cumulative talk)는 비판적이거나 논리적인 판단 없이 서로의 의견이 누적되기만 하는 대화 양상을 말한다. 이때 참여자들은 서로의 의견에 대해 우호적이지만 상대방의 생각에 대해 의문을 제기하지 않고 의견을 수용한다. 이런 경우 의견이 정교화 되거나 논제에 대한 심층적인 탐구가 이루어지지 않아 토의·토론의 궁극적인 목적을 달성하는데 어려움을 겪는다. 이러한 대화 양상은 상대적으로 학습 수준이 낮거나 공감적 성향이 높은 학생들로 이루어진 소집단에서 주로 나타난다.

3) 대화카드 사용하기의 방법은 토의 시작 전 참여자 모두에게 동등한 개수의 카드 또는 토큰 등을 제공하고 발언을 할 때 마다 카드를 내려놓게 하여 모든 참여자에게 동등하게 발언할 기회를 제공하는 방법이다.

> 학생들이 수집한 자료를 바탕으로 자료의 형태를 분류하고 있는 중이다.
>
> 유빈: 좀 나아 보이니?
> 준우: 좋아.
> 유빈: 아래로, 그래.
> 준우: 좋아, 좋아.
> 유빈: 괜찮아? 아니면 너무 작니?
> 준우: 좋아. 뭐지... 첫 번째, 두 번째 페이지도 다 된 것 같은데.
> 준우: 그거 어떻게 읽어?(인용구를 읽는다.)
> 유빈: 응 좋아, 뭔가 해야 하는데, 왜냐하면 여기서 동물 테스트를 했거든. 조금 다른 뭔가를 해야 해, 이게 조금 딱딱해 보여.
> 준우: 알고 있어. 2쪽에는 그거 넣지 않을 거야.
> 유빈: 4쪽.
> 준우: 난 3쪽에 넣지 않는다고 이야기했어.
> 유빈: 알아.

위의 사례에서 준우와 유빈이는 서로의 의견에 우호적인 입장을 보이며 무비판적으로 수용하는 모습을 보이고 있다. 이 경우 토의 전 단계에서 이질적인 수준을 가진 학생들로 집단을 구성하거나 자신의 입장에 대한 논리적 근거를 마련하고 서로의 의견을 비판적으로 살피며 공동의 의견을 발전시킬 수 있도록 지도해야 한다.

3) 탐구대화

탐구대화(exploratory talk)에서는 참여자들이 상대방의 생각을 논리적이고 비판적인 태도로 수용하고 질문을 던진다. 이를 통해 구성원들의 의견을 발전시켜 나가며 협력적으로 새로운 지식을 구성하게 된다.

> 서우: 너는 어떻게 생각하니?
> 원규: 너는 어떻게 생각하는데?
> 민지: 그가 비록 그녀의 친구라 해도, 음, 그녀는 그에 대해서 말해서는 안 된다고 생각해. 왜냐하면 어 글쎄 케이트가 로버트에 대해 말해야 해. 만약 로버트가 물건을 훔친다면, 그런 친구가 있다는 것은 안 좋지 않니?
> 서우: 그래.
> 원규: 왜? 나는 동의하지 못하겠는데?

(중략)

민지: 만약 그가 도둑질을 하려 한다면 친구라는 것이 의미가 있겠니?
서우: 로버트가 물건을 훔친다면 알다시피 그가 물건을 훔치고 케이트가 자기 부모님에게 말하지 않는다면, 로버트는 훔친 물건을 들고 도망쳐 버릴 거야.
민지: 도둑질한 친구를 두는 것은 가치가 없지 않니?
원규: 좋아, 그런데.
서우: 가치가 없지 않니?
원규: 그녀의 부모님께 말해야 해.
민지: 좋아, 계속하자.

위 예시는 학생들은 인물의 행동에 대해 토의하며 나눈 탐구적 대화이다. 이 대화에서 참여자들은 서로의 의견을 비판적으로 수용하고 서로의 의견에 대해 활발히 질문한다. 이러한 집단의 학생들에게는 교사가 새로운 상황을 추가하거나 관점을 달리할 수 있는 심층 질문을 제공할 수 있다.

2) 참여자 유형에 따른 지도 전략

토의·토론 수업에 참여하는 학생들은 각자 다른 가치관, 배경지식, 태도 등을 가지고 있기 때문에 다양한 참여 형태를 보인다. 토의·토론 활동에서 나타나는 다양한 참여자 유형과 유형별 특징에 대한 이해를 바탕으로 적절하게 지도한다면 토의·토론 활동을 촉진하는데 도움이 될 것이다.

가) 침묵형

침묵형 참여자는 토의·토론에서 아무 말도 하지 않고 있는 유형의 참여자를 말한다.학생들이 토의나 토론에서 침묵을 유지하는 이유는 소극적인 성격이거나 토의 문제에 관심이 없는 경우, 주제에 대하여 어떠한 의견을 제시해야 할지 모르는 경우 등으로 다양하다. 침묵형 참여자가 많은 경우 사회자 혼자 토의·토론을 진행하거나 소수의 일부 의견에 의해 결론 지어지는 경우가 많다. 이러한 유형의 참여자를 토의·토론 활동에 적극적으로 참여하게 하는 방법으로는 토의·토론에 앞서 다양한 소집단 활동에 대한 긍정적인 경험을 하거나 주제에 대해 충분한 이해를 할 수 있도록 다양한 자료를 제공하고 허용적인 토의·토론의 분위기를 조성해야 한다.

나) 다변형

다변형 참여자는 토의·토론에서의 발언 기회를 독식하여 자신의 의견만 계속 피력하는 경우를 이야기한다. 최근에는 이렇게 자신의 말만 주도적으로 하고 말이 많은 사람들을 일컬어 TMT(Too Much Talker)라고 부르는 신조어도 생겨났다. 소수의 다변형 참여자에 의해 토의·토론이 진행되는 경우 다른 참여자들의 발언 기회가 줄어들고 소수의 의견에 의해 대화가 좌우된다. 이러한 참여자를 중재하기 위해서는 한 사람에게 주어진 발언 횟수나 발언 시간 등을 제한하고 사회자가 발언 기회를 고루 제공할 수 있도록 한다.

다) 갈대형

갈대형 참여자는 자신의 의견을 제시하기는 하지만 다른 사람들의 의견에 의해 본인의 의견이 지속적으로 왔다 갔다 하는 참여자의 유형이다. 토의·토론 활동에서 참여자 간의 의미교섭을 통해 인식의 지평이 확장되고 의견이 변화하는 것은 유의미한 현상이지만 갈대형 참여자 경우 논리적 근거 없이 맹목적으로 상대의 의견을 좇는 경우를 의미한다. 이러한 참여자에게는 타당하고 논리적인 근거를 들어 의견을 제시하는 연습을 하고 기준에 의해 판단할 수 있도록 하는 것이 도움이 된다.

라) 과격형

과격형은 다른 참여자의 발언을 무시하거나 경청하지 않고 자신의 주장만 옳다고 하거나 다른 사람의 주장을 비판하기만 하는 참여자를 말한다. 이러한 참여자가 토의·토론의 좌우하는 경우 토의·토론이 원래의 논지에서 벗어나 감정적으로 흘러가게 되고 참여자들의 감정을 상하게 만들어 관계의 목적을 파괴하게 된다. 이러한 경우 사회자는 참여자에게 감정적 발화보다는 주제와 목적에 어울리는 의견을 제시해 줄 것을 단호하게 이야기할 필요가 있다. 또 토의·토론이 상대방을 이기기 위해서 진행하는 것이 아니라 여러 의견을 듣고 가장 좋은 의견을 선택하거나 상반되는 입장에 대한 의견을 비판적으로 수용하는 태도를 기르는 데 목적이 있음을 상기시킬 필요가 있다.

나. 토의 · 토론 과정별 촉진 전략

토의·토론의 촉진 전략은 토의 과정, 상황 목적에 따라 다양하게 분류할 수 있지만 본고에서는 토의·토론의 일반적인 전, 중, 후 단계로 나누어 각 단계에서 토의·토론을

활성화하기 위해 사용할 수 있는 전략들을 살펴보고자 한다.[4)]

1) 토의 · 토론 전 촉진 전략

토의·토론을 본격적으로 시작하기 전에 모둠을 어떻게 구성하고 어떤 규칙을 설정하느냐에 따라서 토의·토론의 방향이 달라질 수 있다.

가) 모둠 구성하기

토의·토론의 상황과 수업 목적에 따른 효과적인 모둠을 편성하는 것은 활발하고 유의미한 토의·토론의 기본적인 조건이다. 대부분의 수업에서는 다양한 참여자들의 협력을 통한 의미구성을 위해 주로 학습 수준, 성별, 성격 등의 기준을 두어 이질 집단으로 모둠을 편성한다. 하지만 학생들이 토의·토론 참여 경험이 적거나 대화가 특정 학생들의 주도하에 전개되는 경우 동질집단으로 모둠을 편성하는 것도 방법이 될 수 있다. 특히 성별이 같거나 성격이 비슷하고 평소 친한 관계의 학생들로 소집단을 구성할 때 오히려 대화가 활발하게 전개되는 경우가 많다. 또 수업 상황에 따라 공통의 주제나 관심사에 따라 모둠을 편성하면 참여자들의 적극적인 참여를 유도할 수 있다.

나) 규칙 설정하기

토의·토론은 기본적으로 공식적인 의사소통의 상황이므로 간단한 규칙과 절차가 존재한다. 하지만 각 교실의 상황에 맞게 토의·토론 수업 전에 규칙을 설정한다면 효과적인 토의·토론을 전개할 수 있을 것이다. 규칙을 정할 때는 교사가 일방적으로 정하기보다는 학생들 스스로 실천할 수 있는 규칙을 정하도록 한다면 참여도가 더욱 높아질 것이다. 말차례가 잘 지켜지지 않는 학급에서는 한 번씩 돌아가면서 말하기, 다른 친구가 말할 때 끄덕여주기 등의 규칙을 발표에 소극적인 학급에서는 한 번씩은 꼭 참여하기, 서로 칭찬해주기 와 같은 참여의 규칙을 정할 수 있다.

다) 역할 부여하기

토의·토론에 참여하는 학생들에게 교사가 역할을 부여하게 되면 학생들은 수업에

---

4) 이하 내용은 박창균(2017)을 참고하여 재구성한 것이다.

책임감을 가지고 참여하게 되고 토의·토론에 무임승차하거나 소극적인 학생들에게도 참여 동기를 자극하는 효과를 볼 수 있다.

라) 관계 형성하기

토의·토론 수업에 앞서 간단한 협력 놀이나 게임 활동을 진행하면 소집단 간의 우호적인 관계를 형성하고 허용적인 분위를 조성할 수 있다. 이를 통해 학생들이 토의·토론이 어렵고 딱딱한 것이 아니라는 생각을 가지고 긍정적인 마음으로 수업에 참여하게 한다.

마) 주제 선정하기

주제를 선정할 때에는 학생들의 생활과 밀접한 관계를 가지고 있어 참여 동기를 부여할만한 것으로 정하는 것이 좋다. 또 주제에 따라 내용이 학습자들의 배경지식과 과 관련된 것이라면 확산적 기법의 아이디어 생성 활동을 다루고 사회적인 문제와 관련된 것이라면 사전에 주제에 대해서 학생들이 조사할 수 있는 기회를 충분히 제공해야 한다.

2) 토의 · 토론 중 촉진 전략

토의·토론이 본격적으로 진행되는 단계에서는 모두가 참여하여 의견을 나누고 문제를 해결하는 과정에서 사고의 폭과 깊이가 더해질 수 있도록 도와주어야 한다.

가) 학습 도구 사용하기

다양한 토의·토론 학습 도구는 학생들의 흥미와 관심을 높이고 효과적인 학습 활동을 촉진하는데 중요한 자료가 된다. 예를 들어 모형 마이크나 이야기 막대(Talking Stick)[5], 이야기 칩 등을 사용하여 학생들의 발언을 활성화하거나 규제하는 역할을 할 수 있다. 또 신호등 토론에서 신호등 카드나 명목집단 토의에서 붙임쪽지(post-it), 월드카페에서의 스케치북 등의 활용은 각각의 토의·토론 활동을 촉진하고 학생들의 의견을 가시화할 수

---

5) 18세기 아메리카 인디안 부족연맹체였던 이로코이족(族)에게 '토킹 스틱(Talikng Stick)'은 절대적인 회의 진행 수단이었다. 토킹 스틱은 대머리 독수리 모양이 새겨진 1.5m짜리 지팡이로 발언은 지팡이를 쥔 사람만 할 수 있고, 말하는 동안 누구도 끼어들거나 찬반을 말할 수 없다. 발언자는 자신의 뜻을 다른 사람들이 정확히 이해했는지 거듭 확인한 뒤 옆 사람에게 지팡이를 넘긴다. 이처럼 모든 참여자가 차례로 말하고 들으면서 각자의 말을 이해했다고 느끼는 과정을 통해 부정적 감정과 소모적 논쟁은 사라지고 서로를 존중하고 창의적 아이디어를 생성할 수 있다.

있다는 장점이 있다.

나) 토의·토론 기법 활용하기

토의·토론 수업을 전개할 때 기본적인 방법에 따라 활동을 전개할 수도 있지만 약간의 놀이나 방법들이 변형된 토의·토론 기법을 사용하면 참여자들의 참여도를 높이고 토의·토론에 대한 흥미를 유발할 수 있다.[6)]

다) 사고를 촉진하는 질문하기

토의·토론에서의 질문은 참여자들이 적극적으로 생각하고 다양한 관점에서 생각할 수 있는 기회를 제공한다. 예를 들어 학생들이 논제에서 어긋나는 의견을 제시하거나 객관적이지 않은 근거를 제시하는 경우 이에 반박하는 질문을 제시함으로써 의견에 타당성과 신뢰도를 확보하도록 유도할 수 있다. 토의·토론의 핵심은 주제에 대한 심층적인 탐구를 통한 논리적이고 비판적인 사고를 하게 하는 것이므로 개방적이고 탐구적인 질문은 이러한 사고를 촉진하는데 도움이 된다.

라) 경청을 격려하기

토의·토론의 상호교섭적으로 의미를 구성해 나가는 의사소통의 과정으로 주제에 대한 자신의 의견을 잘 말하는 것도 중요하지만 상대방의 의견을 경청하여 더 나은 해결방안을 모색하거나 논리적으로 비판하는 것 또한 중요하다. 경청의 표현은 서로에 대한 존중이며 이는 대화의 질과 밀접하게 연관된다. 따라서 참여자들이 대화 과정에서 '시선 맞추기, 바른 자세 유지하기, 고개 끄덕이기, 맞장구치기'와 같은 방법을 활용하여 상대방의 의견을 경청할 수 있도록 격려해야 한다.

마) 순회지도하기

교사는 순회지도를 통해 학생들의 토의·토론을 촉진할 수 있다. 토의·토론의 과정을 관찰 및 점검하고 효과적인 발문과 피드백을 제시함으로써 학생의 참여를 이끌어 내고 학

---

6) 수업에서 활용할 수 있는 다양한 토의 · 토론의 기법들이 있지만 명목집단 토의, 교차 토의, 가치수직선 토론, 신호등 토론 등의 방법을 탐구 및 실습과제에서 자세하게 살펴보고자 한다.

습목표 달성을 지원할 수 있다. 이때 교사가 의례적으로 개입하고 있지는 않은지, 참여자들의 참여도, 진행과정의 적절성과 목적을 가지고 관찰하고 있는지, 적절한 피드백을 제공하는지 등을 고려하여야 한다.

3) 토의 · 토론 후 촉진 전략

토의·토론을 정리하는 과정에서는 토의·토론 활동을 반성적으로 성찰할 수 있는 기회를 제공하고 생활에 적응할 수 있는 기회를 제공하는 것이 중요하다.

가) 토의·토론 과정 점검하기

토의·토론 수업은 소집단 단위로 이루어지는 공식적인 말하기 상황이므로 학생들이 일상생활에서 친구들과 나누는 대화나 다른 수업대화와는 다른 양상을 띠기 마련이다. 따라서 수업 후에는 토의·토론 준비과정, 역할 분배, 참여 태도, 주장 및 근거의 적절성 등 토의·토론의 준비부터 전 단계에 대한 점검의 시간을 가지는 것이 좋다. 이때 토의·토론 과정 점검에 대해서 자유롭게 이야기하면서 더 나은 토의·토론을 위한 방법을 학생들과 함께 모색할 수 있다.

나) 다양한 평가 방법 활용하기

토의·토론 수업이 끝난 뒤에는 토의·토론 참여도, 토의·토론의 내용, 토의·토론의 규칙 준수 등에 대하여 자기평가, 상호평가 등의 평가 주체를 다양화하여 평가할 수 있다. 이는 학생들로 하여금 토의·토론 전반에 대해 상위인지적으로 반성할 수 있는 기회를 제공한다. 또 구술평가, 일화 기록, 녹화자료 평가 등으로 평가 방법을 달리하면 토의·토론 수업 개선에 활용하고 학생들에게 피드백을 제공하는 데 유용하다.

다) 생활에 실천·적용하기

토의·토론 수업을 하는 교육적 목표는 학생들이 생활 속에서 겪는 다양한 갈등 상황에서 다양한 사람과 의견을 공유하여 최선의 대안을 마련하고 논리적이고 비판적인 태도를 통해 인식의 지평을 확장하게 하는 데 있다. 따라서 토의·토론 수업을 통해 얻어진 결론을 생활 속에서 직접 실천하거나 적용해 보는 후속 활동을 통해 토의·토론의 의의를 직접 경험하게 하는 것은 토의·토론 교육의 궁극적인 목적에 부합한다고 할 수 있다.

학교 현장에서 토의·토론은 간단한 짝 대화, 모둠 대화에서부터 학급 토의, 주제 토론 등 다양한 수업 장면에서 활용된다. 가장 이상적인 토의·토론은 모든 참여 학생이 상호 간 촉진자가 되어 참여하는 것이다. 소집단 의사소통에 참여하는 학생 모두가 적극적으로 상대방의 말에 경청, 질문하고 자신의 의견을 논리적이고 합리적으로 전달하는 과정을 통해 의미교섭 활동에 참여함으로써 토의·토론 교육의 교육적 가치를 실현할 수 있을 것이다.

탐구 및 실습

1. **토의하기** 교차 토의(Cross Interview), 명목집단 토의(Nominal Group Technique), 의사결정 그리드(Decision Grid) 기법을 활용하여 토의해 봅시다.

가. 교차 토의법을 활용한 토의를 해 봅시다.

교차 토의법은 인터뷰의 방식을 활용하여 주제에 대해 다양한 의견을 모으는 토의방법을 말한다. 인터뷰 활동을 통해 해당 주제에 직접적으로 관련 있는 인물이 되어봄으로써 주제에 대해 더욱 깊이 있는 이해와 해결방안을 도출할 수 있다.

〈교차 토의법의 과정〉

(1) 질문할 준비가 된 사람부터 기자가 되어 다른 사람을 찾아가 인터뷰를 신청한다.
(2) 기자는 질문지를 바탕으로 인터뷰한다.
(3) 기자와 인터뷰 대상자의 역할을 바꾸어 다시 인터뷰한다.
(4) 인터뷰 시간 종료 후 조사한 내용을 모둠에서 모여 정리하고 발표한다.

1) 다음 토의 주제에 대해 토의 해 봅시다.

주제: 어떤 수업이 좋은 수업인가요?

① 자신의 경험을 바탕으로 '좋은 수업'에 대해 생각해 봅시다.

② 기자와 인터뷰 대상자의 역할을 정해서 질문과 답변을 주고받아 봅시다.

▪ 답변 내용 1

▪ 답변 내용 2

2) 토의 결과를 발표하고 '좋은 수업'의 의미에 대해 이야기 나누어 봅시다.

나. 명목집단 토의와 의사결정 그리드를 활용한 토의를 해 봅시다

명목집단 토의는 집단 속에서 활동을 하지만 실제로는 구성원 개개인이 의견을 형성하고 개진하는 의견 수렴 방법을 의미한다. 명목집단법에서 토의 참가자들은 주어진 주제에 대한 자신의 생각을 붙임쪽지, 노트, 토의 양식, 카드 등에 자유롭게 정리할 시간을 부여받게 되며, 이때 개인의 의사결정 과정에는 팀원들 간의 개입이나 비평이 허용되지 않는다.

의사결정 그리드는 흔히 다수결의 원칙에 따라 의사를 결정하면서 발생하는 문제점을 해결하기 위해 합의에 의한 모둠의 의견을 도출하기 위해 사용된다. 이 방법은 복수의 기준을 고려하여 평가함으로써 최적의 대안을 도출하거나 우선순위를 정할 목적으로 활용하는 방법이다. 평가 기준은 토의 목적, 주제, 내용 등에 따라 다양하게 선택할 수 있다(예: 중요성, 실행 가능성, 시급성, 차별성, 합리성, 공감도 등).

1) 다음 토의 주제에 대한 자신의 의견을 붙임쪽지(post-it)에 각각 한 가지씩 적어 봅시다.

주제: 상습적으로 지각하는 학생을 어떻게 하면 제 시간에 등교하게 할 수 있을까?

2) 의사결정을 위한 가로와 세로의 기준을 정하고, 개인이 작성한 붙임쪽지를 모둠별로 토의를 거쳐 의사결정 그리드에 붙여 봅시다.

어떤 의견이 가치 있나요?

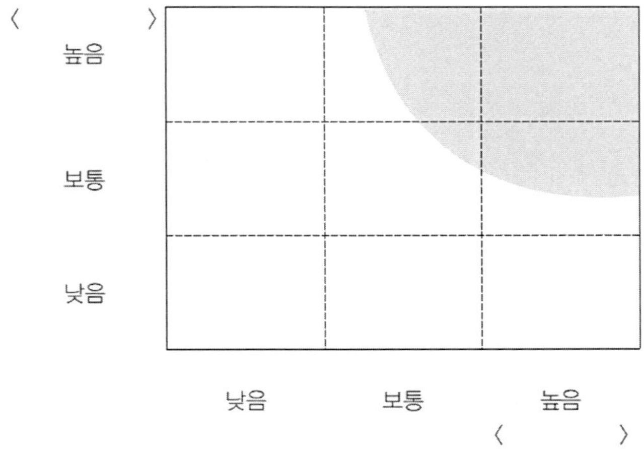

3) 각 모둠에서 선택한 최종 아이디어를 발표해 봅시다.

2. 토론하기 가치 수직선 토론과 신호등 토론을 해 봅시다.

가. 가치 수직선 토론 방법을 활용하여 토론해 봅시다.

가치 수직선 토론은 가치에 대한 개인의 의견을 수직선위에 표시함으로써 개인의 가치 판단을 경험하고 표현하는 토론기법이다. 이는 어떤 가치에 대해 판단을 할 때 단순히 가치의 옳고 그름의 이분법적인 방법으로 표현하는 것이 아니라 가치 스펙트럼 안에서 자신의 의견을 표현하게 한다는 점이 가장 큰 특징이다.

〈토론 방법〉

(1) 가치문제 제시하기: 판단이 필요한 가치문제의 상황을 제시한다.
(2) 판단의 기준 제시하기: 가치에 대한 판단의 기준점을 숫자로 0–5까지 수직선에 제시한다.
(3) 의사결정하기: 가치에 대한 학생 개개인의 의사를 결정한다.
(4) 처음 의견 표시하기: 가치 판단의 근거를 생각하고 자신의 처음 의견을 수직선 위에 나타낸다.
(5) 의견 나누기: 가치 수직선에 나타난 처음 의견의 분포 정도를 확인하고 각자 선택한 가치에 대해 학생들의 입장과 그렇게 생각한 이유를 들어본다.
(6) 최종 의견 정하기: 토론 후 입장에 변화가 있는 학생은 자신의 가치 수직선에 자신의 의견을 옮겨 변경된 위치를 표시한다.

1) 아래의 주제에 대한 자신의 의견을 표시하고 그렇게 생각한 이유를 적어봅시다.

주제 : 교원에 대한 학부모와 학생의 정량적 평가는 이루어져야 한다.

2) 주제에 대한 전체의 의견을 칠판이나 큰 종이에 시각화하여 나타낸 뒤 각자의 의견을 발표해 봅시다.

3) 토론 후 자신의 최종 의견을 말해 봅시다.

나. 신호등 토론 방법을 익혀 토론해 봅시다.

신호등 토론이란 참여자들이 신호등 색깔(초록, 노랑, 빨강)의 의사표시 카드를 가지고 토론을 전개하는 가벼운 게임식 토론기법이다. 토론 참여자들이 토론 주제에 대하여 의견이 찬성일 경우 초록색 카드를 반대일 경우 빨강 색의 카드를 들어 보이고, 판단이 서지 않거나 중립인 경우 노란색의 카드를 들어 자신의 의견을 표시한다. 다음 토론 방법을 참고하여 신호등 토론을 해 봅시다.

〈토론 방법〉

(1) 모든 참가자에게 빨강(●), 노랑(●), 초록(○)의 신호등 표지카드를 나누어 준다.
(2) 토론 주제를 제시하고 주제에 대한 학생들의 처음 의견을 신호등 카드로 표시하게 한다.
(3) 사회자가 찬성(초록)편부터 지목하여 참여자들의 의견과 근거를 공유한다.
- 사회자는 참여자들의 처음 의견 결과를 칠판에 시각화하여 제시하고 찬성(초록), 반대(빨강) 의견을 표시한 사람을 균형 있게 지목하며 질문을 던진다. 또 중립(노랑)의 의견을 제시한 참여자에게도 반드시 이유와 함께 의견을 제시할 기회를 부여한다.
(4) 반대(빨강)편부터 앞의 의견에 대한 반론을 제시한다.
(5) 참여자들의 최종 의견을 선택하여 신호등 카드로 표시하고 결과를 정리한다.
(6) 의견이 바뀐 학생이 있으면 바뀐 이유를 다른 참여자들과 공유한다.

"교원에 대한 학부모와 학생의 정량적 평가는 이루어져야 한다"	
1. 토론 방법	근거와 함께 자신의 의견을 정한 뒤 학습지에 적고 신호등 카드를 활용하여 찬성-○, 반대-●, 중립-● 으로 의견을 표현합니다.
2. 처음 입장 ☑	□ ○ 초록 신호등 : □ ● 빨강 신호등 : □ ● 노란 신호등 :
3. 내 입장에 대한 근거	근거1. 근거2. 근거3.
4. 상대방 의견에 대한 반론	반론 1. 반론 2.
5. 나의 최종 의견☑	□ ○ 초록 신호등 : □ ● 빨간 신호등 : □ ● 노란 신호등 :

제 11 장

가족 의사소통

높고 높은 하늘이라 말들 하지만
나는 나는 높은 게 또 하나 있지
낳으시고 기르시는 어머님 은혜
푸른 하늘 그보다도 높은 것 같애

어버이 은혜 中

스승의 은혜는 하늘 같아서
우러러 볼 수록 높아만 지네
참되거라 바르거라 가르쳐 주신
스승은 마음의 어버이시다

스승의 은혜 中

위의 두 노래는 묘하게 많은 부분이 닮아있습니다. 부모와 교사는 아이들을 가르치고 기르며 사랑과 관심을 쏟아 보살핍니다. 동시에 잘못한 점을 지적하기도 하고 혼을 내기도 하며 의도하지 않은 상처를 주기도 합니다. 이러한 점 외에도 교사와 부모가 아이들을 대하는 모습과 마음은 많은 공통점을 가지며, 이 장에서 다루는 부모와 자녀의 의사소통 또한 교사와 학생의 소통과도 맥이 통하는 부분이 많습니다. 자녀 또는 부모의 입장에서 이 장의 내용을 살펴봅시다.

가족은 사전적 의미로는 혼인이나 혈연으로 맺어진 집단 또는 함께 주거하는 생활공동체를 말한다. 하지만 최근 사회가 다원화됨에 따라 입양 가족, 동거 가족, 1인 가족 등과 같이 넓은 범위로 가족의 의미를 인정하고 있다. 이 장에서는 부모와 자녀의 의사소통을 중심으로 가족 의사소통의 특성을 살펴보고자 한다.

1. 가족 의사소통의 특성

가족(家族)은 혼인과 혈연으로 맺어진 관계로 일반적으로 다른 어떤 대인관계보다도 구성원 간에 함께 보내는 시간이 길고 관계가 오랜 시간 지속된다. 따라서 구성원 간의 친밀한 관계와 서로에 대한 관심과 애정 등을 유지하는 것이 중요하며, 이는 가족 구성원들의 만족도와 가족이라는 공동체의 건강함을 결정하는 매우 중요한 요소다. 건강한 가족 관계는 오랜 시간 지속되는 안정감과 행복을 보장하지만, 건강하지 못한 가족 관계는 불안감과 불만을 초래한다.

가족 의사소통은 가족 구성원이 의미를 창조·공유·조절하는 거래적 과정이다(류성진, 2015). 의사소통의 양과 질은 가족 구성원 간의 관계에 매우 중요한 영향을 미치며 가족 관계는 구성원들의 정서적인 삶의 만족도와 밀접한 연관이 있다. 따라서 가족 구성원들 간에 원활한 의사소통을 통해 부정적인 감정을 해소하고 친밀한 관계를 유지하는 것은 삶의 중요한 부분이라고 할 수 있다. 가족은 작은 공동체이며 공동체는 문화를 형성한다는 점에서 가족 구성원들의 의사소통 태도와 방식은 중요하다.

사람 간의 관계에서 소통의 문제(갈등)는 피할 수 없는 요소이다. 가족 의사소통에서 우리가 주목해야 할 부분은 구성원들 간 소통의 문제를 어떻게 적절히 다룰 것인가에 대한 것이다. 갈등은 서로의 인식 차이에서부터 시작된다. 가족 의사소통의 특성과 구성원들에 대한 이해는 소통의 문제를 다루기 위한 전제 조건이다. 가족의 형성, 성장, 유지 또는 쇠퇴와 같은 변화와 과정을 이해하기 위해서는 가족 간에 공유되는 메시지뿐만 아니라 메타 커뮤니케이션(meta-communication)까지도 함께 고려해야 한다(류성진, 2015). 인간의 의미역은 매우 광범위하므로 동일한 메시지에 대해서도 서로 다르게 해석하기 쉽다. 메타 커뮤니케이션은 전달되는 메시지에 함축된 의미를 파악하는 소통 방식으로 주로 비언어적 표현에 주목함으로써 이루어진다. 또한 상대방의 특성과 성향에 대한 이해에 기반한 의미 파악도 메타 커뮤니케이션의 한 방식으로 볼 수 있을 것이다. 즉, 원활한 가족 의사소통을 위해서는 메시지와 함께 전달되는 비언어적 표현에 주목해야 할 뿐만 아니라, 구성원의 사고와 성향, 가치관, 신념 등에 대한 이해가 필요하다는 것이다.

갈등은 인식의 차이에서 비롯되며 적절히 다루지 못할 때 심화된다. 갈등을 효과적으로 다루기 위해서는 서로에 대한 이해가 전제되어야 한다. 가족이라는 이름으로 묶여있지만 구성원들이 가지고 있는 의미의 세계는 매우 다르다. 다양한 상황과 맥락, 문화적 차이 등으로 인해 소통의 문제가 발생할 수 있으므로 서로의 입장이나 가족 내 역할에 대한 상이한 인식을 다양한 측면에서 이해할 필요가 있다.

가족 의사소통의 특성 중 하나는 서로 다른 성별을 가진 사람이 대화를 나누며 의미를 구성한다는 것이다. 부부는 남성과 여성이라는 다른 성이 결합한 관계이므로 욕구나 가치관, 기대하는 것 등이 다르다(최규련, 2012).[1] 서로의 차이는 갈등으로 비화되기 쉽다. 따라서 부부 사이에 이러한 소통 방식의 차이가 자연스러운 것임을 지각하고 접점을 찾아가려는 노력이 중요할 것이다.

부모-자녀 대화에서도 성별의 차이는 영향을 미친다. 자녀가 어머니, 아버지와 나누는 소통 방식과 내용의 차이는 여성과 남성의 대화 방식의 차이에서 찾을 수 있다. 일반적으로 자녀들은 아버지와의 의사소통에서는 대개 어렵고 감정적인 지지를 받지 못한다는 생각을 갖기 쉬운 반면, 어머니와의 의사소통에서는 친근하고 정서적으로 가까운 느낌을 받기 쉽다.

한편, 가족 의사소통은 자녀의 성장과도 직결된다. 가족의 대화는 자녀의 인지적, 정서적 발달에도 중대한 영향을 미치기도 한다. Morrow(2014)에서는 발생적 문식성(emergent literacy)의 관점에서 가족 내에서 이루어지는 의사소통이 어린 학생들의 의사소통 능력의 발달에 매우 중요한 역할을 한다는 점을 설명한다. 또한 사회문화적 이론의 관점에서 자녀는 부모와의 대화로부터 관찰과 모방을 통해 대화의 습관을 형성하며 이를 통해 이루어지는 정서적 교감과 인지적 교류는 아동의 발달과 밀접하게 관련된다.

관계는 소통을 통해 형성되고 또다시 관계는 소통을 변화시킨다. 이 장에서는 가족 의사소통 중에서 부모-자녀 소통에 주목하여 문제점과 특성을 살펴보고 부모와 자녀 간에

---

1) 다음은 성별 간 대화의 차이를 나타낸 것이다(최규련, 2012: 112의 내용을 재구성함).

대화의 차이	남성	여성
하루 사용단어	약 2,000~4,000단어	약 6,000~8,000단어
의사표현	약 7,000회 의사 표시	약 20,000회 의사 표시
대화 초점	사실과 정보전달	말하는 과정 자체
대화 목적	문제해결, 정보 수집과 같은 일상적인 용건	감정적 지지와 공감, 관계 유지와 친교
대화 경향	간결한 이야기, 결과, 해결책	세부적인 긴 이야기, 과정, 배경
피하고 싶은 상황	상대방의 긴 이야기	상대방의 침묵

지향해야 할 의사소통의 방향에 대해서 알아본다. 이 장을 통해 부모들은 아이와의 대화를 되돌아봄으로써 소통의 문제점을 자각하고 소통을 개선하기 위한 청사진을 그려 볼 수 있을 것이다. 한편, 부모-자녀 대화의 양상은 교사-학생 대화와도 유사하다. 또한 교사들은 학교 현장에서 많은 학생과 부모들을 마주한다는 점에서 이에 대한 이해가 필요하다. 교사가 부모-자녀 대화의 특성을 이해하고 문제점을 진단할 수 있다면 학생과 부모 사이에 발생하고 있는 소통의 어려움들을 해결하기 위한 실마리를 제시할 수 있을 것이다.

쪽지강의 자녀에게 상처가 되는 말 vs 격려가 되는 말

"네가 잘하는 게 뭐있니?"	"괜찮아, 실수할 수 있어."
"너 때문에 스트레스 받아서 못 살겠다."	"너는 누구보다 소중한 사람이야."
"이렇게 할 거면 때려쳐."	"옆에서 항상 응원할게."
"그것밖에 못하니?"	"한 번 더 힘을 내보자."

여성가족부에서 전국의 청소년을 대상으로 실시한 2017년 청소년종합실태조사에서는 자신의 고민에 대해 부모에게 거의 말하지 않는다는 응답이 25.9%로 집계된 바 있다. 말도 많고 탈도 많은 감수성이 풍부한 청소년 시기에 4명 중 1명은 부모에게 자신의 어려움을 말하지 않는다는 결과는 부모-자녀 의사소통의 단면을 보여준다. 이러한 결과는 부모와의 대화로부터 상처를 받아 온 아이들이 고민에 대한 도움을 요청하기보다는 침묵을 택한 건 아닌지 돌아볼 필요가 있음을 시사한다.

2. 부모-자녀 대화의 특성과 유형

언어는 문화적 가치와 경험을 내포하며 사람들의 생각을 문화로 구체화하는 수단이 된다. 다시 말해, 한 나라의 사람들이 사용하는 언어는 그 나라의 문화와 사람들의 사고를 반영한다. 이 절에서는 우리 문화와 관련된 부모-자녀의 대화의 특성과 대표적인 유형 몇 가지를 소개한다.[2)]

가. 부모-자녀 대화의 특성

모든 인간은 자신이 속한 문화의 영향을 받을 수밖에 없다. 한 사람의 생각은 문화로부터 나온 것이며 말은 생각한 것의 표현이다. 자연스레 부모와 자녀의 대화에도 다양한 문화적 특징이 스며들어 있다. 문화가 변화함에 따라 대화에 깃들어 있는 문화적 특징도 희석되지만 일정 부분 끊임 없이 이어진다. 자녀들은 부모세대의 대화 문화에 영향을 받는데, 그러한 부모 세대의 문화 또한 그들의 부모 세대의 문화로부터 영향을 받은 것이다.

1) 언어 사용에 대한 인식

예로부터 우리 문화에서는 말로써 어른에 대한 공경과 예절을 표하였으며 함부로 말하는 것을 금기시해왔다. 웃어른에게 말대답을 하거나 버릇없이 말하는 것, 식사 때 말을 하는 것 등과 같은 언어 사용은 예의에 어긋나는 행위로 간주하며 말조심을 강조하였다. 또한 기능적 언어관에서 대화의 효용성에 주목하는 서구의 말문화와 달리 우리의 문화에서는 간접적 표현을 사용한 돌려 말하기에 익숙하며 때로는 다정한 말을 직접 표현하는데 서툴기도 하다. 늦게 들어온 아들을 걱정하는 마음을 "늦게 다녀서 마음이 쓰인다."가 아닌 "밥은 먹었니?"라는 말로 표현하거나, 학업에 지쳐있는 딸에게 "딸, 힘들지? 그래도 힘내자."하며 위로의 말을 건네기보다는 "오늘 저녁에 딸이 좋아하는 갈비찜 해놓을게."와 같은 우회적인 표현에서 이러한 특성을 찾을 수 있다. 이와 함께 말보다 행동을 마음이 담긴 표현으로 간주하는 경향도 있다. 예를 들어 부모님께 열 번 안부를 묻는 것보다 한 번 찾아뵙고 함께 식사하는 것이 더욱 의미 있게 받아들여지기도 한다.

부모 자식 간에 심정적 교감을 중시하는 것도 한국 부모-자녀 대화의 특성 중 하나이다. 한국 부모-자녀의 대화는 이성적이고 논리적이기보다는 정서적이고 감정적이다. 부모와 자녀는 대화로 직접 자신의 심정을 드러내기도 하지만 자신의 마음을 '알아주길 바라는' 소통 상황을 중시하는 심정적인 대화 방식을 선택하기도 한다. 또한 부모-자녀

---

2) 이 절의 내용은 이정숙 외(2010)를 참고하여 재구성한 것이다. 이정숙 외(2010)에서는 한국 부모-자녀 대화의 문화적 특징을 정리하고 부모 중심으로 정립한 기존의 부모-자녀 대화의 소통 유형을 상호적인 관점에서 재조명하였다.

간의 대화는 문제 해결을 위한 수단이기 보단 정서 교감의 차원에서 이루어진다는 점에서 관계성을 지향한다는 특성이 있다.

2) 부모–자녀 관계의 의미

집단과 관계를 중요시하는 한국의 문화는 부모-자녀의 대화에서 '자녀'와 '부모 자신'을 동일시하는 모습으로 드러나기도 한다.

> 상황 ①
> 자녀 : "엄마, 나 오늘 친구한테 한 대 맞았어."
> 부모 : "뭐? 누가 때렸어? 맞고만 있었니? 너도 때리지 그랬어?"
>
> 상황 ②
> 자녀 : "아빠, 나 학교에서 친한 친구가 생겼어요."
> 부모 : "그래? 걔 공부는 잘하니? 부모님은 뭐 하시고?"

부모와 자녀 사이에 '일체감'을 형성하고 공유하는 것은 바람직한 관계의 형성과 발전에 고무적일 수 있다. 하지만 부모는 그러한 일체감이 맹목적이고 과도한 애착과 동일시로부터 오는 것은 아닌지 성찰할 필요가 있다. 집단주의적이고 관계 지향적인 우리 문화에서 부모들은 곧잘 자녀의 문제를 자신의 문제로 동일시한다. 이러한 동일시는 자녀에 대한 과잉보호나 지나친 관여로 이어지기 쉬우므로 주의할 필요가 있다. 자녀에 대한 부모의 동일시는 자녀의 마음을 느끼기보다는 다분히 부모 중심적인 경향이 있기 때문이다.

또한 부모와 자녀의 관계는 수평적이기보다 수직적인 특성을 보인다. 부모에게 자녀는 주로 돌보아야 할 존재이므로 부모로서의 권위와 그것이 작용하는 힘으로 통제하려는 경향이 있다. ①의 발화 상황에서 자녀는 싸웠던 친구와 이미 화해했을지도 모르며, ②의 상황에서 자녀는 새로 사귄 친구의 성적이나 부모님의 직업에 일말의 관심도 없을 것이다. 부모는 자녀에게 부모의 바람을 지속적으로 주입하거나 강요하기도 하고 동시에 자녀에게 예의와 수용적 자세를 요구하기도 한다. 한편, 모순되어 보이지만 자녀와 수직적 관계에 있는 우리 문화에서 부모의 역할은 헌신과 희생으로 대표된다. 이에 대한 부작용으로 부모들의 '못난 부모' 콤플렉스와 성인이 된 자녀들이 여전히 부모에 크게 의존하는 '어른 아이'가 생겨나기도 한다.

3) 상황맥락적 특성

서양의 문화에서는 자녀가 성장함에 따라 자녀의 주체성과 독립심을 형성을 돕기 위해 이전보다 허용적인 양육 태도를 보인다. 반면, 한국 부모들은 자녀와의 관계에서 자녀의 개인적 책무성을 강조하는데 '학업'은 그 책무성 중에서도 매우 큰 비중을 차지한다. 같은 맥락에서 한국 부모-자녀 대화의 중심은 학업과 관련된 것으로 환원되기 쉽다. 공부를 가장 중요시하는 부모는 연기에 재능이 있는 자녀에게도, 집안일을 도와주려는 자녀에게도 "공부나 열심히 해.", "공부하는 게 도와주는 거야."라는 말을 할지 모른다. 이러한 부모의 말하기 방식이나 태도에서 자녀는 한 개인으로서의 성장과 변화를 독립적이고도 자율적으로 경험할 수 있는 기회를 지원받을 수 없을 것이며, 부모와의 대화를 회피하게 될지도 모른다.

그리고 가족과 관련된 우리 문화에서 유교적 가치관이 여전히 존재한다. 문화는 변화를 거듭하지만 한 문화가 다른 문화로 온전히 대체되기까지는 대단히 많은 시간이 소요될 수 있다. 사회에 만연했던 전통적인 가치관은 여전히 많은 이의 무의식에 내재되어 문화적 유전자로서 전해진다. 남녀에 대한 편견, 장남에 대한 기대, 남자 먼저 챙기기와 같은 의식적 또는 무의식적으로 표출되는 말이나 행동이 그렇고, "남자가 그런 걸로 우냐?", "웬 여자애가 그런 걸 다 하냐."와 같은 표현이 그러하다.

나. 부모-자녀 대화의 유형

부모-자녀 대화의 소통 유형은 가풍(家風)의 일부로서 그들이 속한 문화에 따라 다양하다. 부모와 자녀가 자신들의 소통 유형을 파악하는 것은 소통의 문제 개선에 효과적일 수 있다. 기존의 관점에서는 부모의 양육 태도에 따라 소통 유형을 구분하기도 하고 대안적인 방법으로 부모와 자녀의 상호적 관점에서 소통 유형을 구분하기도 한다.

1) 기존의 소통 유형 구분

부모-자녀 대화에 대한 기존의 접근 방법에서는 의사소통의 '기능'과 부모의 '양육태도'에 따라 부모-자녀 소통의 유형을 나누었다. 기능에 따른 구분 관점에서 '순기능' 유형은 개방적, 쌍방향적, 긍정적인 것으로 '역기능' 유형은 폐쇄적, 일방향적, 권위지향적, 부정적인 것으로 이분법을 통해 유형화하였다.[3] 부모의 양육태도에 따라 부모-자녀의 소통을 유형화한 Baumrind(1991)는 '통제'와 '애정'을 기준으로 다음과 같은 네 가지 유형을 제시하였다.

권위주의적인 부모 (authoritarian parents) 통제(+), 애정(-)	권위적인 부모 (authoritative parents) 통제(+), 애정(+)
무관심한 부모 (rejecting parents) 통제(-), 애정(-)	허용적인 부모 (permissive parents) 통제(-), 애정(+)

〈그림 1〉 부모의 양육 태도에 따른 부모–자녀의 소통

첫째, 권위적 부모는 자녀에게 애정이 있고 적극적으로 반응하며 자녀와의 문제 발생 시 논리적 설명을 통해 해결한다. 둘째, 권위주의적 부모는 엄격한 통제 아래에 자녀를 두고자 하며 문제 해결의 수단으로 권위를 사용한다. 셋째, 허용적 부모는 자녀에게 애정이 있고 적극적으로 반응하나 자녀에 대한 통제가 거의 없으며 훈육의 일관성이 부족하다. 넷째, 무관심한 부모는 자녀에게 애정도 반응도 없으며 방임적인 태도를 보인다. 그러나 이러한 구분은 부모-자녀는 애정을 기반으로 한 관계가 전제되므로 애정의 유무를 판단할 수 없음을 간과하였고 부모-자녀 소통 유형을 오롯이 부모의 관점으로만 기준을 설정했다는 점에서 한계를 갖는다.

---

3) 이정숙 외(2010)에서는 개방적–쌍방향적 소통에서 부정적 사례가, 일방적–권위지향적 소통에서 긍정적 사례가 있을 수 있음을 지적하며 부모–자녀 대화가 당사자들이 처한 상황이나 기존 관계, 심리적 감정 상태 또는 화제에 따라 역동적으로 변할 수 있다고 역설하였다.

2) 대안적 소통 유형 구분

기존의 부모-자녀 소통 유형은 소통의 결과 측면에서의 이분법적 접근과 부모 중심의 일방향적 관점에서 제시하였다. 반면, 이정숙 외(2010)에서는 부모와 자녀의 상호적 관점에서 부모-자녀 대화의 유형을 다음과 같이 제시하였다.

첫째, 소통 목적 차원에서 부모-자녀 대화는 '합리적인 판단'과 '정서적인 교감' 유형으로 구분된다. 전자에서 대화는 부모의 심정이나 마음보다는 정보를 제공 또는 문제 해결과 그 결과에 초점을 두고, 후자에서는 이성적인 문제 인식보다는 서로의 감정이나 마음을 이해하고 공감하는 과정에 초점을 둔다. 둘째, 관계 구조 차원에서 부모-자녀의 대화는 자율을 보장하는 '수평적 관계'와 '수직적 관계'로 대별된다. 수직적 관계는 부모의 걱정과 근심, 권위와 책임감을 기반으로 한 '통제'가 부각되며, 수평적 관계는 믿음과 신뢰, 친밀한 관계를 바탕으로 한 '자율'이 강조된다. 이때 수직적 대화는 역기능적, 수평적 대화는 순기능적으로 구별할 것이 아니라 한국의 사회문화적 특성을 고려하여 그 의미를 따져볼 필요가 있다. 셋째, 상호적 관점에서는 부모-자녀 대화를 부모의 언어적 표현 자체나 자녀에 대한 관계에 한정하여 부모 중심으로 접근하지 않고 소통의 다른 주체인 자녀의 반응을 함께 고려한다. 이와 같은 세 차원을 기준으로 한 부모-자녀 소통의 유형은 다음과 같다.

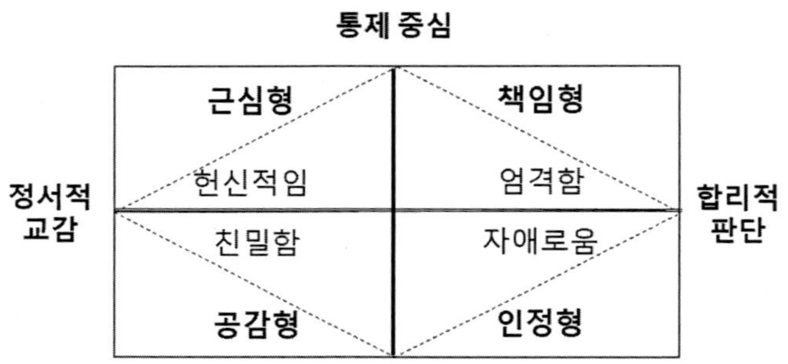

〈그림 2〉 상호적 관점의 부모-자녀 소통 유형(이정숙 외, 2010: 359)

위의 부모-자녀 소통 유형을 살펴보면 첫 번째, 책임형 부모는 자녀와의 소통에서 주도권을 쥐고 문제를 해결하려는 특성이 있다. 부모가 권위와 책임을 가지고 일관성 있게 대화를 전개하는 과정에서 자녀는 엄격함을 느낀다. 그러나 권위를 내세워 과도하게 간섭하고 강요하거나 다그치는 형태로 표현하는 문제가 발생하기도 한다. 두 번째, 근심형 부모는 대화에서 주도권을 갖지만 자녀에게 희생적이고 헌신적인 태도를 보인다는 특성이 있다. 이 유형의 부모와의 소통에서 자녀는 자신을 진심으로 위하고 걱정하는 마음을 느낀다. 하지만 극단적인 경우 자녀를 과도하게 자신과 동일시하거나, 반대로 자신을 못난 부모라고 생각하기도 한다. 세 번째, 인정형 부모는 자녀를 합리적 주체로서 존중하고 신뢰하는 동시에 칭찬과 격려를 자주 하는 특성이 있다. 이 경우 자녀는 부모로부터 인정과 자애로움을 느끼게 되며, 부모는 돌려 말하기나 부담 덜어주기, 인정해주기 등의 소통 방식을 주로 사용한다. 네 번째, 공감형 부모는 자녀의 말이나 행동에 합리적 주체로서의 지위를 부여하기보다는 적극적으로 교감하고 호응함으로써 자녀에게 친밀한 부모로 인식된다. 이 유형의 소통 방식 또한 지나친 경우 부모는 권위를 상실하게 되고 자녀는 제멋대로이고 자신의 필요에 의해서만 부모를 찾는 성향을 갖게 될 우려가 있다.

3. 부모-자녀 대화의 문제와 지향

'자식은 부모의 거울이다.'라는 표현은 예로부터 전해오며 지금까지도 통용된다. 부모와 자녀의 의사소통을 다룬 여러 연구에서는 부모와 아동의 의사소통이 아동에게 부모의 태도, 생각, 사상, 애정 등을 전달하며 아동의 지적, 정서적, 사회적, 언어적 발달의 원천이 됨을 설명한다. 이 절에서는 부모-자녀 대화의 문제를 살펴보고, 부모-자녀 대화의 지향점을 모색한다.

가. 부모-자녀 대화의 문제

부모의 가치관과 태도는 자녀의 인격과 가치관 확립에 중요한 요인이며 부모와의 대화는 지능, 인성, 사고력, 정체성과 자존감에 매우 큰 영향을 미치므로 대화의 내용과 대화를 나누는 방법에 주의를 기울여야 한다(최규련, 2012).

아버지: 너 학원 성적표 나왔어, 안 나왔어?
아들: 오늘 나왔어요..

아버지: 왜 아빠한테 말 안 했어!
아들: 말씀드리려 했어요..
아버지: 시험을 잘 쳤으면 벌써 보여줬겠지. 당장 가져와라!
아들: …

위의 대화는 아버지가 아들을 다그치는 상황이다. '다그치기'는 부모가 자녀에게 답답함이나 불만을 느끼거나 또는 화가 나는 일이 있을 때 주로 사용되는 말하기 방식이다. 이러한 말하기 방식에서는 부모와 자녀의 대화는 생산적인 의미의 교환이 아닌 취조나 훈계의 방식으로 흘러가기 십상이다. 또한 자녀의 마음을 고려하지 않고 행해지는 일방적인 다그침은 자녀의 성격 형성에도 부정적인 영향을 미친다. 지속적으로 다그침을 들으며 성장한 아이들은 항상 부모의 언행에 마음을 졸이는 소심한 성격이 될 수 있고 반대로 부모의 말을 듣기 싫은 잔소리로 치부하고 반감을 가지며 대인관계에서도 타인에게 다그치는 태도를 보이기 쉽다. 부모가 인내심을 가지고 자녀를 기다려주는 것과 부드러운 언행을 보이는 태도가 바람직한 대안이 될 수 있다.

엄마: 너 학교에서 친구랑 또 싸웠다며?
아들: 걔가 먼저 시비를 걸었어요..
엄마: 네 동생은 친구들이랑 잘만 지내는데 너는 왜그러니?
아들: …
엄마: 옆집 민식이는 수학 경시대회에서 우수상도 받았다는데 참...
아들: 아, 엄마 쫌..

위의 대화는 엄마가 아들을 친구와 비교하는 상황이다. '비교하기'는 자식에게 거는 부모의 기대가 충족되지 못했기 때문에 발생하는 조급함과 짜증스러움의 표현이다. 친구와 자주 싸우는 아이도, 게임만 하는 아이도, 기타만 치는 아이도 자기만의 입장과 사정은 있다. 하지만 비교하기를 일삼는 부모에게 자녀의 그런 마음은 고려의 대상이 아니다. 부모의 눈엔 자녀보다 나은 아이들이 보이고, 부모의 귀엔 다른 집 자녀들의 내 아이보다 뛰어난 것만 들리기도 한다. 하지만 자녀는 그것이 비록 부모가 원하는 것이 아닐지라도 다른 아이보다 뛰어난 재능을 가진 부분이 있을 것이며 자신만의 관심사를 가지고 있을 것이다. 속상한 마음에 다른 아이와 자녀를 비교하는 것은 자녀를 긍정적으로 자극할 수 있는 방법이 아니다. 이는 자녀와의 관계를 악화시키는 행위이며 열등감과 반항심을 불러일으키는 바람직하지 않은 소통 방식이다. 자녀만의 장점을 파악하고 그것을 인정해주는 태도를 보이며 자녀가 부족한 부분을 깨닫게 할 수 있는 방안을 모색해야 한다.

엄마: 엄마가 말하는 대로 당장 해.
아들: 왜요?
엄마: 입 안 다물어? 하라면 하지 웬 토를 달아?
아들: 싫어요. 저도 제 생각이 있어요..
엄마: 시끄러! 어디 버릇없이 자꾸 말대답이야?
아들: …

위의 대화는 엄마가 아들을 권위로 누르는 상황이다. '권위로 누르기'는 부모와 자녀의 갈등 상황에서 주로 나타나며 '엄격한 책임형'의 부모의 대화 방식에서 찾기 쉽다. 갈등은 서로의 표출된 의견이 충돌할 때 발생한다. 모든 사람은 자신이 살아온 환경 속에서 무수한 경험을 거치며 서로 다른 사고, 가치관, 태도 등이 형성되는 것이기 때문에 부모와 자녀의 생각은 다를 수밖에 없다. 이러한 인식의 차이가 당연함에도 불구하고 부모는 자녀와 갈등이 발생할 때 자신의 입장을 관철하고 자녀의 행동을 변화시키기 위해 권위를 내세우기 쉽다. '권위로 누르기'는 그 순간 자녀의 행동을 변화시킬 수 있을지 모르지만, 자녀의 마음속에 부모에 대한 분노, 불신, 미움과 같은 부정적인 감정을 키울 수 있기에 지양되어야 한다.

강압적인 사람과의 관계는 건강하지 못하다. 부모는 자녀의 입장을 들어주고 부모의 입장을 말해주어 타협점을 찾는 대안을 생각해 볼 수 있다. 부모의 진정한 권위는 강압이 아닌 자녀의 존경으로부터 나온다. 자녀와의 갈등 상황에서는 감정을 앞세워 다그치고 다른 아이와 비교하거나 권위로 누르는 방법은 아이와의 관계를 손상시키기 쉽다. 부모는 자녀와의 갈등이 발생하는 지점에서 문제의 원인과 해결방안을 자녀와의 소통을 통해 찾아 가야 하며, 그 과정에는 반드시 배려와 존중이 지속되어야 한다.

딸 : 엄마, 시험도 끝났는데 이번 주에는 바다 보러 가면 안 돼요?
엄마 : 다음 시험 준비해야지. 시험이 얼마나 중요한데.
딸 : …
딸 : 참, 그리고 저 이번에 학교에서 하는 연극 주인공을 맡았어요!"
아빠 : 쓸 데 없는 데 시간 쓰는 거 아니니..? 공부에 더 집중해야지.

위의 대화는 부모가 자녀에게 공부를 강요하는 상황이다. 한국의 부모들에게 자녀에게 가장 바라는 것이 무엇이냐 묻는다면 아마도 자녀의 건강과 학업 성취, 즉 공부를 꼽지 않을까 생각된다. 옛 선조들은 입신양명하여 출세하는 것을 큰 효로 여겼으며 분명 그것은 부모와 자녀 모두에게 큰 기쁨이었을 것이다.

하지만 다원화되었다는 말로도 부족한 현대 사회에서 부모들은 여전히 자녀를 공부에만 메어두고 있지 않은지 돌아볼 필요가 있다. OECD 회원국을 대상으로 실시되는 국제학업성취도평가(PISA) 결과는 한국 학생들의 학업성취도는 최상위이지만 학업 흥미도와 삶의 만족도는 최하위를 기록해 왔음을 보여준다. 또한 2013년에 발표된 국제성인역량조사(PIAAC)에서 한국 성인의 언어능력이 OCED 평균~평균 이하에 머물렀다는 것은 초중고 학창시절 동안 '견뎌온' 공부는 자기주도성을 기반으로 한 평생 배움과는 거리가 먼 것임을 시사한다.

자녀에게 공부를 최우선으로 강조하는 부모의 태도는 어린 자녀들의 정서 함양과 가치관 형성에 꼭 필요한 다양한 경험들을 도외시키며 그에 대한 반작용으로 오히려 자녀는 공부에 대해 부정적이고 회의적인 입장을 가지게 될 수도 있다. 워라벨(Work-life balance)이라는 신조어가 생겨난 것처럼 자녀 또한 어느 정도 학업과 개인적인 삶이 균형을 이룰 수 있는 여건이 필요할 것이다.

딸 : 아빠, 나도 ㅇㅇ 패딩 점퍼 사주면 안돼?
아빠 : 지금 있는 옷도 입을 만 하지 않니?
딸 : 다른 친구들은 ㅇㅇ 점퍼 많이 입고 다닌단 말이야.
아빠 : 아빠가 더 열심히 일해서 다음 달에는 ㅇㅇ점퍼 사줄게. 미안하다.
딸 : (속으로) 우리 집은 나한테 제대로 해주는 게 없어.

위의 대화는 아빠가 딸의 요구를 들어주지 못해 미안해하는 상황이다. 자식이 원하는 건 무엇이든 들어주고 싶은 게 부모의 마음일지라도 현실은 그렇게 녹록지 않다. 여성가족부가 실시한 가족실태 조사 결과(2020)에 따르면 부모가 자녀 양육 시에 갖는 가장 큰 어려움은 '경제적 문제'이다. 한국의 문화에서는 자식에 대한 부모의 책임과 보살핌을 강조하는 경향이 크다. 부모의 능력 부족으로 자식에게 해주지 못하는 일이 생길 때 부모는 자녀 앞에서 자신의 부족함을 탓하기 쉽다. 하지만 이러한 부모의 한탄과 사과는 자녀로 하여금 부모에 대한 이해심을 갖도록 하는 것이 아니라, 자신이 처한 상황에 대한 열등감과 부모를 업신여기는 마음을 갖게 할 수 있으므로 지양해야 한다.

아들 : 엄마 나 물 쏟았어!
엄마 : 엄마가 금방 치워 줄게 기다려봐.

위의 대화는 엄마가 아들이 해야 할 일을 대신 해주는 상황이다. 부모는 항상 자녀를 걱정하며 누구보다 자녀를 잘 안다고 생각한다. 자녀에 대한 과도한 책임감과 확신은 부모와 자녀의 관계를 지나치게 밀착시킨다. 부모의 이러한 태도를 견지할 때 자녀는 자기 스스로를 믿고 행할 기회를 갖지 못하게 되므로 자아 주체성과 자립심이 결여되기 쉽다. 주변에서 어렵지 않게 접할 수 있는 마마보이나 파파보이라는 말들은 과도하게 밀착된 관계를 형성하고, 자녀의 일거수일투족에 관여한 부모의 양육 방식에 대한 결과일 수 있다. 부모는 자녀가 할 수 있는 일과 그렇지 않은 일을 구별하고 스스로 문제를 해결하고 성취할 기회를 줌으로써 자녀의 자기효능감과 자립심을 길러줄 수 있다.

나. 부모-자녀 대화의 지향

부모-자녀 의사소통은 어떠해야 하는가? 의사소통에서 의미는 구성원들이 협력적으로 만들어간다는 점에서 부모나 자녀가 공동으로 노력하는 것이 바람직할 것이다. 그러나 자녀의 나이가 어릴수록 부모-자녀의 대화에서 부모의 역할이 더욱 중요할 것이라는 점은 자명하다. 이 절에서는 부모가 할 수 있는 노력을 중심으로 부모-자녀 대화의 지향점에 대해 살펴보고자 한다.

첫째, 대화 시간을 확보하자. 부모는 바쁜 일상 속에서도 자녀와 함께 마주하고 이야기할 시간을 확보해야 한다. 반드시 질 좋은 대화를 나누어야 한다는 생각보다는 많은 대화 속에서 좋은 대화를 찾는 방향을 지향하는 것이 좋다.

둘째, 대화 주제를 다변화하자. 공부나 진로 등의 딱딱하고 불편한 대화 주제는 아이로 하여금 부모와의 대화를 기피하게 만든다. 영화나 드라마에 대한 이야기 나누기같이 가벼운 대화 주제나 공동의 취미에 대해 이야기를 나누는 것도 좋다. 이렇게 부담을 느끼지 않으며 사적인 주제로 대화를 나누는 것은 관계를 유연하게 한다.

셋째, 대화의 주도권을 자녀에게 넘겨주자. 특히 자녀가 성장하면서 그들의 말과 행동에 귀 기울이고, 자녀의 생각과 판단을 존중해 주는 것이 중요하다. 통제중심에서 자율중심으로, 수직적 관계에서 수평적 관계로 나아가려는 노력이 필요하다. 이러한 관계 속에서 자녀는 부모와의 대화에서 주도권을 기꺼이 넘겨받을 수 있다. 자녀의 취미에 진심으로 관심을 보이며 대화를 나누는 것도 자녀에게 대화의 주도권을 넘겨주는 좋은 방법이 될 수 있다.

넷째, 상황과 목적에 맞게 대화를 나누자. 부모와 자녀 사이에 항상 교감적이고 편안한 대화만이 있을 수 없다. 합리적 판단을 목적으로 한 대화와 정서적 교감을 목적으로 한 대화를 균형감 있게 할 필요가 있다. 대화의 상황에 따라 부모는 친밀한 공감형이 될 수도 때로는 엄격한 책임형이 될 수도 있어야 한다.

다섯째, 자녀와의 소통을 되돌아보는 시간을 갖자. 이는 역지사지의 입장에서 대화를 바라보는 것과 같은 맥락이다. 자녀와의 대화에서 문제가 발생했을 때 자녀가 부모가 한 말을 어떻게 받아들인 것인지 자녀의 입장에서 바라보고 점검하며 대안을 찾을 수 있어야 한다.

여섯째, 진심으로 자녀를 대하자. 자녀가 성장할수록 자녀 또한 부모의 마음을 알아차릴 수 있는 능력이 생겨난다. 마음이 담기지 않은 말과 행동은 겉으로 드러나기 마련이며 이는 상대방의 마음을 움직일 수 없다. 부모와 자녀의 소통이 진정으로 의미 있기 위해서는 자녀를 한 사람의 인격체로서 존중하고 진심으로 대할 수 있어야 한다.

앞서 살펴본 바람직한 부모-자녀 대화의 지향점을 요약하면 다음과 같다. 부모-자녀 대화의 지향점은 ① 대화할 수 있는 시간을 확보하는 것, ② 서로가 관심 있는 화제에 대해 이야기를 나누는 것, ③ 경청하고 배려하며 대화하는 것, ④ 부모가 자신의 입장도 충분히 헤아리고 주장하는 것, ⑤ 자녀의 입장을 고려하는 것, ⑥ 진심으로 대화하는 것이다. 이러한 지향점들은 부모가 자녀와의 대화에서 고려해야 할 부분일뿐만 아니라 부부 간의 대화 그리고 자녀가 부모와의 대화에서 고려해야 할 부분과도 궤를 같이 한다.

사실 이러한 대화의 지향점은 모든 대인 의사소통에서 중요하게 다루어져야 할 것들이다. 중요한 것은 현재 의사소통 상황에서 나의 역할과 목적은 무엇인지 지각하는 것이며, 그렇다면 나는 다음에 무엇을 어떻게 할 것인지에 대해 생각하고 행하는 것이다. 동시에 가족 의사소통의 기반에는 무엇보다도 서로에 대한 사랑과 관심, 배려와 공감이 전제되어야 할 것이다.

부모-자녀의 문제를 다룬 대표적인 TV 프로그램인 <우리 아이가 달라졌어요>와 <금쪽같은 내 새끼>에서는 부모-자녀의 갈등 해결이 부모의 변화로부터 시작됨을 보여준다. 이는 부모-자녀의 문제가 발생한 대부분의 경우 그 원인은 자녀를 대하는 부모의 말과 행동에 있었고 그 문제를 해결할 열쇠도 부모가 쥐고 있음을 의미한다. 변화는 문제 인식과 성찰에서부터 시작된다. 우리는 자녀로서 부모와 어떤 소통을 해왔는지, 그리고 부모로서 또는 교사로서 어떻게 자녀 또는 아이들과 대화해 왔는지 돌아보고 문제점을 찾아 개선할 필요가 있다.

탐구 및 실습

1. **부모-자녀 대화의 지향** 아래의 부모-자녀 대화 사례를 살펴보고 부모-자녀 대화의 지향점에 대해 토의해 봅시다.

(사례 1)

부모 : 진성아, 오늘 학원 다녀 왔니?
자녀 : 네, 다녀 왔어요.
부모 : 오늘 학원에서 너 안 왔다고 연락 왔는걸?
자녀 : …
부모 : 오늘 학원에 못 갈 사정이 있었나 보구나. 학원에 가지 않은 것 보다, 아빠에게 거짓말을 했다는 게 더 속상하다. 다음부터는 사정이 있으면 아빠한테 꼭 이야기하고, 거짓말은 다시 하지 않았으면 좋겠다.
자녀 : 네.. 죄송합니다..

(사례 2)

자녀 : 아빠.. 나 아빠 시계 가지고 놀다가 깼어.
부모 : 손은 안다쳤니? 어디 한번 보자.
자녀 : 손은 괜찮은데..
부모 : 그럼 됐어. 그런데, 민희야 아빠가 저번에 말한 것 기억해?
자녀 : 응 이제 아빠 물건 함부로 만지지 않을게..

(사례 3)

자녀 : 아빠, 저 학교 연극 주인공을 맡게 됐어요!
부모 : 오, 그래. 역할은 맘에 드니?
자녀 : 네, 정말 하고 싶었어요. 근데 연습시간이 많이 필요하대요. 학원 숙제도 많은데..
부모 : 그래, 그럼 잘 됐구나. 이왕 맡게 된 거 최선을 다해서 해봐. 공부도, 네가 하고 싶은 걸 하는 것도 모두 중요하지.

(사례 4)

부모: 김민수, 방 정리했니?
자녀: 잠시만요, 이따 할게요.
부모: 엄마가 말 안 해도 니 껀 니가 좀 정리해. 윗집 동수는 집안일도 나서서 한다더라.
자녀: 아니, 조금 이따 한다 했잖아요. 그리고 동수랑은 왜 비교를 해요!
부모: …그래 동수랑 비교한 건 엄마가 미안해.
자녀: 괜찮아요. 이것만 마치고 금방 정리할게요.

2. 부모-자녀 대화의 유형 부모-자녀 대화 유형을 진단하고 개선 방안에 대하여 토의해 봅시다.

가. 평소에 부모님과 어떻게 대화를 나누는지 생각해 보고, 부모님과 자신의 대화 유형을 진단해 봅시다.

나. 부모-자녀 대화 유형별 특징에 대해 토의해 보고, 각 유형별로 부모님과의 소통을 개선하기 위해서 자녀들은 어떤 노력이 필요한지 말해 봅시다.

헌신적 근심형	엄격한 책임형
친밀한 공감형	**자애로운 인정형**

3. **부모-자녀의 관계적 의미** 부모님께 '나는 어떤 아들/딸인가요?'라는 질문을 하고 대답을 들어봅시다. 그리고 그 소감을 말해 봅시다.

예상 답변	실제 답변

대인 의사소통

> 누군가와 대화하며 기쁘거나 슬프거나 화가 났던 기억을 떠올려 봅시다. 말은 사람을 움직이는 힘을 지니고 있습니다. 말은 상대방의 기분을 한없이 행복하게 만들어주기도 하고 반대로 끝없는 수렁으로 빠져 들게도 합니다. 우리는 때로 말을 통해 서로에게 상처를 주고받는데 이는 피할 수 없는 문제일지도 모릅니다. 그럼에도 불구하고 비난과 폭력의 말을 줄이기 위해 우리는 어떤 대화 방법을 사용할 수 있을까요?

1. 대인 의사소통의 개념과 특징

우리는 태어나면서부터 가족과 소통하며 삶의 과정에서 친구, 가족, 동료, 낯선 사람 등 많은 이들과 끊임없이 의사소통을 한다. 이 장에서는 대인 의사소통에 대해 알아보고 화행의 목적과 관계의 목적을 동시에 달성하기 위한 대인 의사소통의 방법을 몇 가지 소개하고자 한다.

가. 대인 의사소통의 개념

오늘 하루 동안 얼마나 많은 사람들과 대화를 나누었는지 떠올려 보자. 그 중에서도 1:1로 개인 간 대화를 나눈 대상을 떠올려 보자. 친구, 직장동료, 가족 등 하루에도 수많은 사람들과 대화를 나누었을 것이다. 이렇게 사람들 사이에서 이루어지는 의사소통을 대인 의사소통이라 한다.

의사소통은 소통의 특징에 따라 여러 가지 종류로 분류될 수 있다. Myers & Myers(1985)는 의사소통을 개인 내적 의사소통, 대인 의사소통, 집단 의사소통, 대중 의사통의 네

가지로 분류한다. 이 중 대인 의사소통(Interpersonal Communication)은 가족, 동료, 친구 등과 같은 개인과 개인 사이에 이루어지는 의사소통을 말한다(구현정 외, 2005). 대인 의사소통은 다른 사람과의 상호작용을 통해 정보를 교환하고 친교 및 정서표현 등의 의사소통의 목적을 달성하고자 하며 주로 비공식적 상황에서 이루어진다.

대인 의사소통은 독백처럼 자기 자신을 향한 의사소통인 개인 내적 의사소통(Intrapersonal Communication)과 토의·토론처럼 여러 사람과 정보를 공유 하고 문제를 해결하기 위한 집단 의사소통과는 대화 참여자 수 와 형태 등에서 차이가 있다. 이러한 관점에서 대인 의사소통은 우리가 일상생활에서 둘 이상의 사람과 나누는 대화를 의미하며, 대화란 '두 사람 이상의 참여자가 정보 전달, 설득, 정서 표현 등의 목적을 가지고 자유롭게 언어적 상호작용을 하는 것'(이창덕 외, 2019: 179)을 말한다.

박용익(1998:1 81–183)에서 소개한 Techtmeyer의 대화유형학에서는 대화를 네 가지 기준에 의해 분류하고 있다. 첫째, 사회적 중요성과 대화기능에 따라 직무 수행 대화, 지식 전달 대화, 지식 시험을 위한 대화, 심리 이완을 위한 대화, 예술적 효과를 위한 대화 등으로 나눈다. 둘째, 대화 참여자의 사회적 관계에 따라서는 의사소통 목적의 동일성 정도, 대화 참여 정도, 참여자들의 견해 일치 여부에 따라 대화를 분류하였다. 셋째, 대화가 수행되는 행위 영역을 기준으로 경제 영역, 교육영역, 법률 영역, 대중 매체, 가정에서의 대화 등으로 분류하였다. 넷째, 대화의 외적 기준에 따라 2인 대화 또는 다인 대화, 즉흥대화와 조정된 대화로 분류하고 있다.

또 대화는 목적에 따라 대화 참여자 사이의 사회적 관계 유지에 목적을 둔 관계 중심적 대화, 행위를 동반하는 행위 동반적 대화, 토론, 협상 등과 같이 문제를 해결하는 것에 초점을 둔 과제 중심적 대화로 나누기도 한다.

이처럼 대인 의사소통은 두 명의 참여자가 비공식적으로 나누는 대화의 형태로 대화 목적과 참여자들 간의 관계 등에 따라 다양한 형태를 지닌다. 이 장에서는 10장에서 살펴본 소집단 의사소통과 구분하여 두 사람이 비공식적 의사소통 상황에서 나누는 대화로서의 대인 의사소통을 살펴보고자 한다.

나. 대인 의사소통의 특징

대인 의사소통은 강연, 연설과 같이 화자가 일방적으로 전달하는 형태의 말하기와는 달리 개인 간에 이루어지는 대화다. 따라서 다른 유형의 의사소통에 비해 관계성, 대화 전개의 유동성, 상호교섭성이 두드러진다.

첫째, 대인 의사소통은 관계 목적의 달성을 중요시한다. 대인 의사소통의 주된 목적 중 하나는 상대방과의 상호교섭적 대화를 통해 대인관계의 효율성을 높이고 사람과의 관계를 형성하고 발전시키고자 하는 것이다. 박창균(2016)에서는 의사소통을 통해 상대방과의 긍정적인 관계를 형성하고 발전시키기 위해서 '배려'가 필요하다고 하였다. 또 대화에서 나타나는 배려의 자질로 '상호 존중하기', '진실된 말하기', '공감적 경청하기', '관계적 사고하기'의 네 가지를 제시한 바 있다.

둘째, 대화의 내용과 방향이 유동적이다. 개인 간 대화는 여러 명의 청중 앞에서 화자가 준비된 말하기를 하는 공식적 의사소통에 비해 즉흥적으로 소통이 이루어진다. 따라서 대인 의사소통에서 대화의 내용과 방향은 참여자 간 상호작용의 정도, 관계에 대한 의식 , 상황맥락 등에 따라 유동적으로 변한다.

셋째, 참여자들이 주고받는 의미가 대화의 내용 구성에 즉각적으로 반영된다. 대인 의사소통은 개인 간 이루어지는 매우 복잡한 상호작용의 과정으로 의사소통에 대한 상호교섭적 관점에서 가장 잘 설명된다. 이때 참여자는 화자와 청자 역할을 동시에 수행하며 각자의 지식, 경험, 가치관 등은 서로의 의미 구성에 기여한다.

쪽지강의 좋은 대화를 위한 10가지 비법

미국의 라디오 저널리스트인 Celeste Headlee는 TED 강의(2015.5)에서 좋은 대화를 하기 위한 10가지 비법을 다음과 같이 제시하고 있다.

① 대화에 집중할 것.
② 설교하지 말 것.
③ 자유롭게 대답할 수 있는 질문을 할 것.

④ 대화의 흐름을 따를 것.
⑤ 모르면 모른다고 할 것.
⑥ 자신의 경험을 다른 사람의 경험과 동일시 하지 말 것.
⑦ 했던 말을 또 하지 말 것.
⑧ 세부적인 정보에 집착하지 말 것.
⑨ 경청할 것.
⑩ 짧게 말할 것.

2. 관계 지향적 의사소통

'말 한마디에 천 냥 빚을 갚는다'라는 속담이 있다. 똑같은 메시지를 전달하더라도 어떠한 방법으로 전달하느냐에 따라 대인관계를 긍정적으로 발전시킬 수도 관계를 종결할 정도로 악화시킬 수도 있다. 상대방을 배려한 말하기는 대화의 관계 목적을 달성하는데 핵심적인 요소이다. 이 절에서는 배려적 말하기의 대표적인 방법인 나-전달법, 비폭력 대화, 그리고 공감적 대화에 대해 살펴보고자 한다.

가. 나-전달법

우리는 흔히 상대방과의 갈등 상황에서 "네가 ~하니까"로 시작하는 너-전달법(You-message)을 사용하곤 한다. 이러한 너-전달법은 상대방을 비난하고 책임을 전가하는 것처럼 들린다. 너-전달법을 사용하는 대신 나-전달법(I-message)을 사용하면 상대방의 기분을 상하게 하지 않고 자신의 감정을 보다 효과적으로 전달할 수 있다.

1) 나-전달법의 개념

나-전달법는 부모훈육교육에서부터 출발한 대인 의사소통 방법 중의 하나로 Thomas Gordon(1962)이 창시한 부모 역할 훈련(Parent Effectiveness Training)의 한 방법이다. 처음 나-전달법은 주로 부모의 올바른 자녀 훈육을 위한 대화법으로 부모교육에서 많이 소개되었지만, 최근에는 대인 의사소통에서 사람들 간의 갈등을 효과적으로 해결하는 방법으로 자주 소개되기도 한다. 나-전달법은 주로 갈등 상황이나 부모-자녀, 교사-학생의 관계에서 훈육을 할 때 상대방의 감정을 해치지 않고 자신의 감정과 생각을 상대방에게 효과적으로 전달하는 방법이다.

나-전달법(I-message)라는 용어에서도 느껴지듯 나-전달법의 핵심은 감정이나 생각의 주체자가 너(You)가 아닌 나(I)가 되는 것이 일반적인 대화와의 차이점이다. 우리는 흔히 갈등의 상황에서 변명하기 위해, 상대방을 비판 또는 비난하기 위해 또는 대화에서 내가 우위를 점하기 위해 "너는 어떻게~", "너는 왜~" 와 같이 문제의 중심을 상대방에게 돌리는 대화 방법을 사용하게 된다. 이처럼 비난의 화살을 모두 상대방에게 돌리는 듯한 대화는 비록 화자의 말이 진실되고 논리적이라 할지라도 상대의 기분을 상하게 할 것이다. 이런 경우 화행의 목적은 달성한다 하더라도 관계 목적은 완전히 망친 셈이 된다. 이에 비해 나-전달법에서는 대화에서 문제의 주체를 나로 돌려세워 말하게 되므로 상황을 객관적으로 서술하고 자신의 감정을 상대에게 효과적으로 전달할 수 있다. 다음은 나-전달법의 구체적인 방법이다.

2) 나-전달법의 방법[1)]

나-전달법(I-message)에서 쓰이는 핵심적인 두 가지 방법은 다음과 같다.

첫째, 문장의 주체를 너(You)가 아닌 나(I)로 바꾸는 것이다. 우리는 갈등상황에서 흔히 상대를 탓하는 듯한 말투를 사용하며 "너는 도대체 왜 그러냐?"라고 이야기하게 되는데 문장의 주체가 '너'가 되면 부정적인 단어나 감정을 여과 없이 드러나게 되어 상대를 비난하게 되기 싶다. 하지만 이 문장의 주체를 '나'로 바꾸게 되면 "나는 이렇게 행동한 점이 받아들이기가 힘들어."로 바꿀 수 있다. 문장의 주체를 '너'에서 '나'로 바꾸게 되면 상대의 행동에 대한 나의 감정을 돌아보는 시간을 가지게 되므로 격한 감정을 가라앉힐 시간을 가질 수 있고 상대방의 행동에 대한 나의 감정을 객관화하여 전달할 수 있다. 갈등상황에서 대화의 목적은 갈등을 원만하게 해결하는 것이므로 상대에게 갈등 상황에서 느낀 나의 생각이나 감정을 잘 전달하기 위해서는 먼저 대화의 주체를 '나'로 설정하는

---

1) Gordon, T.(1997)/이훈구 역(2002)의 내용을 참고하여 재구성한 것이다.

것이 중요하다.

둘째, 행동보다는 행동의 결과에 초점을 맞춘다. 나-전달법에서는 상대의 행동에 대한 평가나 해석, 질책보다는 행동의 결과에 대한 나의 감정 표현에 대화의 초점을 둔다. 예를 들어 공부 시간에 시끄럽게 떠드는 학생에게 "너는 공부시간에 왜 자꾸 떠드니? 시끄러우니까 조용히 해."라고 말하는 것이 아니라 "○○의 목소리가 커서 다른 친구들의 발표 소리가 잘 안 들려 불편하구나."라고 말하는 방법이다. 이 경우 학생으로 하여금 교사의 불편한 감정을 유발한 자신의 행위에 주목하도록 하여 행동의 변화를 유도할 수 있다.

앞서 말한 나-전달법의 핵심 두 가지를 기저에 두고 실제 의사소통 상황에서 사용할 수 있는 나-전달법의 3가지 방법은 다음과 같다.

① 받아들일 수 없는 행동에 대한 비난이나 비평 없는 서술하기
② 행동이 나에게 미치는 구체적인 영향 말하기
③ 구체적인 영향에 대한 자신의 감정이나 느낌 전달하기

예를 들어 민수라는 학생이 지속적으로 숙제를 해오지 않는 상황에서 민수에게 나-전달법을 활용한 말하기를 적용하면 다음과 같이 말할 수 있다.

> "민수야, 숙제 제출 기한이 3일이나 지났는데 아직 숙제를 제출하지 않았구나.**(① 행동에 대한 비난이나 비평 없는 서술하기)** 선생님은 민수가 숙제를 제출하기만을 계속 기다리고 있었어. 민수가 숙제를 제출하지 않아서 아직 다른 친구들의 숙제도 돌려주지 못했단다.**(② 행동에 나에게 미치는 구체적인 영향 말하기)** 민수가 오늘까지 꼭 제출하기로 선생님 과 약속했는데 지키지 않아 선생님이 계속 기다리게 되니 조금 실망스럽구나.**(③ 자신의 감정이나 느낌 전달하기)**"

위의 예시처럼 교사의 부정적인 감정이 개입될 수 있는 상황에서 나-전달법을 활용한다면 "민수야, 너는 왜 아직 숙제를 안 냈니?"라는 표현에 비해 학생과의 관계를 손상시키지 않고 말하고자 하는 바를 효과적으로 전달할 수 있을 것이다.

나. 비폭력 대화

다양한 성격과 특성을 가진 학생들이 함께 생활하는 학교에서는 갈등 상황이 생기기 마련이다. 때론 사소한 말다툼으로 시작한 갈등이 폭력 상황으로 번지기도 한다. 비폭력 대화는 학교뿐만 아니라 일상의 다양한 갈등 상황을 비폭력적이고 평화적으로 해결하는 방안이 될 수 있다.

1) 비폭력 대화의 개념

비폭력 대화(Nonviolent Conversation)는 1960년대 미국의 심리학자 Marshall B. Rosenberg에 의해 창안되었다. 비폭력 대화는 갈등 상황에서 폭력적이고 비난적인 마음을 가라앉히고 배려의 말하기를 실천하여 상대와의 유대 관계를 맺고, 자신과 타인에 대한 이해의 폭을 확장하기 위한 대화 방법이다. 비폭력 대화의 궁극적인 목적은 화행의 목적과 관계의 목적을 동시에 달성하고자 하는 이상적인 대화의 실천이다.

비폭력 대화에서 화자는 대화 주제에 대해 자신이 느끼는 감정 또는 느낌을 있는 그대로 비난하지 않으면서 표현하고 바라는 바를 상대에게 분명하게 부탁한다. 청자는 상대의 말을 경청하며 상대가 원하는 바를 이해하고 대화 주제에 대해 진심으로 공감하며 대화한다. 이러한 비폭력 대화는 대화 참여자들이 서로 동등한 위치에서 서로에 대한 이해와 존중을 바탕으로 갈등을 평화롭게 해결해 나가는 상호 협력적 의미 교섭의 과정이라 할 수 있다.

비폭력 대화는 개인 간 비공식적인 대화뿐 아니라 학교, 직장, 사회단체 등 다양한 분야의 의사소통 상황에 적용할 수 있으며 다음과 같은 효과가 있다고 알려져 있다.[2)]

① 자신이 생각하고 말하고 듣고 행동하는 방식을 인식하여 선택할 수 있다.
② 분노를 표출하고 자존감을 떨어뜨리는 말보다 공감과 배려의 말을 쓰게 된다.
③ 분명하고 구체적인 요구와 부탁을 통해 서로 원하는 바를 얻을 가능성이 높아진다.

---

2) 이하 비폭력 대화의 효과는 Mashall B. Rosenberg(2003)/캐서린 한 옮김(2014)의 내용을 주요 내용을 요약 정리한 것이다.

④ 대화에 참여하는 서로의 행복에 기여하는 즐거운 경험을 할 수 있다.
⑤ 공동체에서 다름을 존중하고 협력을 통해 스트레스를 줄일 수 있다.
⑥ 자기 공감을 통해 회복 탄력성을 높이고 생동감 있는 삶을 살게 된다.

이와 같이 비폭력 대화는 자신과 타인 모두에게 긍정적인 효과를 가져올 수 있는 대화 방식이다. 혹자는 단순히 대화의 방법을 바꿀 뿐인데 이렇게 많이 바뀐다고? 라는 의문을 가질 수도 있겠다. 비폭력 대화의 방법은 단순하지만 말은 사람의 삶을 바꿀 수 있는 힘을 지니고 있다.

2) 비폭력 대화의 방법

비폭력 대화의 주요 4가지 요소는 '관찰, 느낌, 욕구, 부탁'이다. 화자는 자신이 관찰한 것을 바탕으로 한 자신의 감정과 느낌을 인식하고 원하는 바를 솔직하고 분명하게 상대에게 표현하고, 청자는 화자의 말 속에서 앞의 4가지 요소에 집중하여 공감적인 듣기를 실천하면 된다. 이러한 비폭력 대화의 방법은 단순히 대화의 기술을 익히는 데 초점을 두는 것이 아니라 대화의 참여자에 대한 배려를 바탕으로 상대방이 원하는 바가 무엇인지 공감하기 위해 노력하는 과정을 중요하게 여긴다. 일방적으로 각자 자신의 감정을 쏟아내는 말을 하는 것이 아니라 자신과 상대방의 감정과 느낌에 대해 헤아리고 서로가 원하는 바에 집중하는 말하기를 하는 과정에서 자연스럽게 폭력적인 비난과 비판은 줄어들게 될 것이다.

가) 관찰하기

비폭력 대화의 첫 출발점은 상황을 객관적으로 관찰하는 것이다. 이때 주의해야 할 점은 관찰과 평가를 혼돈하지 말아야 한다는 것이다. 즉, 처한 상황에 대한 판단이나 평가, 추측 등을 섞지 않고 일어난 사실 그대로 객관적으로 묘사해야 한다. 아래의 평가가 섞인 관찰을 평가가 분리된 관찰로 바꾼 예시를 살펴보자.

〈표 1〉 평가가 섞인 관찰과 분리된 관찰의 예

평가가 섞인 관찰	평가가 분리된 관찰
동수는 너무 (자주) 지각해.	동수는 (일주일에 2번)은 지각해.
옆 반 선생님은 (좋은) 동료인 것 같아.	옆 반 선생님은 (늘 나를 도와주려고 하시는) 동료라고 생각해.
우리 반 아이들은 (똑똑하지) 못해.	우리 반 아이들은 (수학 점수가 60점이 넘는 학생)이 한 명도 없어.

평가가 분리된 관찰은 주관적 평가를 배제하고 현상을 객관적으로 바라보는 방식이다. 이는 문제에 대한 감정적 개입을 최소화함으로써 비폭력적인 대화의 바탕이 된다.

나) 느낌 말하기

느낌 말하기는 어떤 행동이나 상황에 대해 내가 어떻게 느끼는가를 솔직하게 표현하는 것을 말한다. 우리는 어떤 상황에 대해서 기쁨, 슬픔, 놀라움, 당황스러움, 화남, 즐거움, 고마움 등의 여러 가지 느낌을 표현할 수 있는데 내가 느낀 바를 명확하고 솔직하게 표현하면 상대방과 정서적인 유대 관계를 더욱 공고히 할 수 있을 것이다. 그런데 비폭력대화에서는 느낌을 표현할 때 느낌과 생각을 구분하여 표현할 것을 강조한다. 느낌은 어떤 상황에 대한 감정적인 표현을 말하고 우리가 흔히 느낌과 혼동해서 사용하는 생각은 그 상황에 대한 자신의 견해 또는 판단인 경우가 많다. 예를 들어 아래의 <표2>를 살펴보면, "영희가 선생님에게 그렇게 말해 줘서 사랑받는 느낌이 들어."라고 표현했다면 이것은 정확하게는 느낌이 아니라 사랑받는 것 같다는 생각을 표현한 것이다. 이때의 느낌은 '행복하다, 기쁘다' 등이 될 수 있을 것이다.

〈표 2〉 생각과 느낌 표현의 차이

생각	느낌
영희가 선생님에게 그렇게 말해 줘서 사랑받는 느낌이 들어.	영희가 그렇게 말해 주니 선생님은 행복해.

EBS(2014)에서 실시한 실험에 따르면 사람들에게 1분의 시간을 주고 지난 일주일간 자신이 느꼈던 감정을 적어보라고 하면 상당수의 사람들이 5개도 적지 못한다고 한다.

그만큼 사람들이 느낌과 감정을 표현하는 단어를 많이 사용하지 않는다는 것이다. 우리는 '행복한, 사랑하는, 만족스런, 평온한, 흥분된, 감동받은'과 같은 긍정적인 표현에서부터 '걱정되는 불안한, 서글픈, 안타까운, 외로운, 무력한'과 같은 부정적인 표현까지 자신의 감정 상태를 분명하게 표현할 수 있는 다양한 표현을 익혀서 이를 적절하게 사용하는 힘을 기를 필요가 있다.

다) 욕구 인식하기

우리가 상대방의 어떤 행동에 대한 특정한 느낌을 가지는 것은 내면에 있는 나의 욕구와 관련되어 있기 때문이다. 나의 욕구에 충족이 되었을 때는 긍정적인 감정을, 욕구가 충족이 되지 않았을 때는 부정적인 감정을 느낀다. 어떤 감정에 대해 상대방을 탓하고 비난하기보다는 그러한 느낌이 들게 하는 나의 욕구나 기대, 희망 등에 대해 바르게 인식하고 인정하여 자신의 감정에 대한 책임을 스스로 가지는 것이 중요하다. 그래야 상대방에게 내가 원하는 바를 명확하게 전달할 수 있고 상호 협의를 통해 욕구를 충족시키는 방향으로 나아갈 수 있기 때문이다. 느낌의 이면에 존재하는 욕구를 제대로 표현하는 방법을 예를 통해 알아보자.

〈표 3〉 느낌과 욕구를 함께 표현하는 예

느낌		느낌+욕구
사용한 물건을 제자리에 두지 않으면 짜증이 나.	⇒	사용한 물건을 제자리에 두지 않으면 짜증이 나. 나는 다음에 사용할 때 물건이 제자리에 있기를 원해.
선생님과 약속한 일을 실천하지 않아서 속상해.	⇒	선생님과 약속한 일을 실천하지 않아서 속상해. 앞으로 약속을 잘 지켜주길 바라.

위의 예시처럼 비폭력 대화는 단순히 자신의 부정적인 느낌만을 전달하는 것이 아니라 그러한 느낌이 드는 이유와 청자에게 기대하는 화자의 욕구나 희망에 대해 구체적으로 표현하는 것이다.

라) 부탁하기

부탁하기는 나의 더 나은 삶을 위해서 다른 사람이 어떠한 것을 해주기를 바라는 것을 구체적으로 표현하는 말하기이다. 비폭력 대화에서 말하는 부탁하기는 모호하거나 추상적인 표현이 아닌 구체적으로 표현하고 상대방이 '원하는 것'을 부탁하고 긍정적인 표현을 사용할 것을 권하고 있다. 또 앞의 관찰, 느낌, 욕구와 더불어 부탁을 덧붙여 사용하여 부탁이 상대방에게 강요로 느껴지지 않게 표현해야 한다. 때로는 간곡한 부탁을 위해 명령문이 아닌 의문문의 형태로 간접 화행을 실천하는 것도 효과적인 방법이 될 수 있다. 다음은 효과적인 부탁의 예이다.

〈표 4〉 효과적인 부탁의 예

선생님은 네가 좀 더 자신감이 있었으면 좋겠어.	⇒	선생님은 네가 조금 더 자신감을 가지고 큰 목소리로 발표를 해 보면 좋겠어.
화장실에 다녀오면 문을 닫기를 바랍니다.	⇒	화장실 다녀온 사람은 문을 닫아 줄 수 있을까요?

위의 부탁 예시를 살펴보면 모호하거나 강요적인 표현보다는 구체적으로 완곡하게 표현하는 것이 더 효과적인 부탁임을 알 수 있다.

마) 공감적 듣기

비폭력 대화에서는 관찰, 느낌, 욕구, 부탁의 4가지 요소를 사용하여 솔직하게 말하는 것도 못지 않게 상대방이 어떤 생각과 감정을 담아 메시지를 전달하고 있는지 귀기울이는 공감적 듣기 또한 중요하다. 이를 위해서는 상대방이 하는 말에 모든 관심을 집중해야 한다. 그리고 상대방이 자신을 충분히 표현하고 이해 받았다고 느낄 수 있는 시간과 공간을 주어야 한다.

쪽지강의 공감의 장애물

다음은 우리가 일상적으로 하는 말들 중에서 다른 사람과 공감으로 연결하는 데 방해가 되는 장애물이다(Rosenverg(2003)/ 캐서린 한 옮김, 2014: 157-158).

① 조언하기: "내 생각에는 너는 ~해야 해."
② 한술 더 뜨기: "그건 아무것도 아니야. 나한테는 더한 일이 있었는데…."
③ 가르치려 들기: "이건 네게 정말 좋은 경험이니깐 여기서 배워."
④ 위로하기: "그건 네 잘못이 아니야. 너는 최선을 다 했어."
⑤ 다른 이야기 꺼내기: "그 말 들으니 생각 나는데…."
⑥ 말 끊기: "그만하고 기운내."
⑦ 동정하기: "참 안됐다. 어쩌면 좋으니."
⑧ 심문하기: "언제부터 그랬어?"
⑨ 설명하기: "그게 어떻게 된 거냐 하면"
⑩ 바로잡기: "그건 네가 잘못 생각하고 있는 거야."

다. 공감적 대화

인간이 타인과 관계를 형성하는 여러 이유 중 하나는 외로움을 느끼지 않기 위해서이다. 인간관계에서 상대방과의 신뢰를 형성하고 관계의 발전을 도모할 수 있는 가장 좋은 방법은 바로 공감적 대화다. 또한 의사소통은 언제나 협력적으로 이루어지므로 상대방의 이야기를 들어주고 공감하며 대화할 수 있는 능력은 자기 주장을 적절히 표현하고 협력을 이끌어내기 위한 방법으로서도 대단히 중요하다.

1) 공감적 대화의 개념

공감(共感)은 말 그대로 '같은 것을 느낀다'라는 의미이다. 공감적 듣기는 편견 없이 상대방의 감정을 깊이 있게 이해하려고 노력하며, 상대방의 입장에서 화자의 말에 공감해주고 격려하며 적절하게 반응하는 적극적인 의사소통의 한 유형으로(한국화법학회, 2014) 심리상담 분야에서 가장 먼저 사용되었다. 공감적 듣기는 상담사가 내담자의 사적인 세계를 마치 자신의 것처럼 느끼고 상대방을 이해하며 의사소통하는 대화 방식이다(Truax & Carkhuff, 1967). 또한 상대방에 대한 일체의 판단을 유보하고 그 사람에 대한 깊은 이해를 하는 방법으로 감정의 공유, 존중의 언어 사용 태도, 적극적 듣기가 중요한 요소인 청자 중심의 듣기 방법이다(Rogers, 1975).

공감적 듣기의 이와 같은 특성은 공감적 대화의 전제가 된다. 공감적 대화는 메시지를 전달하고 이해하는 데 그치는 것이 아니라 상대방의 감정을 읽는 상호교섭적인 활동이며 삶을 공유하는 과정이다(임칠성, 1997). 공감적 화법은 대화 상대자의 인격과 삶을 존중하는 태도를 가지고 상대방의 말을 수용적으로 받아들여 그의 생각과 감정을 깊이 있게 이해하는 화법이며, 정서적 공감 및 반응을 중요하게 여기는 적극적 의사소통으로 언어의 진실성을 강조하는 인간관계적 화법이다(정상섭, 2006). 이와 같이 공감적 대화는 본질적으로 화행 목적보다는 관계적 측면에, 자신보다는 타인에 방점을 둔 의사소통의 방식으로 내면의 감정을 공유한다는 점에서 진정한 의미를 나누는 이해와 배려의 의사소통 행위이다.

공감은 나와 다른 타인을 이해와 존중의 기본이며 나아가 다양한 문화에 대한 존중의 바탕이 된다는 점에서 중요하다.[3)] 공감적 대화의 의의는 다음과 같다.

① 공감적 대화는 상대의 생각을 깊이 이해하고 정확하게 의사소통하게 한다.

② 공감적 대화는 상대방의 입장에서 이루어지므로 서로의 생각과 인격을 존중한다

③ 공감적 대화는 의사소통의 관계적 측면의 발전에 효과적이다.

④ 공감적 대화는 관계 목적을 달성함으로써 설득이나 정보 전달 등의 화행 목적의 달성에 긍정적인 영향을 미친다.

⑤ 타인의 관점을 수용하고 대화의 민감성을 기를 수 있다.

공감적 대화는 상대방의 인격을 존중하는 방식이며 신뢰와 관계를 형성할 수 있는 방법이다. 또한 상대방과의 관계 목적뿐만 아니라 대화의 화행 목적 달성에도 효과적일 수 있다. 주지하듯 사람들은 많은 경우 자신에게 비판적인 상대보다 진심으로 들으며 공감하는 상대에게 마음을 열기 쉬우며 적극적으로 소통에 임하려 할 것이다.

대화의 주제와 상대방이 누구인지 또 자신의 입장은 어떠한지 등과 같은 상황맥락에

---

3) 공감은 학교 교육에서도 중요한 개념으로 다루어지고 있다. 2015 개정 국어과 교육과정에서는 미래 사회를 살아갈 학생들이 갖추어야 할 핵심적인 능력으로서 6개의 핵심 역량을 제시하는데 이 중 "인간에 대한 공감적 이해와 문화적 감수성을 바탕으로 삶의 의미와 가치를 발견하고 향유하는" 심미적 감성 역량에 공감 능력이 명시되어 있다. 현행 교육과정에서 공감적 대화와 관련된 교육 내용은 초등학교 5-6학년군에서 '공감적 듣기'와 중학교급에서 '공감적 대화'로 제시된다.

따라 공감적 대화의 수준은 달라질 수 있을지라도 협력적 소통이 이루어지기 위해서 상대방에 대한 공감이 전제되어야 한다. 대인 의사소통에서 공감적 대화 능력은 반드시 필요하다. 다시 말해, 공감적 대화는 모든 이가 갖추어야 할 능력이다.

2) 공감적 대화의 방법

공감적 대화는 상대방의 말을 경청하는 것에서 시작하여 상대방의 감정을 직접적으로 반영해 상대방에게 표현하는 의사소통 방식이다(한국화법학회 화법 용어해설위원회, 2014). 문제 상황에 처한 이에게 어쭙잖은 동정과 조언은 당사자의 감정을 더욱 악화시킬 수 있다. 공감적 대화에는 여러 방식이 있겠지만, 여기에서는 대표적인 방법인 '집중하기', '격려하기', '반영하기'에 대해 다루고자 한다.[4]

가) 집중하기

집중하기는 상대방에게 주의를 기울이는 것에서부터 시작한다. 하던 일을 잠시 제쳐두고 다음과 같이 반응할 수 있다. 첫째, 자세를 상대방에게 향하게 한다. 몸을 돌려 말하는 이를 바라보거나 상대방 쪽으로 몸을 기울일 수 있다. 둘째, 적절한 눈맞춤을 한다. 눈맞춤은 주의 집중과 소통을 알리는 중요한 신호가 될 수 있다. 이때 미간을 바라보는 것이 상대방에게 덜 부담을 줄 수 있으며 눈높이를 맞추는 것도 중요하다. 셋째, 관심을 나타내는 몸짓을 보이고 호응하는 말을 한다. 여러분이 잘 듣고 있다고 생각할 때조차도 상대방에겐 그렇지 않아 보일 수 있다. 따라서 몸짓과 표정을 통해 상대의 말에 관심을 보이고 있음을 표현하고 "음", "정말?", "아~"처럼 맞장구를 치거나 언어적으로 호응하는 것이 좋다.

나) 격려하기

격려하기는 상대방으로부터 더 많은 대화를 이끌어내기 위한 방법이다. 격려하기를 통해 다른 사람의 생각을 오롯이 이해하기 위해 다음과 같이 언어적·비언어적으로 대화할 수 있다. 첫째, 상대방에게 해당 내용에 관해 더 말해 줄 것을 요청하는 것이다. "좀 더 말

---

4) Stewart et.al.(2005)/서현석 외(2015)의 내용을 참고하여 재구성함.

해봐", "그래서 어떻다구?", "예를 들면?"과 같이 직접적인 표현을 활용할 할 수 있다. 둘째, 상대방의 말을 반복하는 것으로 미러링(mirroring)이라고도 부른다. 예를 들어 "그건 중요한 기술이야"라고 상대방이 말할 때, "중요한 기술?"이라고 되묻는 것이다. 이는 상대방이 자신의 말의 요점을 명확하게 표현할 수 있도록 돕는다. 셋째, 상대방의 말의 의미를 정확히 하기 위한 물음을 던지는 것이다. "당신이 ~라고 말한 것은 ~를 의미하는 건가요?"와 같이 말하는 것을 예로 들 수 있으며 이는 미러링과 유사하게 화자의 메시지에 대한 상호이해를 돕는다. 넷째, 주의를 기울이되 침묵하는 것이다. 공감적 듣기의 핵심은 화자가 충분히 자신의 이야기를 할 수 있도록 들어주고 화자의 관점을 이해하는 것이다. 주의를 기울이고 있다는 제스처를 취하되 의도적으로 말을 아끼는 것 또한 격려하기의 방법이 될 수 있다.

다) 반영하기

반영하기는 상대방의 관점을 자세히 들여다 볼 수 있도록 직접적으로 도와준다. 다음과 같은 세가지 방법을 통해 반영하기 기술을 사용할 수 있다. 첫째, 상대방의 의미를 자신의 언어로 바꾸어 말하는 것이다. 바꿔 말하기는 "그래서 당신은 ~에 대해 걱정이 많은 것이군요"와 같이 질문의 형태가 아니라, 상대방의 생각과 감정을 모두 포함하여 다시 말하기 방식으로 진술하는 것이다. 이어서 "그런가요?", "제가 이해한 게 맞나요?"와 같이 상대방이 당신의 말에 대해 확인하고 첨언할 기회를 넘기는 방식으로 이루어진다. 둘째, 자신의 경험을 바탕으로 한 예를 첨가하고 그에 대한 반응을 상대에게 요청하는 것이다. 예를 들어 시험 공부로 힘들어하는 친구에게 "나도 지난 번 시험 준비를 할 때 정말 힘들었었지.. 그 문제가 너를 많이 힘들게 하니?"와 같이 말할 수 있다. 셋째, 언어적 표현과 비언어적 표현의 불일치를 포착하는 것이다. 언어적 표현과 상반되는 비언어적 신호는 언어적 표현 이면에 숨겨진 의미를 누설한다. 상대방에 대한 예리한 관찰이 기반이 되어야 하는 이 방법을 통해 상대방이 전달하고 있는 메시지의 진정한 의미를 파악할 수 있다.

이 장에서는 대인 의사소통에서 상대방과의 관계를 해치지 않고 원만하게 갈등 상황을 해결하는 여러 가지 방법들을 살펴보았다. 배려하는 말하기의 실천을 돕기 위해 방법적인 측면에서 서술했지만 '말은 기술이 아니라 마음을 담는 그릇'이다. 아무리 좋은 이론을 적용하여 유창하게 말을 한다고 해도 상대방에게 나의 진심 어린 마음이 잘 전달되어 상대의 마음에 닿게 되었을 때 비로소 그 말이 살아 있게 되는 것이다. 교실 상황에서뿐만 아니라 일상생활에서의 여러 의사소통 상황에서도 상대방을 배려하는 듣기와 말하기가 전제된다면 이상적인 대인 의사소통을 실천할 수 있을 것이다. 오늘 하루 나눈 대화 중에서 상대방의 기분을 해치거나 관계를 망치게 하는 말은 없었는지 있었다면 다음에는 어떻게 말하면 좋을지 점검하고 조정해 보면 어떨까? 말이 바뀌면 생각이 바뀌고 생각이 바뀌면 행동이 바뀐다.

탐구 및 실습

1. 나-전달법 연습 다음의 예시를 나-전달법으로 바꾸어 표현해 봅시다.

“환희야 선생님이 복도에서 뛰지 말라고 했잖아!”

☞ 나-전달법(① 객관적 서술, ② 나에게 미치는 영향, ③ 감정이나 느낌)으로 표현하기

2. 비폭력 대화 연습 다음 교사의 말을 비폭력 대화법에 따라 고쳐 봅시다.

“건희야 너 요즘 생활 태도가 엉망이구나. 선생님이 한 이야기는 뭘로 들었니?”

☞비폭력 대화 4단계(① 관찰, ② 느낌, ③ 욕구, ④부탁)로 바꾸기

제13장

자아 의사소통

"그래, 나는 할 수 있다. 할 수 있다. 할 수 있다." 2016년 리우올림픽 펜싱 결승전 도중 21살의 검객 박상영이 중얼거린 혼잣말이다. 끊임없이 스스로에게 자신감을 불어넣던 그는 막판 기적과 같은 대역전극을 펼치며 금메달을 땄습니다. 이처럼 우리는 자기 자신에게 말을 걸고 이야기를 하기도 합니다. 그런데 여러분은 평소 자기 자신에게 어떤 말을 주로 하나요? 자신을 채근하고 질책하는 말을 자주 한다고요? 그럼 자신감을 불어 넣어주는 긍정의 언어로 바꿔볼까요? 자신에게 하는 말을 바꾸면 인생이 달라질 수 있습니다!

1. 자아 의사소통과 자기대화

자아 의사소통은 인간의 다양한 의사소통 유형 중 하나다. 자아 의사소통은 대인 의사소통, 집단 의사소통, 조직 의사소통, 대중 의사소통 등과 구분되는 의사소통 유형인데 다른 유형의 의사소통에 비해 상대적으로 인식이 미약하다. 우리는 삶의 다양한 장면에서 다른 사람들과 어떻게 의사소통할 것인지 고민하지만, 정작 자기 자신에게는 어떻게 이야기해야 할지에 대해서는 크게 관심을 기울이지 않는다. 그런데 자아 의사소통은 자신의 자아정체성을 형성하는 과정이며, 다른 의사소통 과정에서 항상 수반되고 영향을 미친다는 점에서 그 중요성을 인식하고 적극적인 관심을 가질 필요가 있다.

가. 자아 의사소통의 개념

여러분은 다음과 같은 상황에서 무엇을 하는지 생각해 보자. 침대에 누워서 하루 일을 되돌아볼 때, 시험을 보며 답을 찾기 위해 애를 쓸 때, 누군가 때문에 화가 났을 때, 갑자기

뒷목 근육이 뻣뻣해질 때, 중요한 경기 전에 워밍업을 할 때. 이와 같은 상황에서 우리는 머릿속에서 다양한 생각을 하거나 자기 자신과 이야기를 나눈다. 이렇게 자기 자신을 상대로 하여 마음속에서 이루어지는 의사소통을 자아 의사소통이라 한다.

자아 의사소통(intra-personal communication)은 대인 의사소통(inter-personal communication)과 비교해 보면 접두사 'intra'는 '내부'를 의미하므로 개인의 머릿속이나 마음속에서 일어나는 의사소통을 뜻하며, 'inter'는 '~사이에', '~간에'를 뜻하므로 두 명 이상의 사람들 사이에서 일어나는 의사소통을 의미한다. 자아 의사소통은 발신자와 수신자가 동일한 사람이지만, 대인 의사소통은 발신자와 수신자가 서로 다른 사람이라는 점에 차이가 있다. 또한 자아 의사소통에서 메시지는 자신의 생각이나 사고와 관련되며 자신의 의지와 상관없이 끊임없이 일어나는 반면에, 대인 의사소통은 생각이나 정보를 교환하는 것이며 사회적 요구에 의한 것이라 항상 일어나지는 않는다는 점에 차이가 있다. 그렇지만 이 둘은 별개의 의사소통으로 완전히 구분되는 것이 아니라 타인과의 대인 의사소통 중에도 자신의 내부에서는 자아 의사소통이 끊임없이 일어난다. 따라서 대인 의사소통에 따라 자아 의사소통이 영향을 받기도 하고, 역으로 자아 의사소통의 방향에 따라 대인 의사소통이 달라지기도 한다.

자아 의사소통에 대한 정의는 다양하다. 김진영(2015: v~vi)에서는 자아 의사소통에 대한 정의를 다음과 같이 소개한다.

① 개인 내에서 일어나는 의사소통(Applbaum et al., 1973)

② 의사소통에 참여하는 개인의 정보처리 과정(Hanneman & McEwen, 1975)

③ 개인 내에서 일어나는 의사소통으로 수용된 자극에 의미를 부여하는 과정(홍기선, 1989)

④ 자기 자신과 내적인 의사소통으로 주체적 자아와 관계적 자아 간의 소통(김광희, 2013)

그리고 위와 같은 기존의 자아 의사소통에 대한 개념을 종합하여 '개인 내면에서 일어나는 의사소통으로 수용된 정보에 의미를 부여하는 정보처리 과정'으로 정의하며, '자아 개념, 성격, 동기, 감정, 태도, 가치관, 혼잣말' 등도 자아 의사소통에 해당한다고 보았다. 이와 같이 커뮤니케이션 분야에서는 자아 의사소통을 대인 의사소통과 대비되는 개인 내적 정보처리 과정으로 설명하며 자아개념이나 혼잣말 등을 포함하는 광범위한 개념역을 설정하고 있다.

한편, 상담학 분야에서는 자아 의사소통을 '자신에게 하는 말 중에서 자신감을 계발하거나 특정 목표를 이루기 위한 자기조절의 한 형태로 자기 자신에게 어떠한 내용의 말을 되뇌는 행위를 의미'하기도 한다(김춘경, 2016). 이처럼 상담학 분야에서는 자신감 계발이나 목표 지향을 위한 자기조절의 한 형태로 자아 의사소통을 정의하는데, 이는 의사소통 분야에 비해서 상대적으로 협의의 의미로 사용하고 있는 것이다.

나. 자기대화의 특징

자아 의사소통은 의사소통 분야에서 대인 의사소통과 대비되는 개념으로 '개인 의사소통(personal communication)' 또는 '자기대화(self-talk)'라는 용어도 유사한 개념으로 사용된다. 특히 자기대화라는 용어는 개인 내적으로 이루어지는 의사소통의 광범위함과 추상적인 개념을 주체와 주체 간의 상호작용으로 구체화할 수 있는 이점이 있다. 따라서 이러한 관점에서 자기대화는 '자기 자신에게 하는 말로 머릿속에서 또는 혼잣말 형태로 이루어지는 '내(I, 의식하는 자아)'가 '나(Me, 의식되는 자아)'와 메시지를 주고받는 것'으로 정의할 수 있다.

쪽지강의 혼잣말(self-talk)과 내적 언어(inner speech)

혼잣말과 내적 언어는 자아 의사소통 차원에서 이루어진다. 혼잣말은 자신에게 하는 대화로서 외부에서 들을 수도 있고(외현적 혼잣말) 아니면 듣지 못할 수도 있다(내현적 혼잣말). 반면에 자신의 생각을 언어로 부호화하거나 주어진 언어를 적절한 의미로 해독하는 과정을 내적 언어라고 한다(Vocate, 1994). 혼잣말과 내적 언어는 자의식을 가지고 외부의 정보를 해석하는 중요한 역할을 한다. 더불어 외부 정보에 대해서 주관적 의미와 객관적 의미를 통합하여 새로운 의미를 창조하는 기능을 가지고 있다.

Burton & Dimbleby(1995)에 의하면 자아 의사소통은 인지적 불일치(cognitive dissonance)나 자아의식(self-awareness) 상황에서 일어난다. 가치, 태도, 신념들과 행동 사이의 불균형으로 인한 인지적 불일치가 자아 의사소통을 일으킨다는 것이다. 그리고 자아를 의식할 때도 자아 의사소통이 일어나는데 개인의 자아는 매우 다양한 층위로 존재한다. 즉, 정신적 자아, 물리적 자아, 사회적 자아, 신체적 자아나 실재적(real) 자아, 이상적(ideal) 자아, 공적(public) 자아 등 다양한 자신의 모습을 대상화하여 의식할 때 자아 의사소통이 일어난다.

한편 Shad Helmstetter(1990)는 자기대화를 '자기안내라고 명명된 말을 통해서 잠재의식을 의식적으로 재프로그램하는 것'이라고 정의한다. 그는 자기대화가 자기 관리의 모든 것에 영향을 미치고 안내하기 때문에 최상의 자기 관리 방법이라고 한다. 즉, 자기대화는 방향을 설정하고 목적지를 안내하며 자신을 자극하며 격려한다. 이러한 자기대화는 다음과 같은 특징이 있다.

첫째, 자기대화는 대부분 다른 사람들에게서 배운다. "아니다", "할 수 없다"라는 말이나 다른 부정적인 말을 많이 들어왔기 때문에 자기대화에서 부정적인 대화가 되풀이된다. 그리고 이렇게 부정적이고 비생산적인 자기대화가 75%나 된다. 이것은 우리가 자연스럽다고 믿고 있는 자기 프로그래밍의 3/4은 무의식적인 것이고, 우리들 외부에서 기원한 것이며, 우리들에게 불리하게 작용한다는 것을 의미한다.

둘째, 자기대화는 어떤 것은 문장으로 표현되지만 대부분은 그렇지 않다. 잠재의식적인 자기대화는 부분적인 생각, 정신적인 주의, 느낌, 직감 그리고 기존 사고의 복제적인 간단한 어구 형태로 표현된다.

셋째, 자기대화는 주로 마음가짐만을 다루는 긍정적인 사고와 달리 믿음, 마음가짐, 느낌과 행동에 영향을 미치는 잠재의식적인 프로그래밍이다. 그리고 자기대화는 본래 긍정적이지도 부정적이지도 않은 자기 안내적인 것이다. 특히 새롭게 시작하는 자기대화는 더욱 그러하다.

넷째, 자기대화는 모든 사람들이 사용하지만 무의식적으로 사용하는 경우가 많아서 대부분 자신에게 무엇을 이야기했는지 모르는 경우가 많다. 반면에 새로운 자기대화는 의식적으로 사용된다.

다섯째, 자기대화는 다양한 범주에서 일어날 수가 있다. 예를 들어 ① 마음가짐을 변화하기 위한 자기대화, ② 내적인 동기부여를 위한 자기대화, ③ 문제해결이나 목표성취를 위한 자기대화, ④ 성공적인 삶을 위한 상황적인 자기대화 등이 가능하다.

자기 안내와 자기 관리의 성격을 띠는 자기대화의 가치로움을 이해하면 다음과 같이 자기대화의 의의를 말할 수 있다. "자기대화는 태도를 형성하고, 태도는 행동을 정하며, 행동은 원하는 결과를 만들어 낸다." 이 말은 우리가 원하는 결과를 성취하고 도달하기 위해서는 긍정적인 자기대화가 필수적이라는 것을 의미한다.

2. 자기 안내적인 자기대화

자기대화는 특별한 지향성을 띠지 않는 경우도 있지만 가치 지향성에 따라 긍정적 자기대화와 부정적 자기대화로 구분할 수 있다. 그런데 우리들 마음속에는 긍정적 자기대화보다 부정적 자기대화가 훨씬 더 큰 비중을 차지하고 있다. 따라서 여기에서는 무의식적으로 빈번히 일어나는 부정적인 자기대화의 발생 원인을 알아보고, 자신에게 의미 있는 변화를 안내할 수 있는 긍정적 자기대화 방법을 모색해 보도록 한다.

가. 부정적 자기대화의 원인

자기대화는 주체인 자아(I)가 객체인 자아(Me)를 의식할 때 일어난다. 이때 자아가 또다른 자아를 강요하고, 방해하고, 혼란스럽게 한다면 부정적인 자기대화가 일어난다. Pamela Butler(2008)는 이렇게 부정적 자기대화를 유발하는 자아를 '조정자(명령), 방해자(금지), 혼란자(불완전한 사고)'로 묘사하였다.

1) 자아를 강요하는 조정자

조정자(driver)는 자아를 긴장하게 만든다. 조정자는 자신에게 '① 완벽해라, ② 서둘러라, ③ 강해져라, ④ 다른 사람을 만족시켜라, ⑤ 열심히 노력하라'고 강요하고 명령한다. 이러한 명령은 자아로 하여금 부정적 대화를 하게 만든다.

첫 번째 조정자 "완벽하라"는 일을 제대로 해야 한다고 자아를 강요한다. 자아는 완벽하기 위해 지속적으로 자신을 평가하며 조금이라도 부족하거나 실수하는 것을 용납하지 않는다. 자아를 조정하는 메시지 중에서 "완벽하라"는 가장 해로운 것이며 다른 조정자를 아우르기도 한다. 예를 들어 학업 성취에서 '완벽하기' 위해서는 '서둘러야' 하고 또

'열심히 노력해야' 한다는 조정자가 나타난다.

두 번째 조정자 "서둘러라"는 일을 빨리 하도록 자아를 밀어붙인다. 이 조정자는 "더 짧은 시간에 많은 일을 해!"라고 자신에게 명령한다. 그래서 제때 끝내기 위해 노력하지만 시간이 부족하여 초조해지거나 화를 내게 된다. 이는 일상생활에서 가장 쉽게 확인할 수 있는 조정자이다. 예를 들어 운전 중 신호가 바뀌었는데 앞차가 출발하지 않으면 짜증을 내거나 조금 일찍 도착하기 위해 거침없이 끼어들기를 하는 것은 이 조정자의 지배를 받는 것이다.

세 번째 조정자 "강해져라"는 약한 감정을 수용하지 않고 심지어는 경멸하기까지 한다. 슬픔, 아픔, 외로움과 같은 감정은 극복해야 하는 것이며 어떤 문제가 생겼을 때는 "직접 처리하라"라고 명령한다. 따라서 이 조정자의 지배를 받으면 자신이 나약하다고 생각되는 욕구(필요)나 감정이 생기는 것을 견디지 못하고 어려운 일이 생겨도 다른 사람에게 도움을 청하지 않는다. 이는 부드러움이나 연약함을 보였을 때 주위 사람으로부터 심한 비난이나 질책을 받는 경우에 더욱 발달하기 쉽다. .

네 번째 조정자 "다른 사람을 만족시켜라"는 다른 사람들이 자신을 좋아하고 인정해야 하는 강박 관념을 갖게 한다. 한순간이라도 이런 호감을 받지 못하면 불안과 우울의 늪으로 빠질 수 있다. 이 조정자의 지배를 받으면 주위 사람들의 요청에 "아니오"라고 말해야 할 때 자신의 감정과 의견을 분명히 표현할 수 없다.

다섯 번째 "열심히 노력하라"는 조정자는 더 많이 일하라고 강요할 뿐 자신에게 적절한 한계를 정하지 않는다. 이 조정자는 우리의 바람 혹은 정서적이고 신체적인 한계와 무관하게 짐을 짊어지게 한다. 개인적인 한계를 무시하고 열심히 노력하면 기진맥진할 수밖에 없다.

이와 같은 '강요된 자아'의 영향을 받게 되면 언제나 자신의 부족한 부분이 두드러지게 인식되므로 "잘했어!"라는 말보다는 걱정과 근심이 앞서게 된다. 따라서 이러한 부정적 자기대화는 성취와 유연성 부족, 대인관계의 어려움이나 실패감, 우울감, 자존감 상실, 스트레스 등과 같은 문제를 야기할 수 있다.

2) 자연스러운 표현을 막는 방해자

방해자(stopper)는 감정과 욕구를 무시하도록 압박할 뿐만 아니라 자연스러운 표현조차 못하도록 막는다. 방해자는 '① 최악의 가정, ② 부정적인 자기낙인, ③ 엄격한 요구'와 같은 것으로 감정에 따라 행동하는 것을 금지하고 자발성을 꺾는다.[1)]

첫째, 최악의 가정(catastrophizing)은 행동을 하기 전에 그것으로 인해 일어날 수 있는 모든 끔찍한 일들을 미리 예측해 최악의 상황을 가정하는 것이다. '행동=얻어질 이득/감수해야 할 위험'이라는 방정식에서 파국을 예상하면 위험 요인을 과장하기 때문에 행동으로 옮길 수가 없다. 이러한 파국으로 치닿는 핵심적인 말은 "~되면 끔찍할 거야.", "만약 ~하면 어쩌지?"와 같은 말로 예를 들어 "실수를 한다면~", "거절당한다면~", "목소리가 떨린다면~", "나보다 아는 것이 많은 사람이 있다면~"과 같은 말이 이에 해당한다. 이와 같은 말들은 실제 결과가 아니라 부정적인 상황을 예측한 결과이며 실제로 그러한 최악의 일은 일어나지 않거나 일어나더라도 피해가 크지 않을 수 있다.

둘째, 부정적인 자기낙인(negative self-labeling)은 내재된 자아의 자연스럽고 건강한 충동에 부정적인 판단의 이름을 붙이는 것이다. 부정적인 자기낙인은 내재된 자아의 신호에 따라 자연스럽게 행동하는 것을 힘들게 한다. 이러한 부정적 이름 붙이기는 대부분 진실이나 정직, 혹은 현실을 직시하려는 마음에 근거하지 않고 비판적인 판단에 기반을 두고 스스로를 부정적으로 낙인찍은 결과이다. 예를 들어 '충동적인', '못생긴', '지나치게 감정적인' 등과 같은 수식어는 부정적인 자기낙인으로 이름을 붙인 것이다.

셋째, 엄격한 요구(setting rigid requirements)는 조정자와 생각이 맞지 않으면 행동을 자주 중단시킨다. 그리고 엄격한 요구는 앞서 살펴보았던 조정자들("서둘러라", "열심히 노력해라", "다른 사람을 만족시켜라")과도 관련이 깊다. 이와 같은 엄격한 요구는 "~하면(If)"으로 시작하는 경우가 많다. 예를 들어 "만약 그것이 매우 중요하다면", "만약 내가 지금 이대로 살 수 없다면", "만약 지금이 적절한 때라면"과 같은 말이 이에 해당한다.

---

1) 게슈탈트 심리치료의 창시자인 Fritz Perls는 "인간은 자신의 성장을 방해하는 유일한 유기체다."라고 말했다. 이 말은 인간이 흥미로운 삶을 살고 더 나은 인간이 되기 위해 다양한 관심과 접촉을 하려고 하지만 이것을 내면의 메시지가 가로막고 있다는 것이다(박미경, 2016: 58).

위와 같은 방해자는 사람들의 솔직한 자기표현을 막는다. 그리고 내재된 자아의 성장과 발달을 방해하여 건강하고 행복하게 사는 데 나쁜 영향을 미친다. 방해자의 강력한 통제는 자존감을 떨어뜨리며 시간이 지나면 권태와 무료함, 우울증으로 이어질 수 있다.

3) 명료한 사고를 막는 혼란자

혼란자(confuser)는 세상에 대한 명료한 사고를 막는 인식과 사고방식이다. 그것들은 일상 경험에 대해 편견을 갖게 한다. '①임의적 추론, ②책임전가, ③인지적 결핍, ④과잉일반화, ⑤이분법적 사고, ⑥과장 및 축소'와 같은 경우에 명료한 사고가 어려우며, 이로 인한 혼란스러움 때문에 부정적인 자기대화가 일어난다.

첫째, 임의적 추론(arbitrary ingerences)은 관련 사실을 신중하게 숙고하지 않고 끌어내는 것이다. "나는 누구와도 친해질 수 없을 거야."와 같은 근거 없는 추론은 사실이 아닐뿐더러 자신을 파괴하는 결과에 이르게 할 수 있다.

둘째, 책임전가(misattribution)는 비난이나 책임을 진짜 원인이 아닌 다른 것, 다른 사람에게 돌리는 것이다. 특히 "너는 날 화나게 했어."와 같이 감정을 책임전가하는 것은 자신과 대인관계 모두에 있어서 해롭다.

셋째, 인인지적 결핍(cognitive deficiency)은 사물의 완전한 그림을 보지 못하는 것이다. 결과에 대한 원인을 충분히 고려하지 않고 결론짓기 때문에 터널시야에 갇히게 된다. 대학입시에 떨어지고 나서 높은 경쟁률이나 우수한 다른 지원자가 많았다는 같은 사실을 고려하지 않고 단순히 "나는 무능해."라는 결론을 내리며 자신을 비난하는 경우를 예로 들 수 있다.

넷째, 과잉 일반화(overgeneralization)는 사람들이나 사건들의 유사성만 인지하고 차이는 무시하는 경향이다. 과잉 일반화에 사용되는 말은 '언제나, 절대로, 전부, 매번'과 같은 말들이다. "그녀는 언제나 불평불만투성이야."와 같은 말은 타인의 부정적인 행동에 초점을 맞추면 분노를 일으키고, "내가 하는 것은 모두 틀렸어."와 같이 자신의 행동과 연관시키면 우울감을 유발한다.

다섯째, 이분법적 사고(either/or thinking)는 자신을 고통스러운 상황으로 몰고 간다. 실제로 성공과 실패 사이에는 엄청난 영역이 존재하므로 이분법적 관점으로 보기 어려운 경우가 많다. 그러나 목표의 50~60%를 성취했음에도 불구하고 "올해 나는 아무것도 이룬 것이 없어."라고 말함으로써 목표했던 것을 100% 이루지 못한 완전한 실패자로 여기게 한다.

여섯째, 과장(magnification)과 축소는(discounting)는 사람이나 상황의 중요성을 어떻게 과대평가하거나 과소평가하는 것에 관한 것이다. 체중이 1kg밖에 늘지 않았지만 이것을 지나치게 과장하는 경우 이것은 엄청난 스트레스의 원인이 되고 불안감을 키울 수 있다. 자신의 성취를 지나치게 축소하거나 긍정적인 찬사를 잊어버리는 경우에도 자신을 비하하는 방향으로 오도될 수 있다.

이처럼 혼란스러운 사고로 인한 자기대화는 현실을 왜곡한다. 그리고 그것이 다른 사람에게로 향할 때는 타인에 대한 분노가 발생하며, 자신에게로 방향지어지면 우울감을 유발할 수 있다.

나. 긍정적 자기대화의 방법

자기대화의 궁극적인 지향점, 즉 자기 안내의 방향은 긍정적 자기대화이다. 긍정적 자기대화를 습관화하기 위해서는 부정적인 자기대화에서 벗어나는 것만으로 충분하지 않고, 긍정적인 자기대화를 자신의 자아 의사소통 방식으로 만들기 위한 의식적인 노력이 지속적으로 뒤따라야 한다.

1) 자기대화의 방법

앞서 살펴본 부정적인 자기대화에서 벗어나기 위해서는 조종자를 약화시키고, 방해자를 제압하고, 혼란자와 대적해야 한다. 특히 '강요자'의 입장에서 벗어나 '허용자'의 입장에서 대화에 임해야 한다. 즉, 자신의 삶을 힘들게 하는 조정자의 말을 다음과 같이 바꾸어 주는 것이다. 예를 들어 "완벽해라"는 "인간적인 것도 괜찮고, 실수를 해도 괜찮아.". "서둘러라"는 "긴장을 풀고 천천히 해도 괜찮아.", "강해져라"는 "감정을 느끼고 표현해도 괜찮아.", "다른 사람을 만족시켜라"는 "나 자신을 만족시켜도 괜찮아.", "열심히 노력해라"는 "내려놓는 것도 괜찮아."와 같은 허용자의 말로 바꾸어 주는 것이다.

그리고 자신에 대한 과잉 일반화로 혼란을 겪는 경우에는 극단적인 언어 표현을 지양해야 한다. 대인 의사소통에서 "쟤는 제대로 하는 게 없어.", "걔는 매번 그 모양이야."와 같이 과잉 일반화된 표현에는 '언제나, 절대로 전부, 매번, 항상, 모두' 등과 같은 언어가 사용된다. 이때 '날짜 기입하기'와 같은 구체적인 상황 기술을 통해 과잉 일반화의 문제를 극복할 수 있다. 날짜 기입하기는 특정한 자신의 상황이나 행동이 항상 그런 것이 아니라 특정 시점이 시간에 일시적으로 그런 것임을 인지시켜줄 수 있다. 예를 들어 "당신이 싫어요."와 같은 말은 "저 사람은 나를 항상 싫어하나 보다."와 같은 과잉 일반화로 인해 타인에게 더욱 부정적인 감정을 유발할 수 있다. 이런 말을 날짜 기입하기 방법을 적용하면 "지금 나는 당신에게 매우 화가 나요."와 같이 지금 이 시점에서 상대방에게 화가 났음을 표현할 수 있다. 이 말은 다른 날, 다른 때는 그렇지 않지만 오늘 특정 사건 때문에 화가 났다고 표현한 것이다.

이는 자기대화 상황에도 마찬가지로 적용할 수 있다. "나는 좋은 아빠가 아냐."와 같은 말을 다음과 같은 형태로 바꾸는 것이다. "2008년에 나는 좋은 아빠가 아니었어. 그때 나는 매우 바빴어."와 같은 자기대화는 내가 늘 아이들에게 소홀한 나쁜 아빠가 아니라 2008년 그때 굉장히 바빴기 때문에 소홀했지만, 그 전이나 그 이후에 그런 모습으로 지낸 것은 아니기 때문에 자괴감을 느낄 필요가 없다는 생각으로 귀결될 수 있다.

Pamela Butler(2008)는 조정자, 방해자, 혼란자와 같은 자아에 효과적으로 대처하며 자신을 지지해 주고 새롭게 안내하는 자기대화의 구체적이고 단계적인 방법을 제시한다. 그가 말하는 자기대화의 다섯 가지 단계는 '자기대화 인식하기-자기대화 평가하기-자기대화 확인하기-자신을 지지하기-안내자를 발달시키기' 과정이다.

1단계는 자기대화를 인식하는 것이다. '내가 나 자신에게 무슨 말을 하고 있는가?'라는 질문을 통해 자신과의 대화에 귀를 기울인다. 예를 들어 칭찬, 비난, 새로운 활동, 친밀감 공유 등과 같은 외부 유발 요인이나 감정(분노, 즐거움, 슬픔, 후회, 흥분, 권태), 신체 증상(복통, 호흡곤란, 빠른 맥박, 땀), 회피 경향(생각, 행동) 등과 같은 내부 유발 요인이 있을 때 자기 자신과 어떤 대화를 하는지에 관심을 갖는 것이다.

2단계는 자기대화를 평가하는 것이다. '나의 자기대화는 도움이 되는가?'라는 질문을 통해 내면의 대화가 자신을 지지하는지, 혹은 파괴하는지를 평가하는 것이다. 예를 들어 자신에게 하는 말이 도움이 되지 않으면 '감정(분노, 우울, 짜증), 행동, 자아존중감, 대인관계, 스트레스 수준' 등의 영역에 어떤 영향을 미쳐 부정적인 결과 초래하는지를 검토하는 것이다.

3단계는 자기대화를 확인하는 것이다. '어떤 조정자, 방해자, 혼란자가 개입하고 있는가?'라는 질문을 통해 어떤 조정자, 방해자, 혼란자가 자신의 내부 언어를 구성하고 있는지를 확인하는 것이다. 자기대화에 들어있는 구체적인 조종자, 방해자, 혼란자를 알아낼 때 부정적인 내부 언어를 유발시키는 잠재된 신념을 알 수 있다. 이 과정은 긍정적인 대안으로 자기대화를 향하게 하는 변화를 위한 발판이다.

4단계는 자신을 지지하는 것이다. '내가 나에게 하는 허용과 자아확인(자기긍정)은 무엇인가?'라는 질문을 통해 부정적인 자기대화를 허용과 자아확인으로 대신하는 것이다. 자기지지의 자기대화는 영어나 일본어와 같은 외국어처럼 성장을 위해 새롭게 습득해야 하는 언어이다. 따라서 많은 훈련과 연습이 필요하다. 자신을 지지하기 위해서는 자신을 허용[2)]하고 자아에 대한 긍정적인 선언이 필요하다

5단계는 안내자를 발달시키는 것이다. '새로운 지지 입장을 바탕으로 어떤 실천을 할까?'라는 질문을 통해 새로운 지지 입장에 따라 어떤 실천을 할 것인지를 결정하는 것이다. 안내자는 현실적이고 유용한 행동전략을 수립하도록 도와준다. 이러한 안내자를 발달시키기 위해서는 너무 커서 부담스럽지 않고 너무 작아서 인지하기 어렵지 않은 너무 크지도 작지도 않은 단계를 설정하고, 환경과 자신의 감정 그리고 자신의 능력을 세심하게 헤아리고 배려[3)]하며, 나 전달법(I-message)의 방법으로 자신의 생각을 분명하게 표현

---

2) 자신을 허용하는 것은 어떤 경우에도 자기징벌 없이 실수하고 감정을 느끼고 인간적인 경험을 할 자유를 자신에게 주는 것이다. "~해도 괜찮아."와 같은 허용은 부담감을 줄여주고 안도감을 준다. 특히 어렵기 때문에 특별히 고려해 볼만한 가치가 있는 허용은 '①필요(도움)에 대한 허용, ②한계를 수용하는 허용, ③좋은 기분에 대한 허용'이다.

3) 『Super Self』에서 Dorothy Tennov는 능력 지수를 '가장 유능한 상태(1수준)에서 가장 많이 떨어진 상태(5수준)'까지 다섯 단계로 구분한다. 1수준은 수행 능력이 최고 정상에 있는 상태로 일을 최고로 잘할 수 있고, 가장 어려운 프로젝트를 수행할 수 있고, 가장 고차원적인 사고를 할 수 있는 수준이다. 반면에 5수준은 휴식을 취하거나 일상적인 일을 하기에 좋은 수준이다. 그런데 현재의 능력 상태를 과잉으로 사용하

해야 한다. 다음 사례는 공식적인 스피치 상황에서 말하기 불안이 높은 학생의 부정적인 자기대화를 긍정적인 방향으로 바꾸는 과정을 자기대화로 구성한 예이다.4)

〈1단계: 자기대화 인식하기〉
질문: 나 자신에게 무슨 말을 하고 있지?
대답: 스피치를 정말 잘하고 싶어. 다른 학생들에게 박수도 받고 싶고, 교수님께 칭찬도 받고 좋은 학점도 받았으면 좋겠어. 그런데 어떻게 해야 할지 잘 모르겠어.

〈2단계: 자기대화 평가하기〉
질문: 자신과의 대화가 스피치를 준비하는 데 도움이 되니?
대답: 아니?
질문: 그것이 너에게 어떤 영향을 미치는데?
대답: 자꾸 걱정이 되고 불안감이 더 커지는 것 같아.

〈3단계: 자기대화 확인하기〉
질문: 어떤 자아가 개입하고 있지?
대답: 조정자가 나를 강요하고 있는 것 같아.
질문: 조정자가 너에게 뭐라고 하는데?
대답: '다른 사람을 만족시켜라'고 하고, 더 '열심히 노력하라'라고 하고 있어. 그래서 더 불안해지고 초조해지는 것 같아.

거나 불완전하게 사용하게 되면 부정적인 자기대화로 이어진다. 예를 들어 1수준의 상태에서 청소를 하거나 메일을 확인하는 것이나 5수준일 때 복잡하고 수준 높은 작업을 시도하면 무능하게 여기게 된다. 따라서 안내자의 중요한 역할은 내부의 능력 상태와 외적인 요구 수준을 맞추는 것이다(박미경, 2016: 181-182).

4) 이와 같은 자기대화의 방법은 공식적 의사소통에서 말하기 불안감이 높은 학생들에게 자신과의 대화를 통해 경험에 의의를 두고 목표를 낮추는 방식으로 화자의 입장을 정하여(positioning) 심리적 안정감을 갖는 스피치 전략으로도 활용할 수 있다.

〈4단계: 자신을 지지하기〉
질문: 그렇다면 지금 자신에게 어떤 허용과 긍정적인 말을 해 줄 수 있니?
대답: 실수해도 괜찮아. 다른 사람 시선은 중요하지 않아. 열심히 준비했으면 된 거지. 내 경험을 되돌아보며 행복에 대한 깨달음을 얻은 것만으로도 충분히 의미 있는 시간이었어.

〈5단계: 안내자 발달시키기〉
질문: 그렇다면 네 문제를 해결하기 위해 어떻게 하면 좋을까?
대답: 나는 내가 준비한 원고 내용을 전달하는 것에 초점을 두어야겠어. 몇 번 읽어보면서 자연스럽게 내용이 전달되는지를 검토하고 원고를 수정하면 될 것 같아.

위의 자기대화의 단계 중에서 1에서 3단계는 자신에게 강요된 자아를 분리시키고 심판자의 명령에 거리감을 두고 느끼도록 도와준다. 그리고 4단계와 5단계는 긍정적인 방향으로 자기대화가 나아가는 과정을 안내한다.

2) 자기대화 프로그래밍

Shad Helmstetter(1990)에 의하면 우리가 습관을 갖게 되는 것은 두뇌가 작용하는 방법 때문이고 우리 두뇌 속의 프로그래밍은 잠재의식적인 마음속에 패턴(반복적인 스타일, 행동, 사고)을 형성한다. 그리고 우리는 가장 강력하게 프로그램된 행동 패턴을 반복하려는 경향이 있다. 그런데 우리들 마음속에 프로그램된 것의 75% 이상이 부정적인 종류의 것이기 때문에 자기대화를 할 때 자동적으로 부정적인 종류로 프로그래밍된 선례를 따르게 된다. 앞서 자기대화의 방법을 단계적으로 제시한 Pamela Butler(2008)도 '자신의 삶을 통제하는 자동 테이프를 바꾸자.'라고 말한다. 자기대화가 습관화되어 자동화되기 때문에 부정적인 자기대화가 삶을 통제한다는 것이다.

자기대화를 프로그래밍 개념으로 본 Shad Helmstetter(1990)는 '자기 안내라고 명명된 말을 통해서 잠재의식을 의식적으로 재프로그램한다'라고 규정한 바 있다(김양호, 2001: 64). 이를 위해서는 우선 무의식적인 자기대화, 특히 부정적인 자기대화를 의식하고 자기관리와 변화의 방향을 담은 긍정적인 자기대화로 바꾸어 지속적으로 자기 안내를 하는 것이다. 이와 같은 관점에서 자기대화의 방법을 단계적으로 정리하면 그 과정은 다음과 같다.

1단계는 자기대화에 주의를 기울이는 것이다. 구체적인 상황이나 일을 떠올려 평소에 의식하지 못했던 자기대화를 의식하는 과정이다. 특히 이 과정에서는 부정적인 자기대화에 주목하고 그것을 의식하는 것이 중요하다. 자기대화를 대상화하여 객관적으로 바라보기 위해서 대화를 글로 옮겨 적어 보는 것도 좋은 방법이다.

2단계는 긍정적인 자기대화로 바꾸는 것이다. 부정적인 자기대화를 긍정적인 방향으로 안내하기 위해서는 상황이나 일, 특히 자신을 바라보는 관점을 바꾸어야 한다. 동일한 상황이지만 관점을 어떻게 하느냐에 따라 자기대화의 방향은 달라지기 때문이다. 대화의 방향을 돌렸으면 자신의 생각이나 행동을 안내하고 새로운 변화를 줄 수 있는 구체적인 메시지를 떠올린다. 이때 상황이나 목적에 맞는 명언이나 경구(警句)로 자기대화를 구성할 수도 있다.

3단계는 자기대화로 자신의 삶을 안내하는 것이다. 긍정적인 자기대화의 메시지를 큰 소리로 읽어 보거나 자신에게 말해 보는 것이다. 대부분의 자기대화는 조용하게 이뤄지는데 특히 새로운 자기대화는 더욱 그러하다. 따라서 소리내어 반복하는 것은 메시지를 인식하고 각인하는 효과가 있다. 자신에게 말을 할 때는 부모님이나 친구 입장에서 자신의 이름을 부르며 격려해 주는 방식도 효과적인 방법이다.

무엇보다 중요한 것은 자기대화의 과정이 일회적으로 끝나서는 안 된다는 것이다. 유사한 상황에서 다시 부정적인 자기대화가 일어날 때 긍정적인 방향으로 대화의 물꼬를 트고 자신을 지지하거나 격려할 수 있는 긍정의 자기대화 메시지로 자신을 안내하는 과정을 반복해야 한다. 그래야 긍정적인 자기대화가 프로그래밍될 수 있다.

긍정적인 자기대화가 효과적으로 프로그래밍되고 나면 중요한 순간에 자신과 적극적으로 대화하는 것이 좋다. 왜냐하면 잘 습관화된 자기대화는 다음과 같은 점에서 유익하기 때문이다(Hirsh, 2017).

첫째, 눈앞에 있는 문제에 집중하게 만들어 주의를 환기시킨다. 자신에게 말을 걸며 긴장을 풀 때도 있고 적절한 시기에 올바른 일을 하도록 만들기도 한다.

둘째, 자신과의 대화하는 노력을 조절해 주는 역할을 한다. 또한 다음에는 무엇을 하고,

언제 해야 할지 결정하도록 돕기도 한다.

셋째, 자신과의 대화는 인지적인 반응과 감정적인 반응을 조절하는 데 도움을 준다. 이는 후회할 만한 선택을 하지 않도록 막아주는 방어기제 역할을 한다.

쪽지강의 신경언어 프로그래밍(Neuro-Linguistic Programming, NLP)

신경언어 프로그래밍은 자기대화와 유사한 점이 있다. 이 둘은 서로 다른 학문 분야이지만 인간의 긍정적인 변화를 위한 의사소통을 강조한다.

신경언어 프로그래밍은 20세기에 개발된 실용심리학의 한 분야로 인간 행동의 긍정적인 변화를 이끌어 내는 방법이다. 신경언어 프로그래밍의 창시자인 리차드 밴들러는 '두뇌를 사용하는 방법을 가르치는 방법'이라고 했다. 이와 같은 모호한 표현은 신경언어 프로그래밍이 이론이라기보다는 행동과 말하기 방법을 담고 있는 유용성을 중시하는 특성 때문이다. 신경언어 프로그래밍의 의미를 쉽게 표현하면 "목표 성취를 위한 커뮤니케이션 기법"으로 요약할 수 있다. 인간의 바람과 목표를 성취하기 위한 방법을 생각하는데 체계적으로 대화하는 과정에서 생각을 진행하는 절차를 담은 기법이다.

<출처: https://ko.wikipedia.org/wiki/신경언어 프로그래밍 2021. 12. 4. 검색>

우리는 언제나 자신과 대화한다. 또 자기와의 대화를 통해 무언가에 확신을 가지고 긍정적인 에너지를 얻기도 반대로 절망을 느끼고 동력을 잃게 되는 경우도 있다. 자기충족적 예언이라는 말이 있다. 긍정적인 기대와 예측을 하고 표현함으로써 그것을 실제로 실현할 수 있게 된다는 것을 의미한다. 삶에서 불확실성과 마주할 때, 자신의 길에 회의를 느끼고 포기를 자문할 때 긍정적인 자기대화의 시간을 갖는 것은 자아를 회복하고 다시 한번 삶의 동력을 얻을 수 있는 좋은 방법이 될 것이다.

탐구 및 실습

1. **자기대화 분석** 예비교사 또는 교사로서 현재까지의 자신의 모습과 미래의 계획에 대해 생각해 보고 '나에게 쓰는 편지'를 써 봅시다. 그리고 자기대화의 관점에서 특징을 분석해 봅시다.

2. **긍정적 자기대화** <보기>와 같은 과정으로 다음 예시를 참고하여 자신을 격려하는 말을 쓰고 말하여 봅시다.

〈보기〉
① 부정적인 자기대화를 하는 구체적인 상황이나 일을 떠올릴 것.
② 자신에게 힘이 되는 격려의 말을 생각하고 글로 적을 것.
③ 부모님이나 친구 입장에서 자신의 이름을 부르며 격려할 것.

(예)
〈상황〉 할 일이 많아져서 많은 것을 한꺼번에 끝내야 하는 상황이 온다. 그럴 때 나 자신에게 "난, 왜 매번 이럴까. 항상 후회하지만 고쳐지지 않아. 난 원래 게으른 사람인가?"라고 나 자신에게 말한다.
〈격려의 말〉 "도윤아, 넌 게으른 사람이 아니라 여유로운 사람이야. 너무 부담 갖지 말고 천천히 시간을 가지고 시작해 봐. 시작이 반이라는 말도 있잖아!"

상황

격려의 말

참고문헌

◆ 제1장 의사소통의 개념과 능력

강미선(2017). 『커뮤니케이션 능력』. 커뮤니케이션북스.

교육부(2015a). 초중등학교 교육과정 총론. 교육부 고시 제2015-74호.

교육부(2015b). 국어과 교육과정. 교육부 고시 제2015-74호.

교육부(2017). 『초등학교 국어 1-1 교사용 지도서』. 미래엔.

오정숙(2010). 커뮤니케이션 교육과정 개발을 위한 대학생의 커뮤니케이션 역량 규명 델파이 연구. <교육공학연구> 26(2), 241-266.

이인화(2019). 핵심역량으로서 의사소통 역량의 하위요소 분석. <교육과정평가연구>22(3), 1-29.

이창덕·임칠성·심영택·원진숙(2000). 『삶과 화법』. 박이정.

한혜정·김영은·이주연·곽상훈·김광하·김기탁·김용진·박지만·진동섭·최동선·한충희·황유진(2015). 2015 개정 교육과정 총론 해설서(중·고등학교) 개발 연구. CRC 2015-28. <한국교육과정평가원>.

Berko, R. M., Wolvin, A. D., & Wolvin, D. R.(1998). *Communicatings: A Social and Career Focus*(7th ed.). Boston: Houghton Mifflin Company.

Berko et al.,(1998)/이찬규 옮김(2013). 『언어 커뮤니케이션』. 한국문화사.

Binkley, M., Erstad, O., Herman, J., Raizen, S., Ripley, M., Miller-Ricci, M., & Rumble, M.(2012). Defining Twenty-First Century Skills In Griffin, P., McGaw, B., & Care, E. (eds.). *Assessment and Teaching of 21st Century Skills*.(pp.17-66). Springer Science Business Media.

Fadel, C., Bialik, M., & Trilling, B.(2015). *Four-Dimensional Education: The Competencies Learners Need to Succeed*. Center for Curriculum Redesign.

Holmes, W., Bialik, M., & Fadel, C.(2019)/ 정제영·이선복 역(2020). 『인공지능 시대의 미래교육-가르침과 배움의 함의』. 박영.

Reardon, K. K.(1987). *Interpersonal Communication: Where Minds Meet*. Wadsworth Publishing Company.

◆ 제2장 의사소통의 구조와 특성

이창덕·임칠성·심영택·원진숙(2000). 『삶과 화법』. 박이정.

Myers, G.E., & Myers, M.T.(1976). *The dynamics of human communication: A laboratory approach(2nd ed.)*. MCG raw-Hill. Inc.

◆ 제3장 의사소통의 원리

이창덕·임칠성·심영택·원진숙(2000). 『삶과 화법』. 박이정.

이창덕·임칠성·심영택·원진숙·박재현(2017). 『화법 교육론』. 역락.

이성영(1996). 『국어교육의 내용 연구』. 서울대학교출판부.

Grice, H. P.(1975). Logic and conversation. In Cole, P., & Morgan, J.(Eds.), *Syntax and semantics(pp.41-58)*. New York: Academic Press.

Leech, G. N.(1983). *Principles of Pragmatics*. Longman.

◆ 제4장 의사소통과 언어

김윤옥(2006). 공식적 말하기 교육내용 고찰. <새국어교육> 72, 5-26.

이창덕·임칠성·심영택·원진숙(2000). 『삶과 화법』. 박이정.

이춘우(2014). 교사의 비언어적 의사소통 유형이 학생의 특성에 따라 수업에 미치는 영향. 영남대학교 석사학위논문.

전은주(1999). 『말하기 듣기 교육론』. 박이정.

조원환(2002). 『스피치와 프리젠테이션: 성공하는 화술기법』. 갑진출판사.

한국화법학회 화법용어해설위원회(2014). 『화법 용어 해설』. 박이정.

Brownell, J.(2007)/이시훈·한주리 옮김(2007). 『듣기 : 태도, 원리 그리고 기술』. 커뮤니케이션북스.

Burton, G., & Dinbleby, R.(1995)/이주행·민현식·서덕현·구현정·전은주·조재윤·박재현 옮김(2005). 『인간관계와 의사소통』. 한국문화사.

Ekman, P., & Friesen, W.V.(1975). *Unmasking the Face: A Guide to Recognizing Emotions From Facial Clues*. New Jersey: Prentice Hall.

Ekman, P.(2009)/이아린 옮김(2012). 『텔링 라이즈』. 한국경제신문사.

Hall, E. T.(1959). *The silent language.* NY: Doubleday.

Mehrabian, A.(1971). *Silent messages.* Belmont, Clifornia: Wadsworth Publishing Company.

Morris, D.(1994)/김동광 옮김(2004). 『피플워칭』. 까치.

Rankin, P. T.(1926). *The measurement of the ability to understand spoken language.* Ann Arbor. University Microfilms.

Ronald, R. A., & Proctor Ⅱ, R. F.(2017)/정태연 역(2021). 『인간관계와 의사소통의 심리학』. 박영스토리.

Stewart, J., & Logan, C. E.(1998). *Together: Communication interpersonally.* Mc Graw Hill.

◆ 제5장 의사소통과 행위

리츠 힌텔링(1982)/ 김갑년 옮김(1999). 『화행론 입문』. 한국문화사.

구현정(1997). 『대화의 기법』. 한국문화사.

구현정·전영옥(2005). 『의사소통의 기법』. 박이정.

박경현(2001). 『리더의 화법』. 삼영사.

박용익(2001). 『대화분석론(개정증보판)』. 역락.

이준희(2000). 『간접화행』. 역락.

정재은(1994). 국어의 간접 화행에 관한 몇 가지 연구. 한국외국어대학교 석사학위논문.

한국화법학회 화법용어해설위원회(2014). 『화법 용어 해설』. 박이정.

Austin, J. L.(1962). *How to do things with words*. Oxford: OUP.

Austin, J. L.(1975)/ 김영진 옮김(1992). 『말과 행위』. 서광사.

McKay, M., Davis, M., & Fanning, P.(2018). *Message: The Communications Skills Book(4th ed.).* New Harbinger Publications, Inc.

Searle, J. R.(1975). *A taxonong of illocutionaary acts.* Minneapolis: University of Minnesota Press, 344-369

Searle. J. R.(1975)/ 이건원 역(1990). 『언어 행위』.한신문화사

Tannen, D.(1986). *That's not what I meant!: how conversational style makes or breaks your relations with others.* New York.: William Morrow.

◆ 제6장 의사소통과 관계

구현정·전영옥(2005). 『의사소통의 기법』. 박이정.

엄은나(2006). 유아의 의사소통 능력 향상을 위한 프로그램 구성 및 적용효과. 중앙대학교 박사 학위논문.

이주섭(2005). 듣기·말하기 교육에서의 비언어적 표현 지도 방안. <청람어문교육> 31, 101-121.

이창덕·임칠성·심영택·원진숙·박재현(2017). 『화법교육론』. 역락.

한국화법학회화법용어해설위원회(2014). 『화법 용어 해설』. 박이정.

한국심리학회(2014). 심리학 용어사전.

홍경자(2007). 『의사소통의 심리학』. 이너북스.

Altman, I., & Taylor, D. A.(1973). S*ocial penetration: The development of interpersonal relationships.* Holt: Rinehart & Winston.

Baxter, L. A.(1986). Gender differences in the hetero-sexual relationship rules embedded in break-up accounts. J*ournal of Social and Personal Relationships*, 3(3), 289-306.

Burton, G., & Dimbleby, R.(1995)/이주행·민현식·서덕현·구현정·전은주·조재현·박재현 옮김(2005). 『인간관계와 의사소통』. 한국문화사.

Duck, S., & Sants, H.(1983). On the origin of the specious: Are personal relationships really interpersonal states? *Journal of Social and Clinical Psychology*, 1(1), 27-41.

Heider, F.(1958). *The psychology of interpersonal relations*. New york: John Wiley&Sons INC.

Kelly, H. H., & Thibaut, J. W.(1978). *Interpersonal relations-a theory of interdependence*. New York: Wiley.

Kelly, L., & Watson, A. K.(1989). *Speaking with confidence and skill*. University Press of America.

Knapp, M. L.(1978). *Social intercourse: From greeting to goodbye*. Allyn and Bacon.

Luft, J.(1969). *Of Human Interaction: The Johari model*. Mayfield Publishing Company.

Myers, G. E., & Myers, M. T.(1985)/임칠성 옮김(1996). 『대인관계와 의사소통』. 집문당.

Reardon, K. K.(1987)/임칠성 옮김(1997). 『대인의사소통』. 한국문화사.

Roloff, M. E.(1981). *Interpersonal communication: The social exchange approach*. Beverly Hills: Sage.

Leo Van Lier(2004)/김혜숙 외 옮김(2017). 『언어학습의 생태학과 기호학』. 사회평론.

William, W. W.(1987)/김명혜 옮김(1996). 『인간 커뮤니케이션의 이해』. 나남출판.

◆ 제7장 미디어 의사소통

강미선(2017). 『커뮤니케이션 능력』. 커뮤니케이션북스.

김양은(2016). 『소셜 미디어 리터러시』. 커뮤니케이션북스.

박성희(2011). 미디어를 매개로 한 소통의 확장-디지로그 콘텐츠 분석-. 한국외국어대학교 석사학위논문.

설진아(2011). 『소셜 미디어와 사회 변동』. 커뮤니케이션북스.

이두황(2015). 컴퓨터 매개 커뮤니케이션(CMC). 『커뮤니케이션 과학의 지평』. 나남.

이상민·한승연(2020). 『언택트 시대의 교수법 온라인 수업 전략』. 종이와 나무.

이정복(2017). 『사회적 소통망(SNS)의 언어문화 연구』. 소통.

Olson, D.(1977). From utterance to text: The bias of language in speech and writing. *Harvard educational review*, 47(3), 257-281.

Ronald, R. A., & Proctor Ⅱ, R. F.(2017)/정태연 역(2021). 『인간관계와 의사소통의 심 리학』. 박영스토리.

Walther, J. B.(1992). Interpersonal effects in computer-mediated interaction: A relational perspective. *Communication Research*, 19, 52-90.

◆ 제8장 공식적 의사소통

김윤옥(2006). 공식적 말하기 교육내용 고찰. <새국어교육> 72, 5-26.

박창균(2012). 청중을 고려한 화자의 스피치 전략 연구. <초등교육연구논총> 28(2), 49-73.

박창균(2015). 화자의 스피치 수행에 대한 반성적 사고 양상 연구. <화법연구> 30, 217-247.

변정민(2009). 국어교육 : 청중을 고려한 발표자의 언어적, 비언어적 표현 연구. <새국어교육> 81, 133-158.

서영진·전은주(2010). 고등학생의 공식적 말하기에 대한 불안 연구. <청람어문교육> 42, 209-242.

서울대학교국어교육연구소(1999). 『국어교육학 사전』. 대교출판.

이한라(2010). 스피치 능력 신장 방안 연구. 성균관대학교 석사학위논문.

임칠성·원진숙·심영택·이창덕(2004).『말꽝에서 말짱되기』. 태학사.

장윤경(2001). 초등학생의 말하기 불안에 관한 연구. 한국교원대학교 석사학위논문.

전은주(1999). 『말하기 듣기 교육론』. 박이정.

전인숙(2004). 자기 조정 학습을 통한 스피치 능력 신장 방안 연구. 서울교육대학교 교육대학원 석사학위논문.

정순인(2009). 『성공하는 사람은 스피치에 강하다』. 갑진출판사.

황정현(2011). 말하기 불안 해소를 위한 지도 방법 연구. 한국교원대학교 석사학위논문.

Sprague, J., & Douglas, S.(2005)/이창덕·임칠성·심영택·원진숙·민병곤·전은주·권순희·노은희·유동엽·서현석 옮김(2008). 『발표와 연설의 핵심기법』. 박이정.

McCroskey, J. C., Richmond, V. P.(1991). *Quiet Childrean and the Classroom Teacher(2nd ed.)*. Speech Communication. Association.

Spielberger, C. D(1966). *Anxiety and behavior*. New York: Academic Press.

Tannen, D.(1989). *Talking Voices: Repetition, Dialogue, and Imagery in Conversational Discourse*. Cambridge University Press.

◆ 제9장 학교 의사소통

교육부(2015). 국어과 교육과정. 교육부 고시 제2015-74호.

교육부(2019). 『초등학교 국어 5-1 교사용 지도서』. 미래엔.

김주영·박창균(2018). 교사 피드백 화법의 전개 양상 분석. <한국초등국어교육> 64, 5-38.

박정진·윤준채(2004). 읽기 수업에서의 질문 들여다보기. <독서연구>12, 119-144.

박인기·박창균·윤준채·이정우·강용철·황재진(2014). 언어습관 자기 진단도구. 한국교총 한국교육정책연구소.

상생화용연구소(2010). 『선생님 말에 상처 받았니?』. 커뮤니케이션북스.

이창덕·박창균·이정우·함욱·김주영(2017). 『황당하고, 재미있는 수업 이야기』. 교육과학사.

이창덕·박창균·이정우·김주영·이선영(2019). 『수업을 살리는 교사화법』. 즐거운학교.

임칠성·심영택·원진숙·이창덕(2006). 『교사화법 교육』. 집문당.

◆ 제10장 소집단 의사소통

교육부(20125). 국어과 교육과정. 교육부 고시 제2015-74호.

교육부(2019). 『초등학교 국어 5-1 교사용 지도서』. 미래엔.

교육부(2019b). 『초등학교 국어 5-2 교사용 지도서』. 미래엔.

구현정·전영옥(2005). 『의사소통의 기법』. 박이정.

박창균(2013). 토의 담화의 교육과정 실행 양상 점검. <화법연구> 23, 85-120.

박창균(2017). 효과적인 토의수업을 위한 퍼실리테이션 전략. 교사역량개발 워크숍 자료집. 대구교육대학교.

박창균(2020). 토의수업 활성화를 위한 퍼실리테이션 전략. <학습자중심교과교육연구> 20(1), 993-1013.

박창균·이수진·김채은·박종호(2021). 협력학습 활성화를 위한 토의·토론 프로그램 개발. 대구교육대학교.

박창균·김채은·김효석·류효준·손광수(2021). 협력학습 활성화를 위한 토의·토론 프로그램 적용 및 개선. 대구교육대학교.

정문성(2013). 『토의 토론 수업 방법 56(제3판)』. 교육과학사.

Myers, G. E., & Myers, M. T.(1985)/임칠성 옮김(1995). 『대인관계와 의사소통』. 집문당.

Grugeon, E., Hubbard, L., Smith, C., & Dawes, L.(2001)/이창덕·박창균·이정우·이정희 옮김(2007). 『말하기·듣기 교육의 이론과 실제』. 서울: 박이정.

◆ 제11장 가족 의사소통

상생화용연구소(2008). 『엄마 아빠 말에 상처 받았니?』. 커뮤니케이션북스.

류성진(2015). 가족 커뮤니케이션. 『커뮤니케이션 과학의 지평』. 나남.

백혜정·임희진·김현철·유성렬·선애리·김평화(2017). 2017년 청소년종합실태조사. 여성가족부.

이정숙·김국태·박창균(2010). 한국 부모-자녀 대화의 소통 방식. <학습자중심교과교육연구> 10(3). 343-372.

여성가족부(2020). 2020년 가족실태조사 결과.

최규련(2012). 『가족대화법』. 신정.

Baumrind, D.(1991). The influence of parenting style on adolescent competence and substance use. *The journal of early adolescenc*e, 11(1), 56-95.

Morrow(2014). *Literacy Development in the Early Years: Helping Children Read and Write* (Pearson New International Edition). Pearson.

◆ 제12장 대인 의사소통

이창덕·임칠성·심영택·원진숙·박재현(2019). 『화법 교육론』. 역락.

박창균(2016). 배려의 소통적 자질 탐구. <새국어교육> 32, 89-113.

박용익(1998). 『대화 분석론』. 한국문화사.

임칠성(1997). 화법 교육의 방향 연구. <국어교육> 94, 77-99.

정상섭(2006). 공감적 화법 교육 연구. 한국교원대학교 박사학위논문.

임택균(2015). 대인 의사소통 능력 향상을 위한 화법 교육 개선 방안. 동아대학교 석당전통문화연구원.

Buber, M(1965). *Between Man and Man*. New York: Macmillan.

Gordon, T.(1997)/이훈구 역(2002). 『부모 역할 훈련』. 양철북.

Stewart, J., Zediker, K. E., & Witteborn, S.(2005)/서현석·김윤옥·임택균 옮김(2015), 『소통: 협력적인 의사소통의 방법-사회구성주의적 접근』. 커뮤니케이션북스.

Rosenberg, M. B.(2003)/캐서린 한 옮김(2014). 『비폭력대화』. 한국nvc센터.

Myers, G. E. & Myers, M. T.(1985)./임칠성 옮김(1995). 『대인관계와 의사소통』. 집문당.

Rogers, C. R.(1975). Emphathic: An aunappreciated way of being. *The counseling psychologist*, 5(2), 2-10.

Truax, C. B., & Carkhuff, R. R.(1967). *Toward effective counselling and psychotherapy* .

NewYork: Routledge.

EBS 포커스(2014). 감정의 재발견. EBS.

◆ 제13장 자아 의사소통

김진영(2015). 『자아 커뮤니케이션』. 커뮤니케이션북스.

김춘경(2016). 『상담학 사전』. 학지사.

Berko, R. M., Wolvin, A. D., & Wolvin, D. R.(1998). *Communication: A Social and Carrer Focus(7th ed.).* Boston: Houghton Miffin Company.

Burton, G., & Dimbleby, R.(1995)/이주행 외(2005). 『인간 관계와 의사 소통』. 한국문화사.

Butler, P.(2008)/박미경 옮김(2016). 『행복을 부르는 자기대화법』. 소울메이트.

Butler, P.(2008). *Talking to Yourself: How Cognitive Behavior Therapy Can Change Your Life*. *BookSurge* Publishing.

Helmstetter, S.(1990)/김양호(2001). 『성공적인 삶을 위한 아주 특별한 자기와의 대화』. 비전코리아.

Hirsch, J.(2017)/박준형(2019). 『피드포워드』. 보랏빛소.

Helmstetter, S.(1990). *The Self-Talk Solution*. Pocket Books.

Tuhovsky, I.(2018). *The Science of Self Talk: How to Increase Your Emotional Intelligence and Stop Getting in Your Own Way*. Independently published.

Vocate, D.(1994). Self-talk and inner speech: Understanding the uniquely human aspects of intrapersonal communication. In D. Vocate(Ed.). *intrapersonal communication: Different voices*, *Different minds*(pp.3~31). Hillsdale, NJ: Lawrence Erlbaum Associates, Inc.

부록

◇ 제1장 퀴즈

정답 ① (5 − 3 = 2)은 '오해(5)는 상대방의 입장에서 세 번 생각하면(3) 이해(2)'가 된다.
② (2 + 2 = 4)는 '상대방을 이해(2)하고 또 이해(2)하면 사랑(4)'하게 된다.

◇ 제4장 퀴즈

정답 1: 한 번 말하고, 2: 두 번 듣고, 3: 세 번 맞장구 쳐라!

◆ 제4장 탐구 및 실습

듣기 평가 점수: (26) - (30)점: 자신을 매우 훌륭한 청자라고 생각한다.
(21) - (25)점: 자신을 훌륭한 청자라고 생각한다.
(16) - (20)점: 어느 정도 듣기 기능이 있다고 생각한다.
(10) - (15)점: 자신의 듣기 행동에 약간 문제가 있다고 생각한다.

◆ 제6장 탐구 및 실습

✐ 도널드 키슬러의 대인관계 유형별 해석

대인관계 유형	해석
지배형	자신감이 있고 자기주장이 강하며 지도력이 있음. 논쟁적, 독단적 성격이 강하여 대인 갈등을 겪을 수 있음. 타인의 의견을 경청하고 수용하는 자세가 필요함.
실리형	이해관계에 예민하고 성취지향적임. 경쟁적이고 자기중심적이며 타인에 대한 관심과 배려가 부족함. 타인의 입장을 배려하고 관심을 갖는 자세가 필요함.
독립형	이성적인 의지력이 강함. 타인의 감정에 무관심하고 거리를 두는 편이며 피상적 대인관계를 형성함. 타인의 감정 상태에 관심을 가지고 긍정적 감정을 부드럽게 표현하는 기술이 필요함.
고립형	혼자 있거나 혼자 일하는 것을 선호함. 사회적 상황을 회피하는 성향이 있으며 자신의 감정을 지나치게 억제하기도 함. 대인관계의 중요성을 인식하고 타인에 대한 비현실적인 두려움의 근원에 대해 깊이 성찰해 볼 필요가 있음.

순종형	타인의 의견을 잘 따름. 주동적이고 의존적이며 자신감이 부족하고 자기 주장성이 떨어짐. 적극적으로 자기표현과 자기주장을 하려는 노력이 필요함.
순박형	단순, 솔직, 너그럽고 겸손한 경향으로 자기 주관이 부족이 부족한 경우가 있음. 타인의 의도를 헤아려 행동하는 신중함과 자기를 주장자려는 노력이 필요함.
친화형	따뜻하고 인정이 많고 자기 희생적인 성향이 있음. 타인의 요구를 거절하지 못하며 타인의 즐거움을 지나치게 중시하기도 함. 타인과 정서적 거리를 유지하려는 노력이 필요함.
사교형	외향적이고 쾌활하며 대화하기를 선호함. 타인으로부터 인정 받고자 하는 욕구가 강하며 타인에 대한 관심도 많음. 간섭하려는 경향이 있고 쉽게 흥분하고 충동을 느끼기도 함. 과도한 인정욕과 타인에 대한 간섭욕의 근원에 대한 통찰이 필요함.

◆ 제9장 탐구 및 실습

✐ 교사 - 학생 대화습관 자기 진단도구 결과 해설

교사 주도형	당신은 대화의 주도권을 갖고 학생들과 대화하고 있군요!
해석 및 도움말	대화의 주도권을 교사가 갖는 유형으로서 교사가 학생들의 의견을 수용하기보다는 자신의 의사를 강요하는 대화 모습을 보입니다. 외부의 위협이나 내부의 규칙, 질서 문제에 강하게 개입을 하기 때문에 부정적인 행동들이 통제되어 교육 상황에서의 안전함이 제공될 수 있습니다. 또한 문제 상황에서 교사의 의도대로 문제해결이 쉽게 이루어질 수도 있습니다. 그러나 대화의 중심이 교사에게 있기 때문에 교사의 감정 상태에 따라 대화나 학급의 분위기가 크게 좌우되며, 학생들은 교사에게 두려움을 갖게 될 우려가 있습니다. 적절한 지시와 명령, 통제는 학생들에게 제대로 안내되고 있다는 안정감을 주지만, 교사가 부정적 감정을 갖고 있을 때는 심한 갈등을 불러일으키기도 합니다. 즉, 대화의 중심이 교사 한 사람에게 집중된다는 것이 강점이자 약점이 됩니다. 그래서 문제가 생겼을 때 어떻게 해결하는가는 매우 중요합니다. 동일한 사안에 대해 교사 감정 상태에 따라 다르게 적용될 수 있어 학생들이 혼란스러워할 수 있다는 점도 잊지 마세요.

학생 수용형	당신은 학생들의 의견을 수용하며 대화를 하고 있군요!
해석 및 도움말	대화의 주도권을 학생에게 주는 유형으로서 학생들의 의견을 수용하면서 학생 스스로 자율적으로 행동하도록 촉구하는 형태의 대화 모습을 보입니다. 학생중심적인 대화를 하는 까닭에 학생들과 좋은 관계를 유지하며 학생들끼리도 좋은 관계를 유지하려고 애쓰기 때문에 학급 분위기가 자유롭고 선생님과 허물없이 지내며 즐거운 학급 분위기를 만듭니다. 하지만 학생들이 생활에서 문제를 일으킬 때 적극적으로 개입해서 해결하려는 것을 꺼려할 수도 있으므로 문제가 심각해져서 서로 상처를 주고받을 수 있습니다. 학생들의 수준이 높다면 스스로 좋은 공동체를 만들어갈 수 있겠지만 부족하다면 도리어 선생님을 향해 공격적인 태도를 보일 수도 있으며 '엄석대'와 같은 학생들이 주도자의 역할을 하는 경우가 생기기도 합니다. 학생들에게는 사랑도 필요하지만 질서와 안전한 환경도 필요하다는 것을 유념하면 좋겠습니다.

문제 해결형	당신은 문제를 해결하려는 대화를 하고 있군요!
해석 및 도움말	대화의 목적을 문제해결에 두는 유형으로서 대화 주제에 대하여 다양한 측면에서 탐색하고 자신의 신념, 생각 등을 명백하게 언어화하며 표현하지만 교사의 감정 노출은 적은 유형입니다. 학생들과의 대화에서 언제나 더 나은 해결방법을 제시해 줄 수 있으므로 학생들에게 도움이 되고 유익한 대화가 될 것입니다. 이 때문에 학생들은 교사를 존중하고 신뢰하는 태도를 가지게 됩니다. 하지만 때로는 문제해결에 대한 이성적인 조언보다는 학생 자신의 마음을 알아주고 공감해주는 포근한 태도가 학생의 문제를 해결하는 데 더 도움이 될 수 있다는 것도 잊지 마세요.

정서적 공감형	당신은 정서적으로 공감을 많이 해주는 대화를 하고 있군요!
해석 및 도움말	대화의 목적을 정서적 공감에 두는 유형으로서 상대방의 감정, 사고, 및 행동을 있는 그대로 수용하면서 심리적으로 안전한 분위기에서 자기표현을 촉진하고 깊이 있는 자기탐색을 할 수 있도록 도와주는 대화 모습을 보입니다. 학생들과 시선을 마주하며 교사에게 어려움이 있어도 신경질적이지 않습니다. 학생들의 내적 상태에 대해서 분명하게 언어화하며 감정 노출도 자유롭습니다.

	이 때문에 학생들은 교사로부터 존중받는 느낌을 가지며 편안함과 친근감을 받습니다. 때로는 학생들이 교사로부터 좀 더 나은 해결 방법에 대한 조언을 듣는 것도 도움이 될 것임을 잊지 않는다면 학생들과의 대화에 발전이 있을 것입니다.

✐ 교사의 말 예시

"진수야, 같이 정한 규칙이라면 하기 싫은 역할을 맡았더라도 책임을 다하는 것이 좋지 않을까. 어서 다시 시작해 보렴.", "음.. 그래? 가위바위보로 역할을 정하기로 했다면 약속을 지키는 것도 중요하지." 하지만 이렇게 운에 맡기는 방법 말고, 너희들이 하기 싫은 역할을 맡아도 기분이 상하지 않을 수 있는 너희들만의 모둠 규칙을 정해보는 건 어떨까?

◆ 제11장 탐구 및 실습

✐ 부모-자녀 대화의 지향 해설

사례 1	분명히 알려주기

'분명히 알려주기'는 '다그치기'의 훌륭한 대안이 될 수 있다. 많은 부모들은 자녀가 자신의 책무를 다하지 않거나 부모의 믿음에 반하는 행동을 할 때 또는 자신의 감정 상태 등에 따라 자녀를 감정적으로 대하는 모습을 보이기도 한다. 하지만 부모는 자녀의 행동의 문제점과 부모의 감정을 분명히 밝히고 앞으로 자녀가 어떻게 행동하는 것이 바람직한지를 부드럽고도 명확하게 안내해줄 수 있어야 한다. 부정적인 감정의 개입은 부정적인 소통의 결과를 초래하기 쉽다. 감정은 잠시 뒤로하고 부모의 의사를 자녀에게 분명히 전달한다면 자녀는 차분히 자신의 문제를 되돌아볼 시간을 가질 것이며 부모를 더욱 신뢰하게 될 것이다.

사례 2	가볍게 넘기기

당신의 자녀가 오늘 빤 카펫에 음료수를 쏟거나 할머니의 도자기를 깨뜨렸을 때 당신은 어떻게 할 것인가? 자녀가 문제를 일으킨 경우 특히, 부모의 노동력을 많이 요구하거나 물건을 훼손한 경우 이를 가볍게 넘기기 위해선 대단한 자제력이 필요하다. 그러나 이를 가볍게 넘기지 않는다고 해서 바뀔 것은 없다. 문제를 일으킨 자녀를 심하게 혼내는 것은 자녀에게 상처를 주고 부모와 멀어지게 만들 뿐이다. '자애로운 인정형'의 부모와 같이 문제를 가볍게 넘기되 문제를 확실히 인식할 수 있도록 짚어줌으로써 자녀는 같은 실수를 반복하지 않을 것이며 부모의 관대함을 느낄 것이다.

사례 3	속마음 알아주기

많은 경우에 부모는 깊은 주의를 기울이지 않더라도 자녀의 말과 행동에서 속마음을 꿰뚫어 볼 수 있을 것이다. 그럼에도 불구하고 많은 경우에 부모는 의도적으로 또는 무심코 자녀의 속마음에 주의를 기울이지 않고 부모의 생각과 의지대로 행동한다. 우리는 일상 생활 속에서 마음이 통하지 않는 상대와 어떻게 관계를 맺는가? 그런 상대와의 대화는 꺼려질 것이며 자신의 사적인 이야기 또한 나누려 하지 않을 것이다. 같은 맥락에서 '친밀한 공감형'의 부모처럼 항상 자녀의 마음을 들여다 봐주고 경우에 따라 자녀가 결정한 의사를 존중해주는 태도를 보일 때 부모와 자녀는 한걸음 더 가까워질 것이다.

사례 4	잘못 인정하기

유교적 성향이 강한 한국 문화에서 부모는 자신의 권위를 내세우려는 경향이 짙다. 부모는 자녀가 잘못할 경우 잘못을 시인하고 반성하는 것을 중요하게 생각하는 반면, 자녀에게 자신의 잘못을 인정하고 사과하는 것은 익숙하지 않은 경우가 많다. 의사소통에서 한 사람이 드러내는 소통의 신호는 상대방에게 옮겨 갔다 다시 돌아온다. 부모가 자신의 잘못을 되돌아보고 자녀에게 인정해보일 수 있다면 자녀 또한 부모와의 대화를 통해 자신의 잘못을 돌아볼 줄 알게 될 것이다.

찾아보기

알파벳

ㄱ

ㅅ

ㅇ

ㅈ

예비교사와 현직교사를 위한 **의사소통의 이해와 실천**

초판발행 2022년 3월 2일
지은이 박창균 · 김채은 · 박종호
펴낸이 오상훈
펴낸곳 교우미디어
주　소 서울시 동대문구 약령시로 8 교우빌딩 1층 교우미디어
전　화 02-925-2861, 02-925-2866 / **팩스** 02-925-2860, **편집부** 02-925-2825
홈페이지&북스토어 www.kyowoo.co.kr / 이메일 kyowoo@kyowoo.co.kr
등　록 2011년 2월 7일 제305-2011-000007호
ISBN 979-11-85417-41-7 (93370)

Published by Kyowoomedia Printed in Korea
Copyright© 2022 박창균 · 김채은 · 박종호 Kyowoo Co., Ltd.
이 책의 저작권은 박창균 · 김채은 · 박종호와 교우미디어에 있습니다.

저작권법에 의해 보호를 받는 저작물이므로 무단 복제 및 전재를 금합니다.

교우미디어는 보다 혁신적이고 참신한 도서를 다양하게 기획하고 있습니다.
책으로 펴내고자 하는 아이디어나 원고는 메일로 보내주세요.
교우미디어는 전과정을 책임지고 최선을 다하겠습니다.

값 22,000원

교우미디어는 (주) 교우의 Imprint 사입니다.
수학정원·과학정원은 (주) 교우의 새로운 브랜드명입니다.

잘못된 책은 구입하신 서점에서 교환해 드립니다.